国家示范性高等职业院校建设计划项目

路基施工技术

主　编　李浩宇
副主编　李淑娟
主　审　宋云连

北京理工大学出版社
BEIJING INSTITUTE OF TECHNOLOGY PRESS

内 容 简 介

本书为道路与桥梁工程技术专业应用型规划教材，以高等职业教育教学改革和人才培养为出发点，面向高职高专道路与桥梁工程技术专业。全书共分五章，系统地介绍了路基施工技术的内容和要点，主要包括：施工前的准备工作，路基填筑及开挖，路基排水及防护工程，特殊路基的处理，季节性施工及绿化工程。为了强化教学效果，在每章之后提供了相应的习题。

本书可供交通类高等职业技术学院道路与桥梁工程技术专业、工程监理专业、工程检测专业的学生学习使用，也可供从事交通土建类、市政建设类等相关专业的工程技术和管理人员借鉴参考，同时可作为相关专业继续教育或职业培训教材。

图书在版编目（CIP）数据

路基施工技术/李浩宇主编．—北京：北京理工大学出版社，2010.5

ISBN 978-7-5640-3091-9

Ⅰ．①路…　Ⅱ．①李…　Ⅲ．①公路路基-工程施工-施工技术　Ⅳ．①U416.104

中国版本图书馆 CIP 数据核字（2010）第 042314 号

出版发行／北京理工大学出版社
社　　址／北京市海淀区中关村南大街 5 号
邮　　编／100081
电　　话／(010)68914775(办公室)　68944990(批销中心)　68911084(读者服务部)
网　　址／http：//www. bitpress. com. cn
经　　销／全国各地新华书店
印　　刷／保定市中画美凯印刷有限公司
开　　本／787 毫米×1092 毫米　1/16
印　　张／7.75
字　　数／180 千字
版　　次／2010 年 5 月第 1 版　2010 年 5 月第 1 次印刷
印　　数／1～4000 册
定　　价／18.00 元

责任校对／陈玉梅
责任印制／边心超

前　言

本书是道路与桥梁工程技术专业的一门主干专业课，全书共分五章，分别讲述了施工前的准备工作，路基填筑及开挖，路基排水及防护工程，特殊路基的处理，季节性施工及绿化工程。内容全面系统，理论紧密结合实际，易学易懂，便于掌握和在实践中应用。

随着我国国民经济持续、稳定、健康发展，公路和城市道路基础设施的建设正飞速地向前推进，施工新工艺、新技术、新材料、新标准已被广泛应用，新的规范也已出台。随着21世纪国家建设对专业人才的需求，我国工程专门人才培养模式正在向宽口径方向转变，本教材是以新规范为依据，结合施工经验进行编写的。

本书的编写原则如下。

(1) 加强基础，确保后劲。在内容安排上，保证学生有较厚实的基础，满足调职教学的基本要求，使学生日后发展具有较强的后劲。

(2) 突出特色，强化应用。本书的内容、结构遵循“知识新、结构新、重应用”的方针。教材内容的要求概括为“精”、“新”、“广”、“用”。“精”指在融会贯通“交通土建”教学内容的基础上，挑选出最基本的内容、方法及典型应用实例：“新”指将本学科前沿的新技术、新成果、新应用、新标准、新规范纳入教学内容；“广”指在保证本学科教学基本要求前提下，引入与相邻及交叉学科的有关基础知识；“用”指注重基础理论与工程实践的融会贯通，特别是注重对工程实例的分析能力的培养。

(3) 抓住重点，合理配套。以公路工程教育的专业基础课、专业课为重点，做好实践教材的同步建设，做好与之配套的电子课件的建设。

本书由李浩宇担任主编，李淑娟担任副主编，具体章节编写分工为；第一章由内蒙古建筑职业技术学院李淑娟编写，第二、四、五章由内蒙古建筑职业技术学院李浩宇编写，第三章由深圳海川公司曹春华工程师编。全书由内蒙古工业大学宋云连教授主审。

本书的编写人员，一是来自具有丰富教学经验的教师，因此教材内容更加贴近教学实际需要，方便教学，增强了教材的实用性；二是来自路基施工领域的工程师，在编写内容上更加贴近工程项目管理的需要，保证了学生所学到的知识就是进行工程项目管理所需要的知识，真正做到“学以致用”。

本书在编中参考和引用了一些相关专业书籍的论述，编者在此一并谨向这些论述的作者们表示衷心的感谢。

本书编写过程中，虽经推敲核证，但限于编者的专业水平的实践经验，仍难免有疏漏或不妥之处，恳请广大读者指正。

编　者

目　录

第一章　施工前的准备工作

路基是按照路线位置和一定的技术要求修筑的带状构造物，是路面的基础，承受由路面传递下来的行车荷载。它贯穿公路全线，与桥梁、隧道相连，构成公路的整体，是公路与自然地面接触最基本的部分。

为使路线平顺，在自然地面低于路基设计标高处要填筑成路堤，在自然地面高于路基设计标高处要开挖成路堑。路基必须具有足够的强度和稳定性，即在其本身静力作用下地基不应发生过大沉陷；在车辆动力作用下不应发生过大的弹性和塑性变形；路基边坡应能长期稳定而不坍滑。为此，须在必要处修筑一些排水沟、护坡、挡土结构等路基附属构筑物。路基是一种线形结构物，具有路线长、与大自然接触面广的特点，其稳定性，在很大程度上由当地自然条件所决定。合理选择线位，可以避开地质不良地段和工程艰巨路段，保证路基稳定，减少工程数量，节约工程投资。路基工程的特点是：工艺较简单，工程数量大，耗费劳力多，涉及面较广，耗资亦较多。路基施工改变了沿线原有自然状态，挖填借弃土石方涉及当地生态平衡、水土保持和农田水利。土石方相对集中或条件比较复杂的路段，路基工程往往是施工期限的关键之一。

路基结构物不仅是实现车辆能在道路上行驶，而且是路面的支撑结构物，对路面的使用性能有重要的影响。因此，路基修筑质量的高低和防排水设计的科学与否，对路面的使用性能和使用寿命起了重要的作用。

路基土石方工程量大，分布不均匀，不仅与自身的其他工程与设施，如路基排水、防护与加固等相互制约，而且同公路工程的其他工程项目，如桥涵、隧道、路面及附属设施相互交错。因此，路基施工在质量标准、技术操作、施工管理等方面具有特殊性，必须予以研究和不断改进，就整个公路工程的施工而言，路基施工往往是施工组织管理的关键。

路基工程的项目较多，如土方、石方及圬工砌体等，在施工方法与技术操作方面各具特点。公路施工是野外操作，边远山区自然条件差，运输不便，物资设备及施工队伍的供应与调度难，路基工地分散，工作面狭窄，遇有特殊地质不良现象等，易使一般的技术问题变得复杂化。某些复杂的技术问题，更是难以用一般常规的方法与经验进行解决。城市道路路基施工条件，往往比公路施工条件优越，尤其在物质供应、生活条件及通信运输等方面，比较容易安排。但城市路基施工亦有不利的方面，集中表现在：地面拆迁多、地下管线多、配套工程多、施工干扰多。此外，在路基施工中还存在：场地布置难、临时排水难、用土处置难、土基压实难等不利的因素。路基的隐蔽工程较多，质量不合标准会给路面及自身留下隐患，一旦产生病害，不仅损害道路使用品质，导致妨碍交通及经济损失，而且往往后患无穷，难以根治。

因此，要确保工程质量，实现快速、高效率安全施工，就要重视施工技术与管理，要有稳定的专业施工队伍，配有相应的技术骨干和机具设备，建立和健全施工技术操作规程与质量检查验收制度，采用现代化的施工管理方法等，这样才能保证道路的质量，使其充分发挥交通运输大动脉的作用。

第一节 施工准备

路基施工的主要内容，大致可归纳为施工前的准备工作和基本工作两大部分。路基施工的基本工作，是挖掘成型，土的移运、路堤填筑压实以及与路基直接有关的各项附属工程。其工程量大、施工期长，且耗费计划所需人力物力资源的绝大部分，因而必须集中精力，认真对待。但要保证正常施工，则施工前的准备工作极为重要，它是组织施工的第一步。无准备的施工或准备不充分的施工，均使路基施工的基本工作难以顺利进行。

施工的准备工作较多，大致可归纳为组织准备、技术准备和物质准备三个方面。

一、组织准备工作

组织准备工作主要是建立和健全施工队伍和管理机构，明确施工任务，制定必要的规章制度，确立施工所应达到的目标等。组织准备亦是做好一切准备工作的前提。

二、技术准备工作

技术准备工作主要是指施工现场的勘查，核对与必要时修改设计文件，编制施工组织计划，恢复路线，施工放样与清除施工场地，搞好临时工程的各项工作等。

现场勘查与核对设计文件，目的是熟悉和掌握施工对象特点、要求和内容，显然这是整个施工的重要步骤，舍此则其他一切工作就失去目标，难以着手。

施工组织计划是具有全局性的大事，其中包括选择施工方案，确定施工方法，布置施工现场（施工总平面布置），编制施工进度计划，拟定关键工程的技术措施等，它是整个工程施工的指导性文件，亦是其他各项工作的依据。在当前强调加强施工管理，实现现代化科学管理的时期，如何抓住施工组织计划这一环节，更具有现实意义。

三、物质准备工作

按照施工作业计划的具体要求，进行采购、调配、运输和储存材料、机具设备，同时在现场进行“三通一平”工作，即通水、通电、通车、平整场地；并且进行工程房屋的修建和必需的生活福利设施等建设。

征地拆迁工作是路基施工准备阶段的主要工作，其范围可分为临时设施用地（包括生活区、生产区、临时道路用地）和路基施工设计边线占地两部分。施工单位进场前应提供给业主一份施工用地平地平面位置图，说明使用用途、需拆迁建筑物的结构类型、建筑面积以及其他构造物的规格、数量。

路基开工前，施工单位应在全面熟悉设计文件和设计交底的基础上，进行现场核对和施工调查，发现问题应及时根据有关程序提出修改意见报请变更设计。根据现场收集到的情况、核实的工程数量，按工期要求、施工难易程度和人员、设备、材料准备情况，编制实施性的施工组织设计，报现场监理工程师或业主批准并及时提出开工报告。重要项目，应编路基施工网络计划。

修建生活和工程用房，解决好通信、电力和水的供应，修建供工程使用的临时便道、便桥，确保施工设备、材料、生活用品的供应；设立必要的安全标志。

第二节 施工测量

路基开工前应做好施工测量工作，其内容包括导线、中线、水准点复测，横断面检查与补测，增设水准点等。施工测量的精度应符合交通部颁布实施的《公路路线勘测规程》的要求。

恢复定线测量及施工放样是施工准备阶段的主要技术工作，承包单位根据设计图纸、监理工程师书面提供的各导线点坐标及水准点标高进行复测，闭合后将复测资料交监理工程师审核。承包人应根据监理工程师批准的定线数据进行施工放线。按规范规定，路基施工前，应根据设计图、施工工艺和有关规定恢复的路线中线桩，钉出路基用地界桩、路堑坡顶、边沟、取土坑、护坡道、弃土堆等的具体位置桩。道路中线桩直线部分每 20 m 一个，每100 m 设一个永久性固定桩；曲线部分除 20 m 设一整里程桩外，曲线的起点、终点、圆缓点、缓圆点都应设置固定桩。在中线桩施测后，进行横断面测量，然后根据路基横断面图及实测标高进行边桩放线。在挖方断面的坡顶点位置上，钉挖断面的边桩，边桩上应注明里程、挖深(m)，左右边桩以拼音字头或英文字头表示。一般在距边桩一定距离的外方，设栓（护）桩，以备边桩丢失后及时恢复。同时导线点、水准点应设立特殊标志，进行保护以免施工中遭到破坏。

承包人经过准确放样后，应提供放样数据及图表，报监理工程师审批。经批准后承包人才可进行清表开挖。

一、导线复测

(1) 当原测的中线主要控制桩由导线控制时，施工单位必须根据设计资料认真搞好导线复测工作。

(2) 导线复测应采用红外线测距仪或其他满足测量精度的仪器。仪器使用前应进行检验、校正。

(3) 原有导线点不能满足施工要求时，应进行加密，保证在道路施工的全过程中，相邻导线点间能互相通视。

二、中线复测

(1) 路基开工前应全面恢复中线并固定路线主要控制桩，如交点、转点、圆曲线和缓和曲线的起讫点等。对于高速公路、一级公路应采用坐标法恢复主要控制桩。

(2) 恢复中线时应注意与结构物中心、相邻施工段的中线闭合，发现问题应及时查明原因，并报现场监理工程师或业主。

(3) 如发现原设计中线长度丈量错误或需局部改线时，应作断链处理，相应调整纵坡，并在设计图表的相应部位注明断链距离和桩号。

三、校对及增设水准基点

(1) 水准点间距不宜大于 1 km，在人工结构物附近、高填深挖地段、工程量集中及地形复杂地段宜增设临时水准点。临时水准点必须符合精度要求，并与相邻路段水准点闭合。

(2) 如发现个别水准点受施工影响时，应将其移出影响范围之外，其标高应与原水准点闭合。

(3) 增设的水准点应设在便于观测的坚硬基岩上或永久性建筑物的牢固处，也可设在埋入土中至少 1 m 深的混凝土桩上。

(4) 路基施工前，应详细检查、核对纵横断面图，发现问题时应进行复测。若设计单位未提供横断面图，应全部补测。

四、路基放样

(1) 路基施工前，应根据恢复的路线中桩、设计图表、施工工艺和有关规定钉出路基用地界桩和路堤坡脚、路堑堑顶、边沟、取土坑、护坡道、弃土堆等的具体位置桩。在距路中心一定安全距离处设立控制桩，其间隔不宜大于 50 m。桩上标明桩号与路中心填挖高，用(+)表示填方，用(−)表示挖方。

(2) 在放完边桩后，应进行边坡放样，对深挖高填地段，每挖填 5 m 应复测中线桩，测定其标高及宽度，以控制边坡的大小。路基施工期间每半年至少应复测一次水准点，季节冻融地区，在冻融以后也应进行复测。

(3) 机械施工中，应在边桩处设立明显的填挖标志，高速公路和一级公路在施工中，宜在不大于 200 m 的段落内，距中心桩一定距离处埋设能控制标高的控制桩，进行施工控制。发现桩被碰倒或丢失时应及时补上。

(4) 取土坑放样时，应在坑的边缘设立明显标志，注明土场供应里程桩号及挖掘深度；作为排水用的取土坑，当挖至距坑底 0.2～0.3 m 时，应按设计修整坑底纵坡。边沟、截水沟和排水沟放样时，宜先做成样板架检查，也可每隔 10～20 m 在沟内外边缘钉木桩并注明里程及挖深。施工过程中，应保护所有标志，特别是一些原始控制点的。

第三节 施工前的复查和试验

路基施工前，施工人员应对路基工程范围内的地质、水文情况进行详细调查，通过取样、试验确定其性质和范围，并了解附近既有建筑物和对特殊土的处理方法。施工人员应根据设计文件提供的资料，对取自挖方、借土场、料场的路堤填料进行复查和取样试验。如设计文件提供的料场填料不足时，应自行勘查寻找。

挖方、借土场和料场用做填料的土应进行下列试验项目，其试验方法按《公路土工试验规程》办理。

①液限、塑限、塑性指数、天然稠度或液性指数。

②颗粒大小分析试验。

③含水量试验。

④密度试验。

⑤相对密度试验。

⑥土的击实试验。

⑦土的强度试验（CBR 值）。

⑧一级公路、高速公路应作有机质含量试验及易溶盐含量试验。

一、最佳含水量测定

最佳含水量是土基施工的一个重要控制参数，是土基达到最大干密度所对应的含水量。试验方法有击实试验法（分轻型和重型击实，采用大小两种试筒，分别适用于粒径不大于 38 mm 的土和粒径不大于 25 mm 的土）、振动台法和表面振动击实仪法。

(1) 击实试验方法：

①用干法或湿法制备一组不同含水量（相差约 2%）的试样（不少于 5 个）。

②取制备好的土样按所选击实方法分 3 次或 5 次倒入击实筒，每层按规定的击实次数进行击实，要求击完后余土高度不超过试筒顶面 5 mm。修平称量后用推土器推出筒内试样，测定击实试样的含水量和测算击实后土样的湿密度。其余土样按相同方法进行试验。

③计算各试样干密度，以干密度为纵坐标，含水量为横坐标绘制曲线，曲线上峰值点的纵、横坐标分别为最大干密度和最佳含水量。

④当试样中有大于 25 mm（小筒）或大于 38 mm（大筒）颗粒时，应先取出大于 25 mm 或大于 38 mm 颗粒，求得其百分率（要求不得大于 30%），对剩余试样进行击实试验，再利用修正公式对最大干密度和最佳含水量进行修正。

(2) 击实法相关指标和其他实验方法的具体试验步骤详见有关试验规程。

二、掌握压实度测定技术

压实度是路基质量控制的重要指标之一，是现场干密度和室内最大干密度的比值。压实度越高、路基密度越大，材料整体性能越好。其现场密度的测定方法如下。

（一）灌砂法

1. 适用范围

现场挖坑，利用灌砂测定体积，计算密度。适用路基土压实度检测，不宜用于填石路堤等有大孔洞或大孔隙材料的测定。在路面工程中也适用于基层、砂石路面、沥青表面处治及沥青贯入式路面的压实度检测。

2. 试验步骤

(1) 标定砂锥体积和量砂密度。

(2) 试验地点选一块平坦的表面，并将其清扫干净，其面积不得小于基板面积。

(3) 将基板放在平坦表面上，沿基板中孔凿洞，挖出材料后称重、测含水量。若测点表面粗糙，则先灌砂测出粗糙表面的耗砂量。

(4) 将基板安放在试坑上，将已知量砂质量的灌砂筒安放在基板中间，使灌砂筒的下口对准基板的中孔及试洞，打开灌砂筒的开关，让砂回流到试坑中。灌砂完毕取走灌砂筒，称取剩余砂的质量，算出试坑消耗砂的质量。

(5) 根据试坑消耗砂的质量和量砂的密度算出试坑挖除材料的体积，再由材料质量算出湿密度，用 $\rho_d=\dfrac{\rho_w}{1+0.01w}$ 公式计算。

式中 ρ_d——干密度；

ρ_w——湿密度；

w——含水量。

（二）环刀法

1. 适用范围

用于细粒土的密度测试。

2. 试验步骤

(1) 擦净环刀，称取环刀质量 m，准确至 0.1 g。

(2) 在试验地点，将面积为 30 cm×30 cm 的地面清扫干净。

(3) 将定向筒齿钉固定于铲平的地面上，顺次将环刀、环盖放入定向筒内与地面垂直。

(4) 将导杆保持垂直状态，用取土器落锤将环刀打入压实层中，直到环盖顶面与定向筒上口齐平为止。

(5) 去掉击实锤和定向筒，用镐将环刀及试样取出。

(6) 轻轻取下环盖，用修土刀自边至中间修去两端多余的土，用直尺检测直至修平为止。

(7) 擦净环刀外壁，用天平称取环刀及试样合计质量，准确至 0.1 g。

(8) 自环刀中取出试样，取具有代表性的土样，测定其含水量。

（三）核子密度湿度仪法

1. 原理及适用范围

利用放射性元素测量各种土的密实度和含水量。打洞后用直接透射法测定，测定层的厚度不超过 20 cm。也可测定路面材料的密实度和含水量，测定时在表面用散射法。

2. 准备工作

(1) 每天使用前用标准板测定仪器的标准值。

(2) 在进行沥青混合料压实层密度测定前，应用核子法对取孔的试件进行标定，测定其他密度时，宜与挖坑灌砂法的结果进行标定。

3. 试验步骤

(1) 散射法测定时，应将核子仪平稳地置于测试位置上。

(2) 如用直接透射法测定时，应将放射源棒放入已预先打好的孔内。

(3) 打开仪器，测试员退到 2 m 之外，按照选定的时间进行测量，达到测定时间后，读取显示的各种数值，并迅速关机。

除进行以上试验外，对特殊土，还应结合对各种土定名的需要，辅以相应的专门鉴别试验，以确定其种类及处治方法。使用新材料（如工业废渣等）填筑路堤时，除应按相关规范做有关试验外，还应做对环卫有害成分的试验，同时提出报告，经批准后方可使用。

第四节　自然区划及土质

一、公路自然区划

我国地域辽阔，各地气候地形、地貌、水文地质等自然条件相差很大，而这些自然条件与公路建设密切相关。为区分不同地理区域自然条件对公路工程影响的差异性，并在路基路面的设计、施工和养护中采取适当的技术措施和采用合适的设计参数，以体现各地公路设计与施工的特点，侧重必须解决的问题，更有利于保证公路的质量和经济合理，经过长期研究，制定了《公路自然区划标准》(JTJ003—1986)。

制定公路自然区划的原则是：ⓐ道路工程特征相似；ⓑ地表气候区划差异性；ⓒ自然气候因素既有综合又有主导作用。为使自然区划便于在实践中应用，结合我国地理、气候特点，将全国的公路自然区划分为三个等级。

1. 一级区划

首先将全国划分为多年冻土、季节冻土和全年不冻土三大地带，然后根据水热平衡和地理位置，划分为冻土、湿润、干湿过渡、湿热、潮暖、干旱、高寒七个大区。即：

Ⅰ. 北部多年冻土区。

Ⅱ. 东部湿润季冻区。

Ⅲ. 黄土高原干湿过渡区。

Ⅳ. 东南湿热区。

Ⅴ. 西南潮湿区。

Ⅵ. 西北干旱区。

Ⅶ. 青藏高寒区。

七个一级自然区的路面结构设计注重的特点各有不同，根据各地区经验，可大致归纳如下：

Ⅰ区——北部多年冻土区

该区北部为连续分布多年冻土，南部为岛状分布多年冻土。对于泥沼地多年冻土层，最重要的道路设计原则是保温，不要轻易挖去覆盖层，要使路堤下保持冻结状态，若受大气热量影响融化，后患无穷。对于非多年冻土层的处理方法则不同，需将泥炭层全部或局部挖去，排干水分，然后填筑路堤。该区主要是林区道路，路面结构为中级路面。林区山地道路，因表土湿度大，地面径流大，最易翻浆，应采取换土、稳定土、砂垫层等处理方法。

Ⅱ区——东部湿润季冻区

该区路面结构突出的问题是防止翻浆和冻胀。翻浆的轻重程度取决于路基的潮湿状态，可根据不同的路基潮湿状态采取措施。该区缺乏砂石材料，采用稳定土基层已取得一定的经验。

Ⅲ区——黄土高原干湿过渡区

该区的特点是黄土对水分的敏感性，干燥土基强度高、稳定性好。在河谷盆地的潮湿路段以及灌区耕地，土基稳定性差，强度低，必须认真处理。

Ⅳ区——东南湿热区

该区雨量充足集中，雨型季节性强，台风暴雨多，水毁、冲刷、滑坡是道路的主要病害，路面结构应结合排水系统进行设计。该区水稻田多，土基湿软、强度低，必须认真对待。由于气温高、热季长，要注意沥青类面层材料的热稳定性和防透水性。

Ⅴ区——西南潮湿区

该区山多，筑路材料丰富，应充分利用当地材料筑路，对于水文不良路段，必须采取措施，稳定路基。

Ⅵ区——西北干旱区

该区大部分地下水位很低，虽然冻深多在100～150 cm，但一般道路冻害较轻。个别地区，如河套灌区、内蒙古草原洼地，地下水位高，翻浆严重。丘陵区1.5 m以上的深路堑冬季积雪厚，雪水浸入路面造成危害，所以沥青面层材料应具有良好的防透水性，路肩也应作防水处理。由于气候干燥，砂石路面经常出现松散、搓板和波浪现象。

Ⅶ区——青藏高寒区

该区局部路段有多年冻土，须按保温原则设计。由于地处高原，气候寒冷，昼夜气温相差很大，日照时间长，沥青老化很快，又因为年平均气温相对偏低，路面易遭受冬季雪水渗入而破坏。

2. 二级区划

二级区划仍以气候和地形为主导因素，但具体标志与一级区划有显著区别。一级自然区划分的共同标志为气候因素潮湿系数 K 值（即年降水量与年蒸发量之比），地形因素是独立的地形单元。二级区划的划分则需因区而异，将上述标志具体化或加以补充，其标志是以潮湿系数 K 为主的一个标志体系。

根据二级区划的主导因素与标志，在全国七个二级自然区内又分为 33 个二级区和 19 个副区（亚区），共有 52 个二级自然区。它们的名称见表 1-1 所列，各二级区的区界、自然条件对工程的影响详见有关标准及其附录。

表 1-1　自然区划表

Ⅰ北部多年冻土区	Ⅳ$_{7}$ 华南沿海台风区
Ⅰ$_{1}$ 连续多年冻土区	Ⅳ$_{7a}$ 台湾山地副区
Ⅰ$_{2}$ 岛状多年冻土区	Ⅳ$_{7b}$ 海南岛西部润干副区
Ⅱ东部温润季冻区	Ⅳ$_{7c}$ 南海诸岛副区
Ⅱ$_{1}$ 东北东部山地润湿冻区	Ⅴ西南潮湿区
Ⅱ$_{1a}$ 三江平原副区	Ⅴ$_{1}$ 秦巴山地润湿区
Ⅱ$_{2}$ 东北中部山前平原重冻区	Ⅴ$_{2}$ 四川盆地中湿区
Ⅱ$_{2a}$ 辽河平原冻融交替副区	Ⅴ$_{2a}$ 雅安、乐山过湿副区
Ⅱ$_{3}$ 东北西部润干冻区	Ⅴ$_{3}$ 山西、贵州山地过湿区
Ⅱ$_{4}$ 海滦中冻区	Ⅴ$_{3a}$ 滇南、桂西润湿副区
Ⅱ$_{4a}$ 冀热山地副区	Ⅴ$_{4}$ 川、滇、黔高原土湿交替区
Ⅱ$_{4b}$ 旅大丘陵副区	Ⅴ$_{5}$ 滇西横断山地区
Ⅱ$_{5}$ 鲁豫轻冻区	Ⅴ$_{5a}$ 大理副区
Ⅱ$_{5a}$ 山东丘陵副区	Ⅵ西北干旱区
Ⅲ黄土高原干湿过渡区	Ⅵ$_{1}$ 内蒙古草原中干区
Ⅲ$_{1}$ 山西山地、盆地中冻区	Ⅵ$_{1a}$ 河套副区
Ⅲ$_{1a}$ 雁北张宣副区	Ⅵ$_{2}$ 绿洲、荒漠区
Ⅲ$_{2}$ 陕北典型黄土高原中冻区	Ⅵ$_{3}$ 阿尔泰山地冻土区
Ⅲ$_{2a}$ 榆林副区	Ⅵ$_{4}$ 天山、界山山地区
Ⅲ$_{3}$ 甘东黄土山地区	Ⅵ$_{4a}$ 塔城副区
Ⅲ$_{4}$ 黄渭间山地、盆地轻冻区	Ⅵ$_{4b}$ 伊犁河谷副区

续表

Ⅳ东南湿热区	Ⅶ青藏高寒区
Ⅳ$_{1}$ 长江下游平原润湿区	Ⅶ$_{1}$ 祁连、昆仑山地区
Ⅳ$_{1a}$盐城副区	Ⅶ$_{2}$ 柴达木荒漠区
Ⅳ$_{2}$ 江淮丘陵、山地湿润区	Ⅶ$_{3}$ 河源山原草甸区
Ⅳ$_{3}$ 长江中游平原中湿区	Ⅶ$_{4}$ 羌塘高原冻土区
Ⅳ$_{4}$ 浙闽沿海山地中湿区	Ⅶ$_{5}$ 川藏高山峡谷区
Ⅳ$_{5}$ 江南丘陵过湿区	Ⅶ$_{6}$ 藏南高山台地区
Ⅳ$_{6}$ 武夷南岭山地过湿区	Ⅶ$_{6a}$拉萨副区
Ⅳ$_{6a}$武夷副区	

3. 三级区划

三级区划是二级区划的进一步划分。三级区划的方法有两种，一种是按照地貌、水文和土质类型将二级自然区进一步划分为若干类型单元；另一种是继续以水热、地理和地貌等标志将二级区划细分为若干区域。各地可根据当地的具体情况选用。

二、路基土的工程性质

按照现行的《公路土工试验规程》中土的工程分类方法，将土分为巨粒土、粗粒土、细粒土和特殊土四大类，分类总体系如表 1-2 所示。各土组的主要工程性质如下。

表 1-2　路基用土分类表

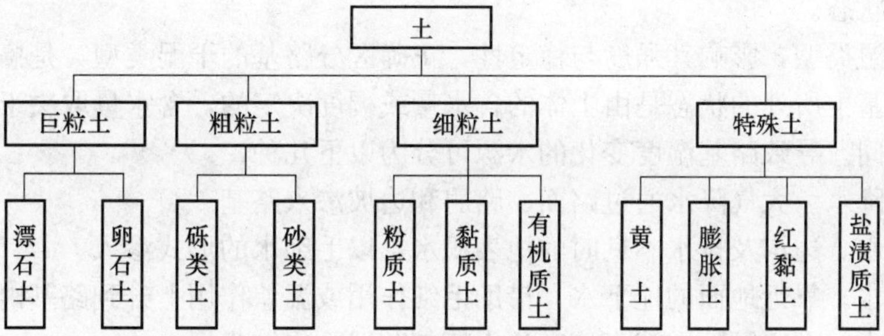

1. 巨粒土

巨粒土有很高的强度及稳定性，是填筑路基很好的材料。对于漂石土，在码砌边坡时正确选用边坡值，以保证路基稳定。对于卵石土，填筑时应保证有足够的密实度。

2. 粗粒土

砾类土由于粒径较大，内摩擦力亦大，因而强度和稳定性均能满足要求。级配良好的砾类土混合料，密实程度好。对于级配不良的砾类土混合料，填筑时应保证密实程度，防止由于空隙大而造成路基积水、不均匀沉陷或表面松散等情况。

砂类土又可分为砂、含细粒土砂（或称砂土）和细粒土质砂（或称砂性土）三种。

砂和含细粒土砂无塑性，透水性强，毛细上升高度很小，具有较大的摩擦系数，强度和水稳定性较好。但由于黏性小，易于松散，压实困难，需用振动法或灌水法才能压实。为克服这一缺点，可添加一些黏质土，以改善其使用质量。

细粒土质砂既含有一定数量的粗颗粒，使路基具有足够的强度和水稳性，又含有一定数量的细颗粒，使其具有一定的黏性，不致过分松散。一般遇水干得快，不膨胀，干时有足够的黏结性，扬尘少，容易被压实。因此，细粒土质砂是修筑路基的良好材料。

3. 细粒土

粉质土为最差的筑路材料。它含有较多的粉土粒，干时稍有黏性，但易被压碎，扬尘性大，浸水时很快被湿透，易成稀泥。粉质土的毛细作用强烈，上升速度快，毛细上升高度一般可达 0.9～1.5 m，在季节性冰冻地区，水分积聚现象严重，造成严重的冬季冻胀，春融期间出现翻浆，故又称翻浆土。如遇粉质土，特别是在水文条件不良时，应采取一定的措施，改善其工程性质。

黏质土透水性很差，黏聚力大，因而干时硬，不易挖掘。它具有较大的可塑性、黏结性和膨胀性，毛细现象也很显著，用来填筑路基比粉质土好，但不如细粒土质砂。浸水后黏质土能较长时间保持水分，因而承载能力小。对于黏质土如在适当的含水量时加以充分压实和有良好的排水设施，筑成的路基也能获得稳定。

有机质土（如泥炭、腐殖土等）不宜作路基填料，如遇有机质土均应在设计和施工上采取适当措施。

4. 特殊土

黄土属大孔和多孔结构，只有湿陷性；膨胀土受水浸湿发生膨胀，失水则收缩；红黏土失水后体积收缩量较大；盐渍土潮湿时承载力很低。因此，特殊土也不宜作路基填料。

三、路基干湿类型及湿度来源

土基干湿类型可分为干燥、中湿、潮湿和过湿四种。这四种类型表示路基工作时，路基土所处的含水状态。

路基的干湿类型，影响其强度与稳定性，正确区分路基的干湿类型，是搞好路基路面设计的前提。路基土所处的状态是由土体的含水量或稠度决定的，含水量取决于湿度的来源及作用的延续时间。导致路基湿度变化的水源可分为以下几种：

（1）大气降水。大气降水通过路面、路肩和边坡渗入路基。

（2）地面水。边沟及排水不良时的地表积水，以毛细水的形式渗入。

（3）地下水。靠近地面的地下水，借助毛细作用或温差作用上升到路基内部。

（4）凝结水。在土颗粒空隙中流动的水蒸气，遇冷凝结为水。

四、路基干湿类型划分方法

根据平均稠度划分。

路基土的稠度 w_c 是指土的液限含水量的 w_1 与土的含水量 w 之差和土的液限含水量 w_1 与塑限含水量 w_p 之差的比值，即：

$$w_c = (w_1 - w)/(w_1 - w_p) \tag{1-1}$$

土的稠度较准确地表示了土的各种形态与湿度的关系，稠度指标综合了土的塑性特性，包含了液限与塑限，全面直观地反映了土的硬软程度，物理概念明确。

（1）$w_c=1.0$，即 $w=w_p$，为半固体与硬塑状的分界值；

（2）$w_c=0$，即 $w=w_1$，为流塑与流动状的分界值；

(3) 1.0>w_c>0，即 $w_1>w>w_p$，土处于可塑状态。

我国现行的《公路沥青路面设计规范》(JTJ 014—1997) 中规定，路基的干湿类型可以实测不利季节路床表面以下 80 cm 深度内土的平均稠度 w_c。再按表 1-3 中土基干湿状态的稠度建议值确定。

表 1-3 土基干湿状态表

干湿类型 \ 土组	干燥状态	中湿状态	潮湿状态	过湿状态
	$w_c \geqslant w_{c1}$	$w_{c1}>w_c \geqslant w_{c2}$	$w_{c2}>w_c \geqslant w_{c3}$	$w_c<w_{c3}$
土质砂	$w_c \geqslant 1.20$	$1.20>w_c \geqslant 1.00$	$1.00>w_c \geqslant 0.85$	$w_c<0.85$
黏质土	$w_c \geqslant 1.10$	$1.10>w_c \geqslant 0.95$	$0.95>w_c \geqslant 0.80$	$w_c<0.80$
粉质土	$w_c \geqslant 1.05$	$1.05>w_c \geqslant 0.90$	$0.90>w_c \geqslant 0.75$	$w_c<0.75$
注：w_{c1}、w_{c2}、w_{c3} 分别为干燥和中湿、中湿和潮湿、潮湿和过湿状态路基土的分界稠度，w_c 为路床表面以下 80 cm 深度内的平均稠度。				

不利季节路床表面以下 80 cm 深度内土的平均调度确定方法是：在路床表面以下 80 cm 深度内，每 10 cm 取土样测定其天然含水量、塑限含水量和液限含水量，并按下两式计算。

$$w_{c1}=(w_{li}-w_i)/(w_{li}-w_{pi})$$

$$\overline{w_c}=\frac{\sum_{i=1}^{8} w_{ci}}{8}$$

式中 w_i——路床表面以下 80 cm 深度内，每 10 cm 为一层，第 i 层土的天然含水量，%；

w_{li}——同一层土的液限含水量（液塑限联合测定仪测定），%；

w_{pi}——同一层土的塑限含水量（液塑限联合测定仪测定），%；

w_{ci}——第 i 层土的稠度；

w_c——路床表面下 80 cm 深度内土的算术平均稠度。

我国现行的《公路水泥混凝土路面设计规范》(JTJ 012—1994) 中土基的干湿类型亦按不利季节路床表面以下 80 cm 深度内土的平均稠度来划分。

地下水位或地表长期积水水位，通过公路勘测设计野外调查获得，路基高度从路线纵断面图或路基设计表中查得，扣除预估的路面厚度，即可得到路床顶面距地下水位或地表积水水位的高度 H。

在设计新建公路时，先选定路基处于干燥、中湿、潮湿状态的临界高度 H_1、H_2、H_3，再按表 1-4 来判断土基的干湿类型。

表 1-4 路基干湿类型

路基干湿类型	路基平均稠度 $\overline{w}_c$ 与分界相对稠度的关系	一般特征
干燥	$\overline{w}_c \geqslant w_{c1}$	路基干燥稳定，路基强度和稳定性不受地下水和地表积水影响，路基高度 $H \geqslant H_1$
中湿	$w_{c1}>\overline{w}_c \geqslant w_{c2}$	路基上部土层处于地下水或地表积水影响的过渡带区内，路基高度 $H_1>H \geqslant H_2$

续表

路基干湿类型	路基平均稠度 $\overline{w}_c$ 与分界相对稠度的关系	一般特征
潮湿	$w_{c2}>\overline{w}_c\geqslant w_{c2}$	路基上部土层处于地下水或地表积水毛细影响区内，路基高度 $H_2>H\geqslant H_3$
过湿	$\overline{w}_c<w_{c3}$	路基极不稳定，冰冻区春融翻浆，路基经处理后方可铺筑路面，路基高度 $H<H_3$
注：①H 为路槽底面距地下水位或地表积水位高度，(m)； ②H_1、H_2、H_3 分别为路基干燥、中湿、潮湿状态的临界高度，(m)； ③w_{c1}、w_{c2}、w_{c3} 分别为干燥和中湿、中湿和潮湿、潮湿和过湿状态路基的分界稠度。		

为了保证路基的强度和稳定性不受地下水或地表积水的影响，在设计路基时，要求路基保持干燥或中湿状态，路床顶面距地下水位或地表积水水位的距离，要大于或等于干燥、中湿状态所对应的临界高度。

五、路基临界高度与最小填土高度

路基临界高度可根据土质、气候因素按当地经验确定。不同气候区及土质的临界高度参考值见表1-5、表1-6。

表1-5 路基临界高度参考值

公路自然区划	细粒土质砂			黏质土			粉质土		
	H_1	H_2	H_3	H_1	H_2	H_3	H_1	H_2	H_3
Ⅱ									
Ⅲ$_{1\sim4}$									
Ⅲ$_{2\sim3}$	1.1～1.3	0.9～1.1	0.6～0.9	1.6～2.2	1.2～1.6	0.9～1.2	1.8～2.4	1.4～1.8	1.0～1.4
Ⅳ$_3$				0.8～0.9	0.5～0.6	0.3～0.4	0.9～1.0	0.6～0.7	0.3～0.4
Ⅳ$_{5\sim6}$				0.9～1.1	0.5～0.7	0.3～0.4			
Ⅴ$_1$	1.1～1.3	0.9～1.1	0.6～0.9	1.6～2.0	1.2～1.6	0.8～1.2	1.7～2.2	1.3～1.7	0.9～1.3
Ⅴ$_{2\sim3\sim4\sim5}$									
Ⅵ$_{1\sim3\sim4}$	1.6～1.9	1.2～1.5	0.9～1.2	1.9～2.1	1.4～1.7	1.1～1.4	2.1～2.4	1.6～1.9	1.1～1.4
Ⅵ$_2$	1.1～1.4	0.9～1.1	0.6～0.9	1.6～2.2	1.2～1.6	0.7～1.2	1.8～2.3	1.4～1.8	0.9～1.4
Ⅶ$_{1\sim4}$	1.8～2.1	1.4～1.6	1.0～1.3	1.8～2.1	1.4～1.6	1.1～1.2	2.1～2.4	1.6～1.8	1.1～1.3
Ⅶ$_{2\sim6}$				1.8～2.5	1.4～1.8	1.1～1.4	2.2～2.7	1.6～2.1	1.1～1.5
Ⅶ$_3$	1.2～1.5	0.9～1.2	0.6～0.9	1.7～2.3	1.3～1.7	0.7～1.3	2.0～2.4	1.6～2.0	1.0～1.6
Ⅶ$_5$	2.2～2.6	1.8～2.2	1.4～1.8	2.2～2.6	1.8～2.2	1.4～1.8	2.7～3.1	2.0～2.4	1.3～1.7
注：①公路自然区划按现行的《公路自然区划标准》执行； ②表中数值为距地表长期积水位的临界高度（m）。									

表 1-6　路基临界高度参考值

公路自然区划	细粒土质砂			黏质土			粉质土		
	H_1	H_2	H_3	H_1	H_2	H_3	H_1	H_2	H_3
Ⅱ$_{1\sim2}$				2.7～3.0	2.0～2.2		3.4～3.8	2.6～3.0	1.9～2.2
Ⅱ$_3$	1.9～2.2	1.3～1.6		2.3～2.7	1.6～2.0		2.8～3.2	2.0～2.4	1.4～1.8
Ⅱ$_4$				2.4～2.6	1.9～2.1	1.2～1.4	2.6～2.8	2.1～2.3	1.4～1.6
Ⅱ$_5$	1.1～1.5	0.1～1.1		2.1～2.5	1.6～2.0		2.4～2.9	1.8～2.3	
Ⅲ$_{1\sim4}$							2.4～3.0	1.7～2.4	
Ⅲ$_{2\sim3}$	1.3～1.6	1.1～1.3	0.9～1.1	2.1～2.7	1.6～2.1	1.2～1.6	2.4～2.8	1.8～2.4	1.4～1.8
Ⅳ$_{1\sim2\sim3\sim5}$				1.5～1.9	1.1～1.4	0.8～1.0	1.7～2.1	1.2～1.5	0.8～1.1
Ⅳ$_4$	1.0～1.1	0.7～0.8		1.7～1.8	1.0～1.2	0.8～1.0			
Ⅳ$_6$	1.0～1.1	0.7～0.8		1.6～2.0	1.1～1.5	0.7～1.1	1.8～2.2	1.3～1.6	0.9～1.1
Ⅳ$_7$				1.7～1.8	1.4～1.5	1.1～1.2			
Ⅴ$_1$	1.3～1.6	1.1～1.3	0.9～1.1	2.0～2.4	1.6～2.0	1.2～1.6	2.2～2.6	1.7～2.2	1.3～1.7
Ⅴ$_{2\sim3\sim4\sim5}$				1.7～2.2	0.7～1.1	0.3～0.6	1.9～2.5	1.3～1.6	0.5～0.7
Ⅵ$_{1\sim3\sim4}$	1.9～2.2	1.5～1.8	1.1～1.4	2.2～2.4	1.7～2.0	1.4～1.6	2.4～2.6	1.9～2.2	1.4～1.6
Ⅵ$_2$	1.4～1.7	1.1～1.4	0.9～1.1	2.1～2.7	1.6～2.2	1.2～1.6	2.3～2.7	1.8～2.3	1.4～1.8
Ⅶ$_{1\sim4}$	2.1～2.2	1.6～1.9	1.3～1.6	2.1～2.2	1.6～1.9	1.3～1.6	2.3～2.5	1.8～2.0	1.3～1.5
Ⅶ$_{2\sim6}$				2.3～2.8	1.9～2.3	1.6～1.9	2.5～2.9	2.1～2.5	1.6～1.8
Ⅶ$_3$	1.5～1.8	1.2～1.5	0.9～1.2	2.3～2.8	1.7～2.3	1.3～1.7	2.4～3.1	2.0～2.4	1.6～2.0
Ⅶ$_5$	2.8～3.2	2.2～2.6	1.7～2.1	3.1～3.5	2.4～2.8	1.9～2.3	3.6～4.0	2.0～2.4	1.4～1.8

注：①公路自然区划按现行的《公路自然区划标准》执行；
②表中数值为距地下水位的临界高度（m）。

路基最小填土高度是指为保证路基稳定，根据土质、气候和水文地质条件所规定的路肩边缘距原地面的最小高度。为利于排水，干燥路基最小填土高度规定为：细粒土质砂 0.3～0.5 m；黏质土 0.4～0.7 m；粉质土 0.5～0.8 m。

挖方或填筑路堤有困难的地段可加深边沟，使路肩边缘距边沟底的高度符合上述规定。当路基填土高度不能满足上述规定时，则应采取相应的措施，以保证路基的强度与稳定。

沿河受水浸淹的路基高度应高出路基设计洪水频率的计算水位加壅水高、再加波浪侵袭高以上 0.5 m。

六、场地清理

施工前应按设计要求进行公路用地放样，由业主办理征用土地手续。施工单位可根据施工需要提出增加临时用地计划，并对增加部分进行公路用地测量，绘制用地平面图及用地划界表，送交有关单位办理拆迁及临时占用土地手续。

路基用地范围内的既有房屋、道路、河沟、通信、电力设施、上下水道、坟墓及其他建筑物，均应协助有关部门事先拆迁或改造；对于路基附近的危险建筑应予以适当加固；对文物古迹应妥善保护。

路基用地范围内的树木、灌木丛等均应在施工前砍伐或移植清理，砍伐的树木应移置于路基用地之外进行妥善处理。高速公路、一级公路和填方高度小于 1 m 的其他公路应将路基范围内的树根全部挖除并将坑穴填平夯实；填方高度大于 1 m 的其他公路允许保留树根但根部露出地面不得超过 20 cm。取土坑范围内的树根也应全部挖除。在填方和借方地段的原地面应进行表面清理，清理深度应根据种植土厚度决定，清出的种植土应集中堆放。填方地段在清理完地表面后，应整平压实到规定要求，才可进行填方作业。

第五节 试验路段

高速公路、一级公路以及在特殊地区或采用新技术、新工艺、新材料进行路基施工时，应采用不同的施工方案做试验路段，从中选出路基施工的最佳方案指导全线施工。试验路段位置应选择在地质条件、断面形式均具有代表性的地段，路段长度不宜小于 100 m。

试验所用的材料和机具应当与将来全线施工所用的材料和机具相同。通过试验来确定不同机具压实不同填料的最佳含水量、适宜的松铺厚度和相应的碾压遍数、最佳的机械配套和施工组织。对于高速公路、一级公路应按松铺厚度 30 cm 进行试验，以确保压实层的匀质性。

试验路段施工中及完成以后，应加强对有关指标的检测；完工后，应及时写出试验报告。如发现路基设计有缺陷时，应提出变更设计意见报审。

知识链接：

(1) 路床：路床是路面的基础，承受由路面传来的荷载。它指的是路面结构层底面以下 80 cm 范围内的路基部分。路床在结构上分为上路床 0～30 cm 和下路床 30～80 cm。

(2) 填石路堤：路基施工中利用石料（包括大卵石）填筑的路堤称为填石路堤。

(3) 水沉积法：在填石路堤施工中，采用灌水的办法，使砂和细粒料充满石块之间的空隙，从而保证填石路堤的强度和稳定。

(4) 土石路堤：利用卵石土、块石土等天然土石混合材料修筑的路堤称为土石路堤。

(5) 冻结沟：寒冷地区为了使地下水迅速冻结而开挖的沟槽。

(6) 保温沟：在寒冷地区的排水沟槽顶部设置一定厚度的保温覆盖物，使水流在正温下流动的沟槽。

(7) 湿陷性黄土：受水浸湿后土的结构迅速破坏而发生显著附加下沉的黄土称为湿陷性黄土，与之对应的称为非湿陷性黄土。

(8) 微差爆破：在排炮起爆时间上预先设定一个较短的时间差，让它们依次起爆的爆破方式称为微差爆破。

知识链接：试验路段相关案例

1. 概况

杭州湾跨海大桥南岸接线高速公路是杭州湾跨海大桥的配套工程，也是同三国道主干线的重要完善和补充，路线全长 57.431 km，其中软基里程长约为 50 km，占路线全长的

87%。软土深厚，一般都在20～30 m之间，部分达40 m左右。层位沿路线变化较大、较复杂。路基宽度为35 m，底宽达50 m以上，路基对下卧层影响深度加大。深厚软基加固技术的正确运用和工后沉降量的有效控制是本工程的关键和难点。

2. 地层特征和软土特点

杭州湾跨海大桥南岸接线地处杭州湾以南慈北和姚江冲积平原，按地貌单元、地层岩性、成因时代等，沿线经过三个工程地质区：慈北平原沉积区（K85＋000～K125＋800）、丘陵区（K125＋800～K133＋000）、姚江平原沉积区（K133＋390～K143＋700）。

软土埋藏形式可分成三大类：

第一类是软土层上覆盖着较厚的相对硬壳层，硬壳层厚度一般在10～25 m，该硬壳层是一层较好的持力层，软土层埋藏在其下，厚度一般在10～25 m，该类型主要分布在K85＋000～K117＋000路段。

第二类是表层硬壳层不太厚，一般在6～8 m，但其下的软土层较厚，一般在20～30 m，最大接近40 m，该类型主要分布在K117＋000～K120＋700路段。

第三类是软土基本露头和硬壳层厚在2 m以下，软土厚度在10～30 m，大部分在15～20 m，软土性质在本路线范围内是最差的，该类型主要分布在K122＋200～K125＋500路段和K133＋420～K142＋430路段。

3. 试验路段选取

为探索杭州湾跨海大桥南岸接线最合理、最经济的软基处理方法，在综合考虑软土性质、厚度、埋藏特点及路堤填筑高度等条件后，选取K118＋400～K119＋900和K134＋000～K134＋603.5两段比较典型的软基路段作为试验路段。前一段位于慈溪市境的慈北冲积平原地带，后一段位于宁波市江北区境的姚江冲积平原区，它们分别代表本路段两种不同的地层类型。前者属软土层上覆盖着相对硬壳层的情况，后者属软土露头，且土性在本路线范围内最差的情况。

4. 软基处理基本思路

对地表有较厚硬壳层路段，充分利用硬壳层的作用，对稳定和变形基本满足要求的一般路段尽量不作深层处理；桥头地段视填土高度决定是否作深层处理，一般路堤高度不大时可加强路堤的刚度，增强路堤的整体抗不均匀变形的能力来处理。

在硬壳层较薄和软基露头地段，一般路段根据其允许工后沉降相对较大、路段长等特点，采用比较经济的排水固结预压为主的方法进行加固处理，主要目标是确保施工期地基稳定、加大施工期沉降和有效减少工后沉降量；桥头地段根据允许工后沉降小、路段短等特点，采用造价相对较高的刚性桩复合地基或半刚性桩复合地基方法处理，主要确保地基稳定和有效控制地基工后沉降量。

5. 软基处理方法选择

按照上述思路，结合类似工程经验，通过技术经济比较，本工程采用以下五种方法对软基进行处理。一般路段以真空联合堆载预压处理为主、堆载预压处理作为比较；桥头连接段采用真空联合堆载预压、CFG桩、预制管桩、水泥搅拌桩与预制管桩联合等方法处理。

(1) 堆载预压处理法。堆载预压是排水固结处理法中最传统、最经济的一种方法。本方案中竖向排水通道采用C型塑料排水板和F型塑料排水板，水平排水层采用砂砾（碎石）垫层（50 cm厚），铺设两层土工格栅。预压荷载分为欠载、超载两种类型。欠载预压路段，填土填至路床顶面标高后进入预压期，并及时填筑沉降补方；超载预压路段，超载高度为从路床顶面起算的高度。预压期均为18个月，不包括填筑期。

(2) 真空联合堆载预压处理法。真空预压是利用大气压力作为预压荷载对软土地基进行加固的方法，与堆载预压联合使用时，能进一步提高真空预压加固地基的效果，称为真空联合堆载预压。深厚软基的沉降量一般很大，为有效减少工后沉降，仅采用堆载预压法时必须采取很大的堆载压力和很长的预压时间。真空联合堆载预压可以发挥真空预压和堆载预压各自的优势，提高加荷速率、缩短工期、增大加固深度及减少工后沉降量。本方案中竖向排水通道分别采用C型塑料排水板、F型塑料排水板和透水软管三种形式；水平排水层采用砂砾垫层（50 cm厚）。膜下真空度设计要求不小于80 kPa，抽真空时间暂定为六个月。

(3) CFG桩处理法。CFG桩是水泥粉煤灰碎石桩的简称，是在碎石桩的基础上掺加适量石屑、粉煤灰和水泥加水拌和，形成一种强度较高的半刚性桩体。CFG桩加固软弱地基主要有两种作用：桩体作用和挤密作用。用CFG桩法处理地基可达到有效消除沉降和提高地基承载力的双重目的。该方法主要适用于软基性质很差、软土层深厚等情况下的桥头连接路段的地基加固。本方案中CFG桩桩径为50 cm，水泥采用425号普通硅酸盐水泥，粗骨料粒径采用3～5 cm，桩体设计强度为C12，桩顶部铺设50 cm厚碎石垫层及一层土工格栅。

(4) 预制管桩处理法。预制管桩处理法使用静压式桩机或锤击式桩机将预制管桩打入地基，地面荷载主要通过管桩向深层硬土层或基岩传递，同时桩间土也承担部分荷载。该技术在房屋建筑中早已广泛应用。预制管桩复合地基的加固原理与CFG桩复合地基基本相同。该方法主要适用于软基性质很差、软土层深厚等情况下的桥头连接路段的地基加固。本方案中预制管桩采用PTC400(60)—a型，正方形布置，管桩顶部设100 cm×100 cm，厚30 cm的C30钢筋混凝土承台，地基顶部设置50 cm厚碎石垫层及一层土工格栅。

(5) 水泥搅拌桩与预制管桩联合处理法。水泥搅拌桩法是将桩体范围内软土就地拌入水泥等固化剂材料使其硬化，从而在地基中形成水泥土桩的处理方法。以搅拌桩为主、桩间土参与承担地面荷载，搅拌桩、垫层和桩间土共同作用形成水泥搅拌复合地基。将水泥搅拌桩与预制管桩联合应用，针对地基浅层附加应力大、土质软弱、压缩量大等特点，以造价低廉的水泥搅拌桩为主进行加固，可获得较大的置换率和较好的加固效果，同时避免了水泥搅拌桩深层加固效果难保证的缺陷；在深层，附加应力较小，土质好于浅层，其压缩量虽仍不可忽视但毕竟占总沉降量的比例较小，利用造价贵但质量容易保证的预制管桩加固，由于所需置换率小（布桩数少）而使得地基处理费用增加较少。本方案中水泥搅拌桩直径0.5 m，桩长16 m，预制管桩采用PTC400(60)—a型，桩长36 m，联合桩在平面呈正方形布置，在正方形的四根桩内一根为预制管桩，三根为水泥搅拌桩，管桩顶部设100 cm×100 cm，厚30 cm的C30钢筋混凝土承台，地基顶部设置50 cm厚碎石垫层及二层土工格栅。

6. 试验路段效果

杭州湾跨海大桥南岸接线试验路段2003年12月28日动工建设，于2006年年初完成。上述五种软基处理方法都各有其适用范围和特点，在试验路段的应用已初见成效，施工过程中积累的宝贵经验已经和正在指导杭州湾跨海大桥南岸接线高速公路全线的设计、施工等工作。鉴于软基加固的效果往往在施工结束后还需要经历一段时间，尤其要到通车后经受车辆荷载的考验之后才能逐步体现，因此沉降观测等工作有必要延续到运营期间。相信该试验路段的最终成果将为今后本地区类似工程在处理深厚软土地基方面提供一些有用的经验。

课后习题

一、选择题

(1) 路基干湿类型由路基土的(　)确定。

A. 液性指数　B. 塑性指数　C. 分界稠度　D. 液限

(2) 路基填料可使用(　)。

A. 冻土　B. 杂填土　C. 膨胀土　D. 有机土

(3) 地面横坡陡于 1∶5 时，下列表述错误的是(　)。

A. 原地面挖成台阶　B. 直接修筑在天然地基上

C. 分层夯实　D. 采用褥垫

(4)"触变性明显"是指(　)。

A. 变形难稳定　B. 强度低　C. 灵敏度高　D. 次固结沉降大

(5) 液限大于(　)的土，不得直接作为路堤填料。

A. 45　B. 50　C. 55　D. 60

(6) 塑限大于(　)的土，不得直接作为路堤填料。

A. 20　B. 25　C. 26　D. 28

二、填空题

(1) 施工放样的基本方法有________、________、________、________四种。

(2) 路基用土包括______、______、______、______、______、______、______、______八类土，其中______最优，______属不良材料。

三、问答题

(1) 路基临界高度对路基高度的设计和施工有什么影响?

(2) 路基压实的检测方法有哪些? 各自的适用条件是什么?

第二章　路基填筑及开挖

第一节　一般规定及常见破坏形式

填方路堤施工前的原地面，应按照有关规定进行清理。对其基底，还应按下列规定办理。

(1) 应做好原地面临时排水设施，并与永久排水设施相结合。排走的雨水，不得流入农田、耕地；亦不得引起水沟淤积和路基冲刷。

(2) 路堤修筑范围内，原地面的坑、洞、墓穴等，应用原地的土或砂性土回填，并按规定进行压实。

(3) 路堤基底为耕地或松土时，应先清除有机土、种植土，平整后按规定要求压实。在深耕地段，必要时，应将松土翻挖，土块打碎，然后回填、整平、压实。

(4) 路堤基底原状土的强度不符合要求时，应进行换填，换填深度，应不小于 30 cm，并予以分层压实，压实度应符合规定。

一、加宽旧路堤应遵守的规定

(1) 所用填土宜与旧路相同或选用透水性较好的土。

(2) 清除地基上的杂草，并沿旧路边坡挖成向内倾斜的台阶，台阶宽度应不小于 1 m。

(3) 当路堤稳定受到地下水位影响时，应在路堤底部填以水稳性优良、不易风化的砂、砂砾、碎石等材料或采用无机结合料（生石灰粉、水泥等固化材料）进行加固处理，使基底形成水稳性好、厚约 30 cm 的稳定层，或设置隔离层。

二、路堤填料应符合的规定

(1) 路堤填料，不得使用淤泥、沼泽土、冻土、有机土、含草皮土、生活垃圾、树根和含有腐朽物质的土。采用盐渍土、黄土、膨胀土填筑路堤时，应遵照相关规定。

(2) 液限大于 50、塑性指数大于 26 的土，以及含水量超过规定的土，不得直接作为路堤填料。需要应用时，必须采取满足设计要求的技术措施，经检查合格后方可使用。

(3) 钢渣、粉煤灰等材料，可用做路堤填料，其他工业废渣在使用前应进行有害物质的含量试验，避免有害物质超标，污染环境。

(4) 捣碎后的种植土，可用于路堤边坡表层。

路基填方材料，应有一定的强度。高速公路及一级公路的路基填方材料，应经野外取土试验，符合规定时，方可使用；二级及二级以下的公路路基填方材料，亦宜按规定选用。

三、常见破坏形式

(1) 填方路基产生过量沉陷，如图 2-1 所示。其主要原因是填筑时压实度不足、填料不良和填筑方法不当所致。

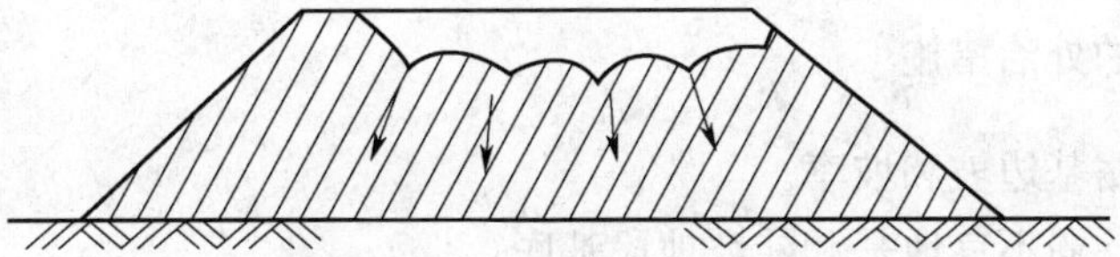

图 2-1 路基沉陷示意图

(2) 基底发生大量沉陷，如图 2-2 所示。其主要原因是地基软弱或者基底有暗穴和采空区，承载力不足。

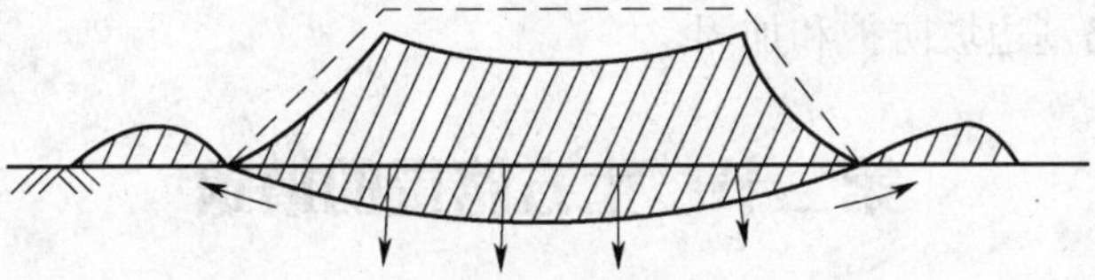

图 2-2 路基沉陷示意图

(3) 边坡表层滑溜，如图 2-3 所示。其主要原因是边坡被雨水侵蚀，含水量过大，使边坡表层部分随雨水冲刷下滑冲走。

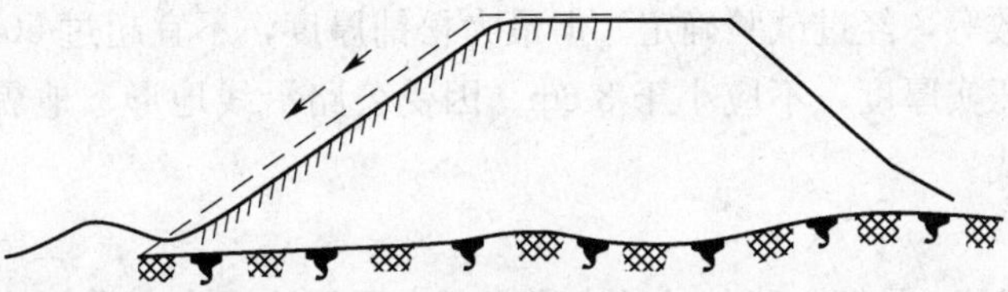

图 2-3 边坡表层滑溜破坏

(4) 填方路基局部滑坍，如图 2-4 所示。其主要原因是边坡太陡，压实度不足，基底承载力不足，或填料过湿，土的抗剪强度降低，使部分路基沿滑动面下滑而破坏。

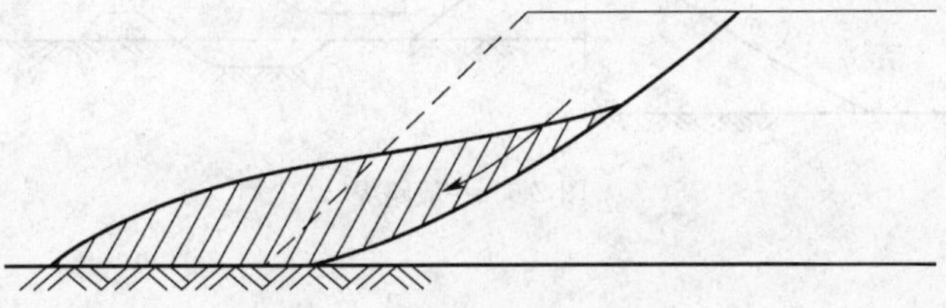

图 2-4 路基边坡滑坍示意图

(5) 整个路堤沿底面滑动，如图 2-5 所示。其主要原因是基底面横坡过陡，排水不良而使水流渗入地基，致使整个路面沿基底面向下滑动。

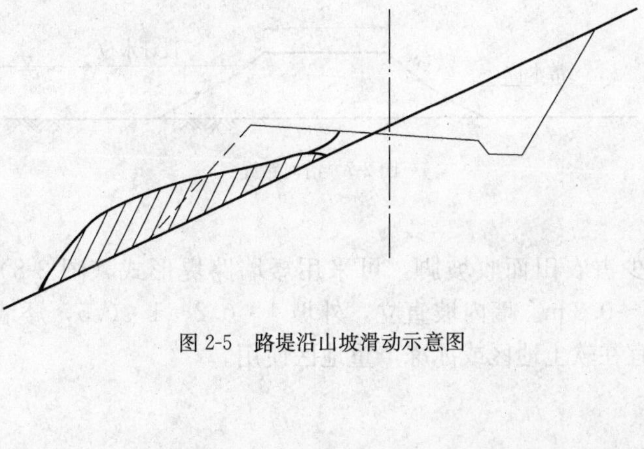

图 2-5 路堤沿山坡滑动示意图

四、填方路基的处治措施

（1）正确选择路基边坡和坡率。
（2）认真处理软弱不良地基和陡坡地段基底。
（3）优选填料。
（4）采用正确的填筑方法，分层填筑，充分碾压。
（5）做好排水设计，保持路基经常处于干燥、稳定状态。
（6）做好填方路基边坡防护和加固。

第二节　土方路堤的填筑

土方路堤应分层填筑压实，用透水性不良的土填筑路堤时，应控制其含水量在最佳压实含水量±2%之内。施工时，必须根据设计断面，分层填筑、分层压实。采用机械压实时，分层的最大松铺厚度，高速公路和一级公路不应超过 30 cm；其他公路，按土质类别、压实机具功能、碾压遍数等，经过试验确定。但最大松铺厚度，不宜超过 50 cm。填筑至路床顶面最后一层的最小压实厚度，不应小于 8 cm。因受公路沿线地形、地貌的影响，填方路基的横断面有多种形式。

1. 一般路堤

一般路堤（图 2-6）是填方路基的基本形式，在平坦地区大多采用这种断面。其中 B 为路基顶面宽度，b 为护坡道宽度，1∶m 为边坡坡率，W 为取土坑或排水沟，G 为挡水埂。

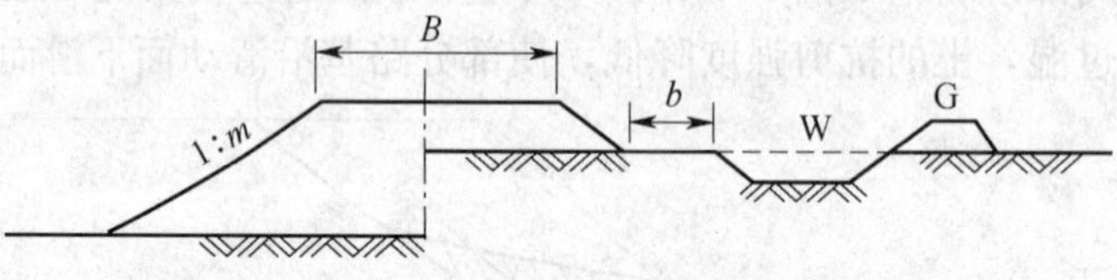

图 2-6　一般路堤

2. 沿河路堤

长期浸水路基（图 2-7），其边坡坡度应适当放缓，在设计水位以下为 1∶1.75～1∶2.0；在常水位以下为 1∶2.0～1∶3.0。若采用渗水性较好的土填筑或用砌石作防护时，边坡可以稍陡。

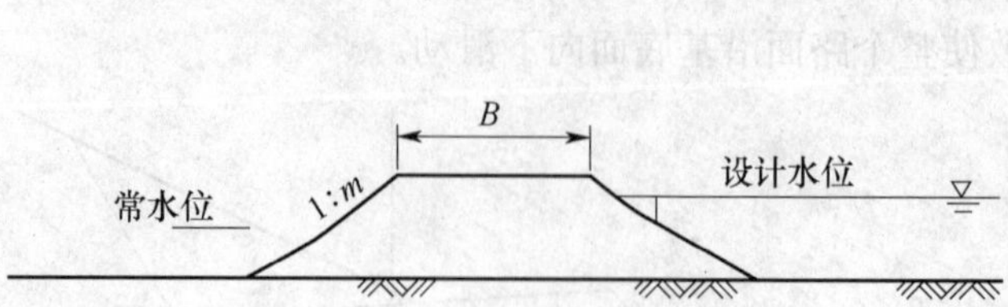

图 2-7　沿河路堤

3. 矮墙路堤

为减少拆迁、少占农田而收坡脚，可采用矮墙路堤形式（图 2-8）。矮墙高度不大于 1.5 m，顶宽为 0.5～0.8 m。墙内坡直立，外坡 1∶0.2～1∶0.5，矮墙须采用浆砌片石砌筑。此断面形式不宜在软土地区或冰冻严重地区使用。

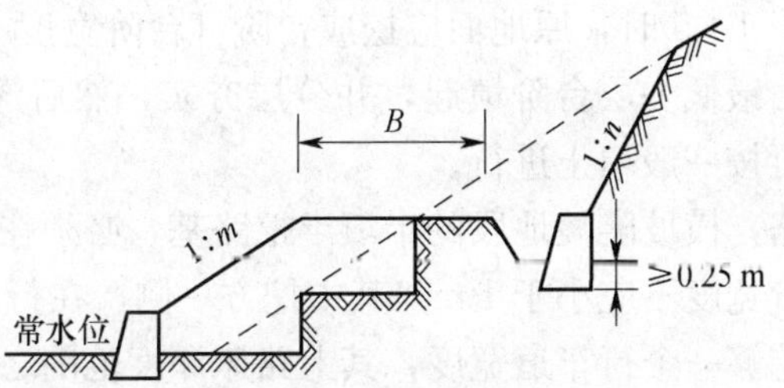

图 2-8　矮墙路堤

4. 斜坡路堤

当填方路基基底位于地面自然横坡陡于 1∶5 的斜坡上时（图 2-9），路堤基底应挖台阶，台阶宽视斜坡坡度而定，但不得小于 1 m。对分期修建或旧路加宽时，衔接处台阶宽度为 2 m。在挖、填方交界处，应采取超挖回填措施。

5. 护肩路基

傍山路基地段，其填方部分的坡脚可能伸出较远而不易填筑，这时可修筑护肩路基（图 2-10）。护肩高不大于 2 m，用浆砌片石砌筑，顶宽 1 m，内、外坡均直立，护肩以内应填石，以利泄水。若基底为陡于 1∶5 的陡坡时，应按要求挖出台阶。护肩路基应在护肩之外留出足够宽度的襟边，其宽度 p 按表 2-1 选用。

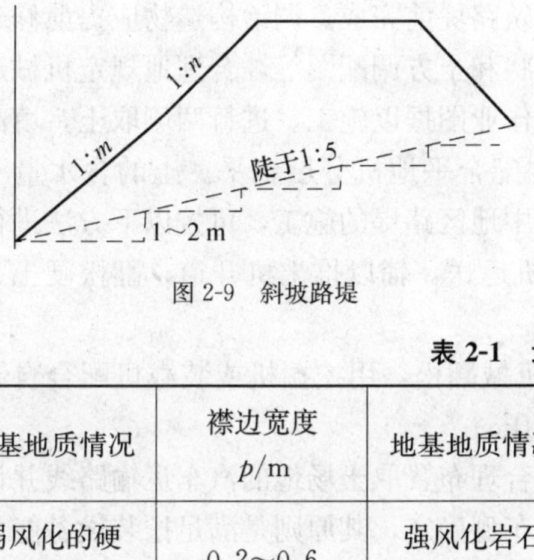

图 2-9　斜坡路堤

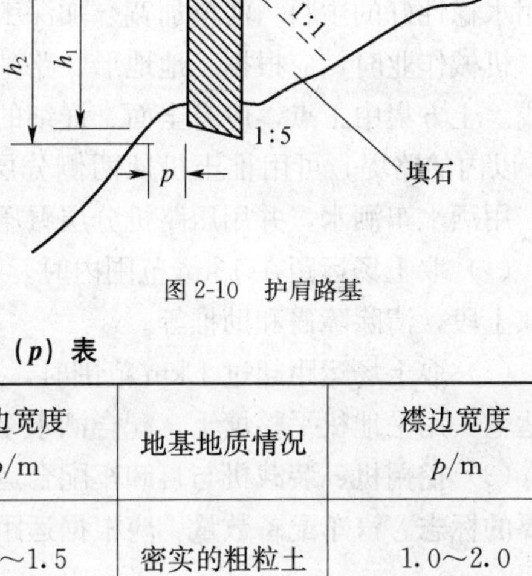

图 2-10　护肩路基

表 2-1　地襟边宽度（p）表

地基地质情况	襟边宽度 p/m	地基地质情况	襟边宽度 p/m	地基地质情况	襟边宽度 p/m
弱风化的硬质岩石	0.2～0.6	强风化岩石或软质岩石	0.6～1.5	密实的粗粒土	1.0～2.0

6. 挡土墙路基

在公路建筑中常用挡土墙收缩边坡坡脚减少占地或拆迁建筑物，或防止水流对路基冲刷，或防止陡坡路基下滑等地段。常用的形式有路肩挡土墙、路堤挡土墙、浸水挡土墙、抗滑挡土墙等，按其结构特点可分为重力式、衡重式、悬臂式、扶壁式、锚杆式等。

路堤填土宽度每侧应宽于填层设计宽度，压实宽度不得小于设计宽度，最后削坡。填筑路堤宜采用水平分层填筑法施工。即按照横断面全宽分成水平层次逐层向上填筑。如原地面不平，应由最低处分层填起，每填一层，经过压实符合规定要求之后，再填上一层。如果原地面纵坡大于 12%的地段，可采用纵向分层法施工，沿纵坡分层，逐层填压密实。

对于山坡路堤，地面横坡不陡于 1∶5 且基底符合规定要求时，路堤可直接修筑在天然的土基上。地面横坡陡于1∶5时，原地面应挖成台阶（台阶宽度不小于1 m），并用小型夯实机加以夯实。填筑应由最低一层台阶填起，并分层夯实，然后逐台向上填筑，分层夯实，所有台阶填完之后，即可按一般填土进行。

高速公路和一级公路，横坡陡峻地段的半填半挖路基，必须在山坡上从填方坡脚向上挖成向内倾斜的台阶，台阶宽度不应小于1 m。其中挖方一侧，在行车范围之内的宽度不足一个行车道宽度时，则应挖够一个行车道宽度，其上路床深度范围之内的原地面上应予以挖除换填，并按上路床填方的要求施工。

若填方分几个作业段施工，两段交接处，不在同一时间填筑，则先填地段，应按1∶1坡度分层留台阶。若两个地段同时填，则应分层相互交叠衔接，其搭接长度，不得小于2 m。对于陡峻山坡半挖半填路基，设计边坡外面的松散弃土应在路基竣工后全部清除。不同土质混合填筑路堤时，应符合下列规定：

(1) 以透水性较小的土填筑于路堤下层时，应做成4%的双向横坡；如用于填筑上层时，除干旱地区外，不应覆盖在由透水性较好的土所填筑的路堤边坡上。

(2) 不同性质的土应分别填筑，不得混填。每种填料层累计总厚不宜小于0.5 m。

(3) 凡不因潮湿或冻融影响而变更其体积的优良土应填在上层，强度较小的土应填在下层。

进行河滩路堤填土时，应连同护道在内，一并分层填筑。可能受水浸淹部分的填料，应选用水稳性好的主料。河槽加宽、加深工程应在修筑路堤前完成。调治构造物应提前修建。

机械作业时，应根据工地地形、路基横断面形状和土方调配图等，合理地规定机械运行路线。土方集中工点，应有全面、详细的机械运行作业图据以施工。进行两侧取土，填高在3 m以内的路堤，可用推土机从两侧分层推填，并配合平地机分层整平。土的含水量不够时，用洒水车洒水，并用压路机分层碾压。填方集中地区路堤的施工，可按以下方法进行：

(1) 取土场运距在1 km范围内时，可用铲运机运送，辅以推土机开道，翻松硬土，平整取土段，清除障碍和助推等。

(2) 取土场运距超过1 km范围时，可用松土机械翻松，用挖掘机或装载机配合自卸汽车运输，用平地机平整填土，配合洒水车压路机碾压。

(3) 挖掘机、装载机与自卸车配合运输时，要合理布置取土场地的汽车运输路线并设置必要的标志。汽车配备数量，应根据运距的远近和车型确定，其原则是满足挖装设备能力的需要。

土石方运输应视当地条件、运距设备等情况，采用不同的运输机具，如推土机、铲运机、皮带运输机、自卸汽车、卷扬机牵引的索道等。当卸装范围内有一定高差，汽车等运输方式受到地形和其他条件限制时，可采用空中索道运输。

第三节 桥涵及其他构造物处的填筑

随着我国国民经济的快速发展，道路等级不断提高，特别是近年来高等级公路投入很大，发展迅速。但是，从已交付使用的高等级公路特别是高速公路来看，存在不少问题，其中较为普遍的是：在台背或其他构造物处产生跳车现象。且这种现象在一些软基路堤或高路堤中更为严重，这不仅影响行车速度、舒适性，甚至导致交通事故，还容易使“三背”部位的路面结构遭到破坏。

“三背”主要指桥涵台背、挡墙背、路基范围内的结构物台背。大家肯定注意到公路跳车现象往往多发生在这几个部位，根本原因就是“三背”位置的填筑质量控制不好，导致其沉降超过一定的限度造成。因此，“三背”位置的沉降控制做好了，跳车问题也就斩草除根了。

一、桥涵台背跳车的成因分析

（1）成因之一，路基自身的压缩沉降与侧向变形。目前国内公路施工时构造物往往先行施工，在施工中待一般路基成形后，在构造物两端台背后留下一个缺口，而留设台的缺口时往往分层留设的台阶未达到0.20 m×1.5 m的宽度，当构造物完成对台背缺口进行施工时，由于压实机械的作业面狭小而使压实不到位，特别是台下及台、墙后侧及翼墙内侧要达到规范要求的不小于96%的压实度更有一定的难度，加之部分施工单位使用倾填施工，压实分层不明显，或根本未使用分层压实法，导致该处路基压实质量下降，通车后由于行车荷载反复的作用，引起该处路基的压缩沉降，如桥涵台处在不良地基段，又未作地基深层处理的不良地基处会在上覆路堤荷载或行车荷载的作用下发生侧向变形。

（2）成因之二，地基本身沉降。一般情况下，台背后的地质地貌与其他路段不同，地形起伏大，地质条件不一，特别是桥头，长期受水蚀，地质剖面情况更为复杂。同时由于桥涵处路基填筑高度大，有些大跨径或特大跨径桥往往高达8～12 m，一般的桥涵处路堤填筑高度也在4.0～6.0 m，由此产生的基底应力也相应较大，通车后在地基本身应力和行车荷载的反复作用下，地基上承受的路堤自重荷载与地基的自身承载力之间的力学平衡被打破，地基产生了沉降现象。因此在桥、涵台背填筑地段，产生的地基沉降量也较其他路段大得多。

（3）成因之三，路基与台背接头处由于台背的刚性结构与路基的柔性结构和路面的半刚性结构存在着不同的沉降量，而这种沉降差异常常会导致结合部产生细小缩裂缝，在不利的季节中由于雨水的渗入，使路基土产生软化，填土层土粒本身产生的板体结构被破坏，使路基产生病害，导致该处路基受冲击动载的作用而产生挤压形成沉降。

（4）成因之四，施工图设计中对桥台背的设防不足，或千篇一律套用成功或较成功案例，未根据不同的情况做专门的桥、涵台背防沉降设计。

分析上述成因，除设计原因外，其他都是与填筑施工有密切关系。要解决桥涵背填料下沉问题，从而减少桥台跳车现象就必须采用正确的施工措施选用合适的施工机具，制订适宜的施工方法。

二、台背填筑材料的选择与施工

桥涵台背跳车产生的原因归结起来，主要是路基压缩沉降，侧向变形和地基沉降引起。实践证明，台背处填筑内摩擦角较小的材料（如土方），加之压实质量的影响，路基的压缩沉降量一般较大。为保证台背处路堤的稳定性，除设计文件另有规定外，应选用内摩擦角较大的透水性材料，如宕渣（山渣）、碎石、砂砾等就能较好地减少路基的压缩沉降，同时也有利于台背缝隙中渗入的雨水沿台底盲沟或泄水管顺利排出路堤外。

台背填筑透水性材料，应满足一定的长度、宽度和高度要求。在通常情况下，台背填料顺路线方向长度顶部为距翼墙尾端不小于台高加2.0 m，底部距基础内缘控制长度不小于

2.0 m。拱桥台背填土长度应不小于台高的 3～4 倍，涵洞填土长度每侧不应小于 2 倍孔径长度。

透水性材料的填筑高度，从路堤顶面起向下计算：在冰冻地区一般不小于 2.5 m，无冰冻地区应填至高水位处。

台背与路基接壤处，为保证连接质量，一般路基应留成台阶状，台阶形成的斜坡率应不大于 1∶1.0。

三、台背填土的施工对策

台背沉降跳车现象的消除离不开施工过程中的控制。根据多年高速公路、一级公路的施工实践的总结认为：设置台后横向泄水管或盲沟是解决台后路基病害的一个简便而又经济的做法。不论设计中有无规定均可在基本不增加工程成本的前提下完成，其方法为：台背路基填筑前，应将原地基再次夯实，其压实度应达到 90%以上。如是软基，换填深度应不小于二层压实层厚度约 30～50 cm，以便通过分层换填夯实使原地基的强度增大。然后填筑横坡为 3%～4%的夯实黏土形成双向横坡土拱，再在土拱上挖一条双向坡的地沟，地沟截面尺寸为：宽 40～60 cm，深 30～50 cm，以路基中心轴线点为双面分坡点，沟底横坡坡度控制在不小于 2.0%～3.0%，地沟完成后，随即在台背后全宽范围内满铺一层隔水材料。隔水材料可使用油毡下垫尼龙薄膜，有条件的情况下，可以在油毡下垫设无纺土工布（规格为 250～300 g/m^2）效果更佳。油毡施工时应横向铺设，幅与幅之间的搭接不宜小于 10 cm，搭接处使用热沥青作黏结材料，以增加隔水效果。隔水层施工完成后在地沟内设置 ϕ10 cm 以上 PVC 塑管，布设前将 PVC 管四周钻出孔径为 0.5 cm 的小孔，小孔宜布成绢花形，孔距宜控制在 10 cm 以内。布设中应紧贴沟底防水材料层，PVC 管形成的横坡应与沟底 2.0%～3.0%的横坡相同，PVC 管的长度应宽于台后路基的底面宽度两侧各加 0.5～1.0 m，以便通过 PVC 管泄出的水能顺利排出。再在 PVC 硬塑管四周地沟内填筑透水性好，级配良好，粒径适宜（应不大于 10 cm，不小于 2.5 cm）的砂砾或碎石，再分层填筑台后透水性材料，直至路基顶面其填筑压实度应符合要求。

四、台背填土的施工控制

大量的施工实例表明，欲在施工中做好桥、涵台背的填筑作业，减小工后沉降必须首先做好以下几方面的工作。

（1）控制填料质量。台背回填区因其所处填筑位置的特殊性，对填料的质量控制应比普通路基的填料要求高得多。选择的填料首先要满足透水性好的要求，且填料 0.074 mm 以下颗粒含量不宜超过 15%，最大料径不宜大于 40 mm；CBR 值不宜小于 8。含水量不宜过大，这样能有效地控制和减小路基层间压缩沉降。

（2）填筑前，应在土拱上设置泄水管或盲沟使地表水快速流畅排出路基外。这是减少裂隙水侵入引起路基填方产生病害，同时也是减弱各刚度不同结构产生差异沉降的有效办法。

（3）填筑时，对涵洞缺口填土时应在两侧对称均匀地分层回填压实。如使用机械回填，则涵台胸腔部分及检查井周围应先用小型压实机械压实填好后，方可用机械进行大面积回填，涵顶填土压实厚度必须大于 50 cm 时，方可进行重型机械和汽车，对桥梁构造物亦应做到台背两端对称施工，桥台背后的填土应与锥坡填土同时进行。

(4) 应严格按有关施工规范施工，控制好回填层分层厚度，一般不宜超过 20 cm，当采用小型机具（小于 12T 的压实机具时）一级以上公路松铺厚度以不超过 15 cm 为宜，碾压遍数应通过试验决定，经验碾压遍数一般在 8～10 遍，并对每层填筑质量实施检测，透水性材料的检测应以干容重或空隙率控制施工质量。

(5) 如果台背必须要填筑非透水性材料时（如土方等），对土质不好、含水量高的填料要进行处理，必要时可以换土或掺小剂量石灰和水泥（掺量一般为石灰：1.0%～1.5%，水泥 1.0%～2.0%）。同时，尽可能做到桥涵施工与路基开挖的结合，做到桥涵台施工多高，填土就填多高，确保能分层夯实，以保证填土的密实程度。

在路基及桥涵填筑中，所有的回填土工作必须在隐蔽工程验收合格后进行。桥涵及其他构造物处的填料，除设计文件另有规定外，应采用砂类土或渗水性土。当采用非透水性土时，应在土中增加外掺剂如石灰、水泥等。并且桥涵及其他构造物处的填土，应适时分层回填压实。回填土时对桥涵圬工的强度等要求应按照《公路桥涵施工技术规范》有关规定办理。

桥涵填土的范围是：台背填土顺路缘方向长度，顶部为距翼墙尾端不小于台高加 2 m；底部距基础内线不小于 2 m；拱桥台背填土长度不应小于台高的 3～4 倍；涵洞填土长度每侧不应小于 2 倍孔径长度。桥台背后填土宜与锥坡填土同时进行。涵洞缺口在填土时，应在两侧对称均匀分层回填压实。如使用机械回填，则涵台胸腔部分及检查井周围应先用小型压实机械压实填好后，方可用机械进行大面积回填。涵顶面填土压实厚度大于 50 cm 时，方可通过重型机械和汽车。

挡墙填料宜选用砾石土或砂类土。墙趾部分的基坑，应及时回填压实，并做成向外倾斜的横坡。填土过程中，应防止水的浸害。回填结束后，顶部应及时封闭。回填土应分层填筑并严格控制含水量，分层松铺厚度宜小于 20 cm。当采用小型夯具时，一级以上的公路松铺厚度不宜大于 15 cm，并应充分压（夯）实。

第四节　填石路堤

一、填石路堤

填石路堤的基底处理同填土路堤的方法相同。在选材上，填石路堤的石料强度不应小于 15 MPa（用于护坡的石料强度不应小于 20 MPa）。填石路堤石料最大粒径不宜超过层厚的 2/3。

高速公路、一级公路和铺设高级路面的其他等级公路的填石路堤均应分层填筑，分层压实。二级及二级以下且铺设低级路面的公路在陡峻山坡段施工特别困难或大量爆破以挖作填时，可采用倾填方式将石料填筑于路堤下部，但倾填路堤在路床底面下不小于 1.0 m 范围内仍应分层填筑压实。

在确定分层松铺厚度时，一般按照：高速公路及一级公路不宜大于 0.5 m；其他公路不宜大于 1.0 m 进行。填石路堤倾填前，路堤边坡坡脚应用粒径大于 30 cm 的硬质石料码砌。当设计无规定且填石路堤高度小于或等于 6 m 时，其码砌厚度不应小于 1 m；当高度大于 6 m时，码砌厚度不应小于 2 m。

逐层进行填筑时，应安排好石料运输路线，专人指挥，按水平分层，先低后高、先两侧后中央卸料，并用大型推土机摊平。个别不平处应配合人工用细石块、石屑找平。当石块级配较差、粒径较大、填层较厚、石块间的空隙较大时，可于每层表面的空隙里扫入石渣、石屑、中、粗砂，再以压力水将砂冲入下部，反复数次，使空隙填满。人工铺填粒径 25 cm 以上石料时，应先铺填大块石料，大面向下，小面向上，摆平放稳，再用小石块找平，石屑塞缝，最后压实。人工铺填块径 25 cm 以下石料时，可直接分层摊铺，分层碾压。

填石路堤的填料如其岩性相差较大，则应将不同岩性的填料分层或分段填筑。如路堑或隧道基岩为不同岩种互层，允许使用挖出的混合石料填筑路堤，但石料强度、粒径应符合相关规定。

用强风化石料或软质岩石填筑路堤时，应按土质路堤施工规定先检验其 CBR 值是否符合要求，CBR 值不符合要求时不得使用，符合使用要求时应按土质筑堤的技术要求施工。高速公路及一级公路填石路堤路床顶面以下 50 cm 范围内应填筑符合路床要求的土并分层压实，填料最大粒径不得大于 10 cm。其他公路填石路堤路床顶面以下 30 cm 范围内宜填筑符合路床要求的土并压实，填料最大粒径不应大于 15 cm。

二、土石路堤

土石路堤的基底处理也同填石路堤类似。天然土石混合材料中所含石料强度大于 20 MPa时，石块的最大粒径不得超过压实层厚的 2/3，超过的应清除；当所含石料为软质岩（强度小于 15 MPa）时，石料最大粒径不得超过压实层厚，超过的应打碎。

要注意的是，土石路堤不得采用倾填方法，均应分层填筑，分层压实。每层铺填厚度应根据压实机械类型和规格确定，不宜超过 40 cm。压实后渗水性差异较大的土石混合填料应分层或分段填筑，不宜纵向分幅填筑。如确需纵向分幅填筑，应将压实后渗水良好的土石混合料填筑于路堤两侧。当土石混合填料来自不同路段，其岩性或土石混合比相差较大时，应分层或分段填筑。如不能分层或分段填筑，应将含硬质石块的混合料铺于填筑层的下面，且石块不得过分集中或重叠，上面再铺含软质石料混合料，然后整平碾压。

土石混合填料中，当石料含量超过 70%时，应先铺填大块石料，且大面向下，放置平稳，再铺小块石料、石渣或石屑嵌缝找平，然后碾压；当石料含量小于 70%时，土石可混合铺填，但应避免硬质石块（特别是尺寸大的硬质石块）集中。

高速公路及一级公路土石路堤的路床顶面以下 30～50 cm 范围内应填筑符合路床要求的土并分层压实，填料最大粒径不大于 10 cm。其他公路填筑砂类土厚度应为 30 cm，最大粒径不大于 15 cm。

三、高填方路堤

水稻田或长年积水地带，用细粒土填筑路堤高度在 6 m 以上，其他地带填土或填石路堤高度在 20 m 以上时，可按本节要求施工。按规定进行原地面清理后，如地基土的强度不符合设计要求，应按有关规定进行处理或加固。

高填方路堤应严格按设计边坡填筑，不得缺填。每层填筑厚度，根据所采用的填料，按有关规定执行。如填料来源不同，其性质相差较大，应分层填筑，不应分段或纵向分幅填筑。

高填方路堤受水浸淹部分，应采用水稳性高及渗水性好的填料，其边坡比不宜小于1∶2。对于半挖半填的一侧高填方基底为斜坡时，应按规定挖好横向台阶，并应在填方路堤完成后，对设计边坡外的松散弃土进行清理。

第五节　挖方路基的施工

一、概念

挖方路基是指路基设计高程小于地面高程，由开挖而形成的路基，挖方路基亦称为路堑。挖方路基一般由路床、边沟、碎落台、边坡、截水沟等组成，其横断面及各部分组成如图 2-11 所示。

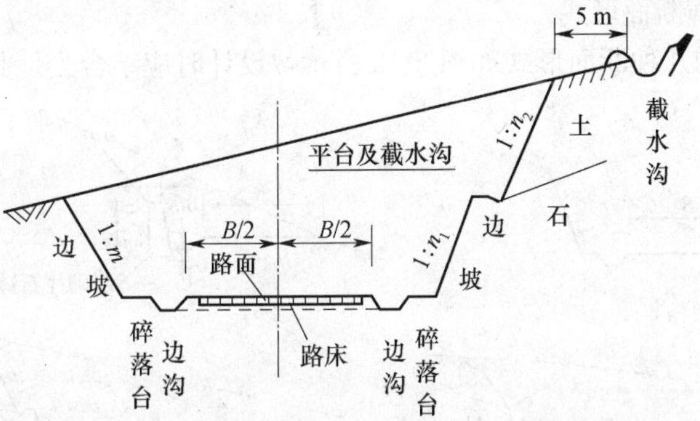

图 2-11　挖方路基的横断面组成

1. 路床

路床是指路面结构层底面以下 30 cm 深度范围内的路基部分，要求有足够的强度，高速公路路床的压实度不应小于 95%（重型压实标准）。

路床为岩石或土质良好时，可直接利用作为路床，并应整平，碾压密实。地质条件不良或土质松散、渗水、湿软、强度低时，应采取防水、排水措施或掺石灰处理或换填渗水性粒料等措施，处理深度可视具体情况而定。

2. 边沟

挖方路基应设置边沟，横断面一般采用梯形，石方路段的边沟宜采用矩形，小雨浅挖地段的土质边沟可采用三角形横断面。挖方路段采用三角形边沟或加盖板的矩形边沟时，高速公路可不设路侧护栏。高速公路边沟的深度及底宽不应小于 60 cm，边沟纵坡不宜小于 0.5%，且应全部采用浆砌片石防护。

3. 碎落石

容易产生碎落的风化破碎岩石、软质岩石、砾（碎石）类土等地段的挖方路基，应于边沟外侧设置碎落台，其宽度不宜小于 1 m。挖方路基边沟外侧应设置碎落台，当边坡高度超过 12 m 时，碎落台宽度不宜小于 2 m。

4. 挖方边坡

挖方边坡的稳定性主要与工程地质、水文地质和地面排水条件有关。土质挖方边坡坡度应根据边坡高度、土的湿度、密实程度、地下水、地面水的情况、土的成因类型及生成时代等因素确定。岩石挖方边坡坡度应根据岩性、地质构造、岩石的风化破碎程度、边坡高度、地下水及地面水等因素综合分析确定。

挖方边坡形式主要有直线形、折线形、台阶形。当挖方边坡较高时，可根据不同的土、石性质和稳定要求开挖成折线形或台阶形边坡，边坡高度每隔 6～10 m 设平台一道，宽度为 1～3 m，视需要设置平台排水沟。

5. 截水沟

为汇集并排除挖方路基边坡上侧的地表径流，应设置截水沟，其位置应设置在坡顶 3 m 以外，截水沟横断面可采用梯形，山坡较陡时，也可采用矩形，其尺寸大小根据汇水面积进行水力计算确定。

二、路堑的常用横断面形式及边坡

1. 路堑的常用横断面形式

挖方路基常用的几种断面形式如图 2-12 所示，设计时应结合当地具体条件参照选用。

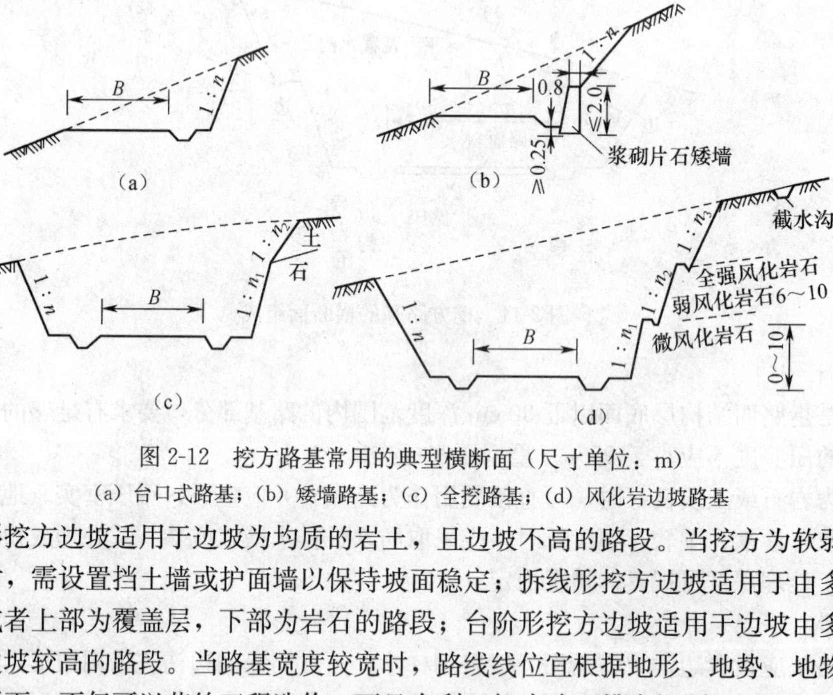

图 2-12 挖方路基常用的典型横断面（尺寸单位：m）

(a) 台口式路基；(b) 矮墙路基；(c) 全挖路基；(d) 风化岩边坡路基

直线形挖方边坡适用于边坡为均质的岩土，且边坡不高的路段。当挖方为软弱土质、易风化岩层时，需设置挡土墙或护面墙以保持坡面稳定；折线形挖方边坡适用于由多层不同土质组成，或者上部为覆盖层，下部为岩石的路段；台阶形挖方边坡适用于边坡由多层不同土质组成且边坡较高的路段。当路基宽度较宽时，路线线位宜根据地形、地势、地物灵活地采用分离式断面，不仅可以节约工程造价，而且有利于解决路面排水问题。

2. 路堑边坡

(1) 土质路堑边坡。土质路堑边坡就根据边坡高度、土的密实程度、地下水和地面水的情况、土的成因及生成年代等因素来确定。在一般情况下，挖方路基水文地质及工程地质条件较简单，砂类土、细粒土的挖方边坡高度不超过 20 m，粗粒土挖方边坡高度不超过 20～30 m。在调查路线附近已建工程的人工边坡及自然边坡稳定状况基础上，通过工程地质类比法分析，确定土质路堑边坡坡度。

(2) 岩石路堑边坡。影响岩石路堑边坡稳定的因素有岩石性质、岩体结构、水的作用、风化作用、地震、地应力、地形地貌及人为因素等。

①岩石的成因类型、组成的矿物成分、结构构造和物理力学性质等是决定边坡稳定性的

因素。由坚硬、矿物稳定、抗风化性好、强度较高的岩石构成的路堑边坡，其稳定性一般较好；反之，就较差。

②岩体的结构类型、结构面性状及其与坡面的关系是岩石路堑边坡稳定的控制因素。

③水的渗入使岩体质量增大，岩石被软化而抗剪强度降低；地下水的渗流将对岩体产生动水压力等，这些对边坡稳定不利。

④风化作用使岩体裂隙增多、扩大，透水性增加，抗剪强度降低。

⑤临空面的存在以及边坡的高度、坡度等都是直接与边坡稳定有关的因素。

⑥地震将使边坡岩体的剪应力增大、抗剪强度降低。

⑦开挖边坡使岩体内岩石的初始应力状态改变，坡脚附近出现剪应力集中带，坡顶和坡面的一些部位可能出现张应力区。在新构造运动强烈的地区，开挖边坡能使岩体中的残余构造应力释放，可直接引起路堑边坡的变形破坏。

⑧边坡不合理的设计、开挖，大量施工用水的渗入及爆破等都能造成边坡的失稳。

在一般情况下，石质挖方路段水文地质及工程地质条件较简单，路堑边坡高度不超过 20～30 m。

三、深路堑设计

1. 深路堑设计的原则

(1) 深路堑设计前，必须进行多种手段相结合的综合工程地质勘查，查明深路堑水文地质、工程地质条件，为深路堑设计提供准确、可靠的地质参数。

(2) 修筑深路堑要大量开挖山体，容易引起崩塌、滑坡等病害，易形成隐患，应慎重对待。设计时，应判别山体本身是否稳定，有无滑坡或倾向路基的软弱面等。因此对于深路堑，首先应进行路线方案优化设计，避让不稳定山体或降低挖方边坡高度。当路线必须通过时，则按深路堑要求进行特殊设计，对边坡采取应有的防护措施。

(3) 设计深路堑时，应与隧道方案进行技术经济比较。

2. 岩石深路堑边坡设计

岩石深路堑边坡设计主要考虑以下几方面：

(1) 岩石边坡地层的产状、层厚及岩石节理裂隙发育程度。

(2) 岩石的矿物成分及物理、化学性质。

(3) 当地水文地质条件和气候条件。

(4) 当地已有人工岩石边坡的坡率及稳定情况。

3. 石质土或土质深路堑边坡设计

石质土或土质深路堑边坡设计应考虑以下几种情况。

(1) 石质土路堑边坡，通常考虑在不同密实程度下该地层的天然安息角，并根据水文地质和工程地质条件、产状特征、颗粒大小，结合边坡高度，采用不同的安全系数。对于较疏松的碎石土路堑边坡，宜用直线滑动面法。

(2) 在岩堆上开挖路堑时，除验算路堑边坡本身的稳定性外，还应验算岩堆与基岩层接触面间的滑动稳定性。

(3) 如石质土为坡积层时，须分析是否为古滑坡，以免开挖后因失去支撑而引起古滑坡复活。

(4) 土质深路堑边坡，应考虑土体最不利的湿度状态和受力状态等因素，取原状土样进行剪切试验，用圆弧或直径滑动面法验算其稳定性。

(5) 黏性土具有较显著的黏聚力和内摩擦角，当边坡失去平衡时，破裂面近似于圆弧形，故宜用圆弧滑动面法进行验算。在一般情况下可只考虑对通过坡脚的破裂圆弧进行稳定性验算。但当地层全为软塑土层或路基面以下的地层为软塑土层时，还应考虑通过坡脚以外的深层破裂圆弧的稳定验算。对于较高的采用折线形或台阶形边坡，不仅应对通过最下坡脚的破裂圆弧进行验算，还应对通过边坡中间变化点的破裂圆弧进行验算。

(6) 低液限黏土具有较小的黏聚力，边坡破坏时的破裂面近似平面，故可采用直线滑动面法进行验算。但当砂的颗粒较细或含黏土较多时，则宜采用圆弧滑动面法进行验算。

四、挖方路基施工前应做好的准备工作

(1) 复查施工组织设计，核实（或编制）调整土方调运图表。

(2) 施工现场有关规定进行清理。

(3) 开挖前应以桩志标明轮廓。

(4) 路基在开挖前应对沿线土质进行检测试验。

(5) 在路堑开挖前做好截水沟，并视土质情况做好防渗工作。土方工程施工期间应修建临时排水设施。临时排水设施应与永久性排水设施相结合，流水不得排入农田、耕地，污染自然水源，也不得引起淤积和冲刷。

(6) 根据施工组织设计成套配齐各种必要的施工机械，并做好保修准备。

五、土方路堑的开挖施工

1. 土方开挖应遵照的要求

(1) 已开挖的适用于种植草皮和其他用途的表土，应储存于指定地点。

(2) 根据试验结果，对开挖出的适用材料，应用于路基填筑。各类材料不应混杂。

(3) 土方开挖不论开挖工程量和开挖深度大小，均应自上而下进行，不得乱挖超挖。严禁掏洞取土。在不影响边坡稳定的情况下采用爆破施工时，应经过设计审批。

(4) 路堑开挖中，如遇土质变化需修改施工方案及边坡坡度时，应及时报批。

因受冬季或雨季影响，使挖出的土方不能及时用于填筑路堤时，应按有关规定办理。路堑路床的表层下如果是有机土、难以晾干压实的土、CBR 值小于规定的土或不宜作路床的土，均应清除换填。路基在开挖时如遇到特殊土质时，应视情况处理。

2. 土方路堑开挖方式

挖方路基施工标高，应考虑因压实的下沉量，其值应由试验确定。土方路堑开挖时，根据路堑深度和纵向长度，可按下列方式进行。如图 2-13 所示。

(1) 横挖法：以路堑整个横断面的宽度和深度，从一端或两端逐渐向前开挖的方式称为横挖法，本法适用于短而深的路堑。

①用人力按横挖法挖路堑时，可在不同高度分几个台阶开挖，其深度视工作与安全而定，一般宜为 1.5～2.0 m。无论自两端一次横挖到路基标高或分台阶横挖，均应设单独的运土通道及临时排水沟。

②用机械按横挖法挖路堑且弃土（或以挖作填）运距较远时，宜用挖掘机配合自卸汽车进行。每层台阶高度可增加到 3～4 m，其余要求与人力开挖路堑相同。

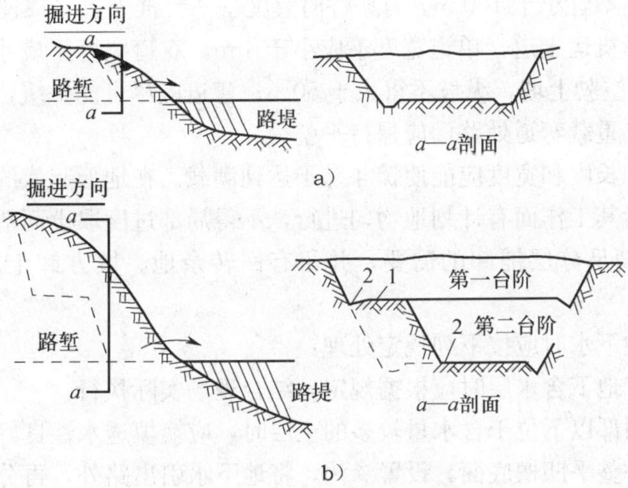

图 2-13　纵挖法
(a) 浅路堑横挖法；(b) 深路堑横挖法

③路堑横挖法也可用推土机进行。若弃土或以挖作填运距超过推土机的经济运距时，可用推土机推土堆积，再用装载机配合自卸汽车运土。

④机械开挖路堑时，边坡应配以平地机或人工分层修刮平整。

(2) 纵挖法。

①分层纵挖法：沿路堑全宽以深度不大的纵向分层挖掘前进的作业方式称为分层纵挖法，本法适用于较长的路堑开挖。施工中当路堑的长度较短（不超过 100 m），开挖深度不大于 3 m，地面较陡时，宜采用推土机作业，其适当运距为 20～70 m，最远不宜大于 100 m，当地面横坡较平缓时，表面宜横向铲土，下层的土宜纵向推运。当路堑横向宽度较大时，宜采用两台或多台推土机横向联合作业；当路堑前傍陡峻山坡时，宜采用斜铲堆土。

②通道纵挖法：沿路堑纵向挖掘一通道，然后将通道向两侧拓宽，上层通道拓宽至路堑边坡后，再开挖下层通道，按此方向直至开挖到挖方路基顶面标高，这是一种快速施工的有效方法，通道可作为机械通行、运输土方车辆的道路，便于土方挖掘和外运的流水作业。本法适用于路堑较长、较深，两端地面纵坡较小之路堑开挖。

③分段纵挖法：沿路堑纵向选择一个或几个适宜处，将较薄一侧路堑横向挖穿，将路堑在纵方向上按桩号分成两段或数段，各段再纵向开挖。本办法适用于路堑过长，弃土运距过远的傍山路堑，或一侧的堑壁不厚的路堑开挖，同时还应满足其中间段有经批准的弃土场、土方调配计划有多余的挖方废弃的条件。

当采用分层纵挖法挖掘的路堑长度较短（不超过 100 m），开挖深度不大于 3 m，地面坡度较陡时，宜采用推土机作业。推土机作业时每一铲挖地段的长度应能满足一次铲切达到满载的要求，一般为 5～10 m，铲挖宜在下坡时进行。对普通土下坡坡度宜为 10%～18%，不得大于 30%；对于松土下坡坡度不宜小于 10%，不得大于 15%；傍山卸土的运行道应设有向内稍低的横坡，但应同时留有向外排水的通道。当采用分层纵挖法挖掘的路堑长度较长（超过 100 m）时，宜采用铲运机作业。

对于拖式铲运机和铲运推土机，其铲斗容积为 4～8 m^3 的适宜运距为 100～400 m；容积为 9～12 m^3 的适宜运距为 100～700 m。自行式铲运机适宜运距可照上述运距加倍。铲运机在路基上的作业距离不宜小于100 m。有条件时宜配备一台推土机（或使用铲运推土机）配合铲运机作业。铲运机运土道，单道宽度不应小于4 m，双道宽度不应小于8 m；重载上坡纵坡不宜大于8%，空驶上坡，纵坡不得大于50%；弯道应尽可能平缓，避免急弯；路面表层应在回驶时刮平，重载弯道处路面应保持平整。

铲运机作业面的长度和宽度应能使铲斗易于达到满载。在地形起伏的工地，应充分利用下坡铲装；取土应沿其工作面有计划地均匀进行，不得局部过度取土而造成坑洼积水。铲运机卸土场的大小应满足分层铺卸的需要，并留有回转余地。填方卸土应边走边卸，防止成堆。

路堑施工遇到地下水时应按下列规定处理：

①挖方地段遇有地下含水层时应根据规定，结合现场实际执行。

②当路堑路床顶部以下位于含水量较多的土层时，应换填透水性良好的材料，换填深度应满足设计要求，并整平凹槽底面，设置渗沟，将地下水引出路外，再分层回填压实。

③在开挖路堑弃土地段前，应提出弃土的施工方案报有关单位批准后实施（该方案包括弃土方式、调运方案、弃土位置、弃土形式、坡脚加固处理方案、排水系统的布置及计划安排等）。方案改变时，应报批准单位复查。

④弃土堆的边坡不应陡于1∶1.5，顶面向外应设不小于2%的横坡，其高度不宜大于3 m。路堑旁的弃土堆，其内侧坡脚与路堑顶之间的距离，对于干燥硬土不应小于3 m；对于软湿土，不应小于路堑深度加5 m。

⑤在山坡上侧的弃土堆应连续而不中断，并在弃土前设截水沟；山坡下侧的弃土堆应每隔50～100 m设不小于1 m的缺口排水，弃土堆坡脚应进行防护加固，并且严禁在岩溶漏斗处、暗河口处、贴近桥墩台处弃土。

六、石方的开挖施工

开挖石方应根据岩石的类别、风化程度和节理发育程度等确定开挖方式。对于软石和强风化岩石，能用机械直接开挖的均应采用机械开挖，也可人工开挖。凡不能使用机械或人工直接开挖的石方，则应采用爆破法开挖。

石方需用爆破法开挖的路段，如空中有缆线，应查明其平面位置和高度；还应调查地下有无管线，如果有管线，应查明其平面位置和埋设深度；同时应调查开挖边界线外的建筑物结构类型、完好程度、距开挖界距离，然后制订爆破方案。任何爆破方案的制订，必须确保空中缆线、地下管线和施工区边界处建筑物的安全。进行爆破作业时必须由经过专业培训并取得爆破证书的专业人员施爆。爆破前，应根据确定的爆破方案，进行炮位、炮孔深度和用药量设计，其设计图纸和资料应报送有关部门审批。在根据设计的炮位和孔深打眼时，当工程量小，工期允许时，可采用人工打眼；当工程量较大时，应采用机械钻孔。钻孔机械可采用风钻或潜孔钻。

爆破法开挖石方应按以下程序进行：施爆区管线调查→炮位设计与设计审批→配备专业施爆人员→用机械或人工清除施爆区覆盖层和强风化岩石→钻孔→爆破器材检查与试验→炮孔（或坑道、药室）检查与废渣清除→装药并安装引爆器材→布置安全岗和施爆区安全员→炮孔堵塞→撤离施爆区和飞石、强地震波影响区内的人、畜→起爆→清除瞎炮→解除警戒→测定爆破效果（包括飞石、地震波对施爆区内外构造物造成的损伤及造成的损失）。

公路石方开挖，要充分重视挖方边坡稳定，宜选用中小炮爆破；开挖风化较严重、节理发育或岩层产状对边坡稳定不利的石方，宜用小型排炮微差爆破，小型排炮药室距设计边坡线的水平距离，不应小于炮孔间距的1/2。当岩层走向与路线走向基本一致，倾角大于15°，且倾向公路或者开挖边界线外有建筑物，施爆可能对建筑物地基造成影响时，应在开挖层边界，沿设计坡面打领裂孔，孔深同炮孔深度，孔内不装炸药和其他爆破材料，孔的距离不宜大于炮孔纵向间距的1/2。开挖层靠边坡的两列炮孔，特别是靠顺层边坡的一列炮孔，宜采用减弱松动爆破。

开挖时，边坡外必须有保证安全的重要建筑物，即使采用减弱松动爆破都无法保证建筑物安全时，可采用人工开凿、化学爆破或控制爆破。在石方开挖区应注意施工排水，在纵向和横向形成坡面开挖面，其坡度应满足排水要求，以确保爆破出的石料不受积水浸泡。炮眼位置选择应注意以下几点：

（1）炮位设计应充分考虑岩石的产状、类别、节理发育程度、溶蚀情况等，炮孔药室要避开溶洞和大的裂隙。

（2）避免在两种岩石硬度相差很大的交界面处设置炮孔药室。

（3）非群炮的单炮或数炮施爆，炮孔宜选在抵抗线最小、临空面较多，且与各临空面大致距离相等的位置，同时应为下次布设炮孔创造更多的临空面。

（4）群炮炮眼间距宜根据地形、岩石类别、炮型等确定，并根据炮眼间距、岩石类别、地形、炮眼深度计算确定每个炮眼的装药量和炸药种类。对于群炮，宜分排或分段采用微差爆破。

（5）非群炮的单炮或数炮施爆，炮眼方向宜与岩石临空面大致平行，一般按岩石外形、节理、裂隙等情况，分别选择正炮眼、斜炮眼、平炮眼或吊眼等。

1. 中小型爆破

进行中小型爆破时，如果采用裸露药包法，则是将药包置于被炸物体表面或经清理的石缝中，药包表面用草皮或稀泥覆盖，然后进行的爆破，这种方法限用于破碎孤石或大块岩石的二次爆破。如果采用炮眼法，则一般按照以下程序作业。

（1）炮眼深度。根据岩石的坚硬程度而决定炮眼深度，当使用多排排炮爆破时，炮眼应按梅花形布置，炮排距约为同排炮孔距的0.86倍。

（2）装药量。炮眼的装药高度一般为炮孔深度的1/3～1/2，特殊情况下也不得超过2/3。对于松动爆破或减弱松动爆破，装药高度可降到炮孔深度的1/3～1/4。

（3）提高爆破效果的措施。为提高爆破效果，可选用空心炮（炮眼底部设一段不装药的空心炮孔）、石子炮（底部或中部装一部分石子）或木棍炮（用直径为炮孔直径1/3，长6～100 m的木棍装在炮眼底部或中部）进行爆破。

还有药壶法（葫芦炮）：药壶炮是将炮眼底部扩大成葫芦形，以便将炸药基本集中于炮眼底部的扩大部分，以提高爆破效果的一种炮型。葫芦炮炮眼较深，它适用于均匀致密黏土（硬土）、次坚石、坚石。对于炮眼深度小于2.5 m，节理发育的软石，地下水较发育或雨季施工时，不宜采用。葫芦炮炮眼深度一般为5～7 m，不宜靠近设计边坡布设，药室距设计边坡线的水平距离不宜小于最小抵抗线。

猫洞炮：猫洞炮是将集中药包直接放入直径为0.2～0.5 m、炮眼深2～6 m的水平或略有倾斜的炮洞中的一种炮型。它适用于硬土、胶结良好的古河床、冰渍层、软石和节理发育的次坚石，坚石可利用裂隙修成导洞或药室，这种炮型对大孤石、独岩包等爆破效果更佳。炮眼深度应与阶梯高度自然地面横坡相配合，遇高阶梯时要布置多层药包。烘膛应根据岩石类别，分别采用浅眼烘膛、深眼供膜和内部扩眼等方法。

2. 大爆破

大爆破施工，是采用导洞和药室装药，用药量在 1 000 kg 以上的爆破。公路石方开挖一般不宜采用此种爆破方案。只有当路线穿过孤独山丘，开挖后边坡不高于 6 m，且根据岩石产状和风化程度，确认开挖后，边坡稳定，方可考虑大爆破方案，但需做好技术设计，有详细技术经济论证和边坡稳定性分析，并报主管部门审批。大爆破的技术设计文件包括：

(1) 工程名称、概述、工程概况、爆破地点（极号）、工程数量、地形特征、预计爆破范围、要求或预测爆破效果、工期。

(2) 自然条件及工程地质、水文地质资料。

(3) 爆破方案及类型说明。

(4) 药室位置的布置图，包括平面图和导洞药室剖面图、用药量和爆破网路的主要计算资料。

(5) 施工方案和施爆步骤。

(6) 爆破危险区预计。

(7) 安全措施。

(8) 劳力、机械、材料费用与经济指标。

(9) 大爆破施工的总平面布置图，纵横剖面图，药室位置图。平面图比例1：200～1：500，在平面及纵横剖面上应示出爆破范围、药室位置、用于爆破工程的电缆、电线网路，以及安全警戒位置等。

施工前，要做的准备工作：根据批准的设计方案进行现场核对，编制导洞、药室施工组织设计，施工进场道路。导洞、药室的实地放样。根据施工组织设计，组织人力、机械和材料。在导洞药室施工前，应先修好进场道路。

在对竖井、导洞和药室进行开挖时，要注意以下几点：

(1) 当遇松软岩石或岩石为强风化十分破碎时，平洞和深度大于 3.0 m 的竖井应设临时支撑，在回填堵塞时，这些临时支撑材料可由里至外或由下至上逐步拆除回收。

(2) 药室应按设计断面开挖，药室宜做成近似立方体，室底标高与设计标高之差不应大于 10 cm，导洞与药室用横洞连接，横洞与导洞垂直，药室中心距导洞中心不宜小于 2.5 m。

(3) 导洞分竖井和平洞两种。竖井深度不宜大于 16 m，如超过 16 m 或有地下水时，最好用平洞，平洞长度以 30 m 左右为宜。竖井或平洞的选用，应考虑施工进度和爆破效果。平洞采用梯形断面，断面尺寸为 1.8 m×(0.8+1.2) m，断面最小尺寸不应小于 1.4 m×0.8 m的长方形。竖井断面尺寸与竖井深度有关，当深度 $H>15$ m 时，断面最小尺寸不应小于 1.4 m×1.2 m。土质竖井可采用直径不小于 1.0 m 的圆形断面或边长不小于 1 m 的长方形断面。

竖井开挖深度大于 6 m 时，应采取通风措施。

(4) 导洞和药室开挖，可用风钻或掏槽眼，炮眼深度不应大于工作面最小边长的 0.6～0.8 倍，如岩石节理发育，导洞和药室应考虑临时支撑。

爆破前的准备工作有：

（1）导洞和药室验收。检查导洞、药室的几何尺寸应符合设计要求；清除危石和残存石碴，引流裂隙水，清除未炸雷管及瞎炮。

（2）装药。装药时间应尽可能短，避免炸药受潮。装药自下而上，自里向外逐层码砌平稳、密实。起爆体应平稳安放在设计位置。药包要坚固牢靠，下部药包要能承受上部药包压力。装药不得在雨雪、大风、雷电、浓雾天气及黑夜进行；起爆体装入药室后，应拆除洞内及洞口一切电源电线，改用绝缘电筒或其他安全照明。

（3）导洞和竖井堵塞。堵塞前应对装药质量进行检查，并用木槽、竹筒或其他材料保护电爆缆线。在药室外侧砌一道石墙，然后填土捣实，石墙外 2～3 m 一段，或洞身至药室拐弯一段，应用黏土填塞夯实，其余部分可用土石分层填塞紧密。堵塞长度按照设计要求，洞口部分除设计另有规定外，应再砌一道石墙，并用黏土封紧。竖井和平洞的堵塞料可就地取材，分层回填至原地面，平洞堵塞长度不应小于最小抵抗线。

堵塞过程中，对电爆线路应注意保护，并派专人经常检查、维护，不得损坏。

（4）起爆线路的敷设。敷设线路前，非接线人员和设备应撤离至安全地点，并在爆破影响区外设警戒，禁止人畜进入影响区；截断场内一切设备的电源。然后从药室开始，逐渐向主线和电源方向连接，禁止先接电源和供电设备，并禁止在雷雨天和黑夜进行。接线前，应仔细检查每一个导洞的线路电阻，如发现误差超过 10%或不能通电，应查明原因排除故障，对可疑线路和起爆体应更换。为了安全起爆，可设置必要的复线作起爆线路。接线时所有接头要求清洁，接触良好，并用绝缘胶布包好扎牢，以保证电阻稳定、电流正常。

施爆前，应规定醒目清晰的爆破信号，并发布通告，及时疏散危险区内的人员、牲畜，转移设备及车辆等；对不能撤离的建筑物应采取保护、加固措施，并在危险区周围设警戒。起爆前 15 min，由总指挥发布起爆准备命令，然后再对爆破站做最后一次验收检查和安全检查。如无新情况发生，在接到指挥长起爆命令后立即合闸施爆。起爆后应迅速拉闸断电。起爆后15 min，由指定爆破作业人员进入爆破区内进行安全检查，确认无拒爆现象和其他问题后，方能解除警戒。

爆破后如有瞎炮，应由原施工人员参加处理，采取安全措施排除。对于大爆破，应找出线头接上电源重新起爆，或者沿导洞小心掏取堵塞物，取出起爆体，用水灌浸药室使炸药失效，然后清除。对中小型炮，可在距瞎炮的最近距离不小于 0.6 m 处，另行打眼爆破，当炮眼不深时，也可用裸露药包爆破。

大爆破后，应及时清理危石和堑内土石方，测定爆破效果。石质路堑边坡清刷及路床检验，应符合下列要求：

（1）石质挖方边坡应顺直、圆滑、大面平整。边坡上不得有松石、危石。凸出于设计边坡线的石块，其凸出尺寸不应大于 200 m，超爆凹进部分尺寸也不应大于 20 cm。对于软质岩石，凸出及凹进尺寸均不应大于 10 cm，否则应进行处理。

（2）挖方边坡应从开挖面往下分级清刷边坡，下挖 2～3 m 时，应对新开挖边坡刷坡，对于软质岩石边坡可用人工或机械清刷，对于坚石和次坚石，可使用炮眼法、裸露药包法爆破清刷边坡，同时清除危石、松石。清刷后的石质路堑边坡不应陡于设计规定。

（3）石质路堑边坡如因过量超挖而影响上部边坡岩体稳定时，应用浆砌片石补砌超挖的坑槽；路床底高应符合设计要求，开挖后的路床基岩面标高与设计标高之差应符合要求，如过高，应凿平；过低，应用开挖的石屑或灰土碎石填平并碾压密实。

(4) 石质路堑路床顶面宜使用密集小型排炮施工，炮眼底标高宜低于设计标高 10～15 cm，装药时宜在孔底留 5～10 cm 空眼，装药量按松动爆破计算。

(5) 石质路床超挖大于 10 cm 的坑洼当有裂隙水时，应采用渗沟连通，渗沟宽不宜小于 10 cm，渗沟底略低于坑洼底，坡度不宜小于 6%，使可能出现的裂隙水或地表渗水由浅坑洼渗入深坑洼，并与进沟连接。如渗沟底低于边沟底则应在路肩下设纵向渗沟，沟底应低于深坑洼底至少 10 cm，宽不宜小于 60 cm；纵向渗沟由填方路段引出。渗沟应填碎石，并与路床同时碾压到规定的要求。

爆破结束后就可以开始石方的清运工作，开挖石方如横向调运或小于 100 m 的纵向调运用做填方时，可用推土机推运，但调运的石块必须符合填料粒径要求；对大块石料，可集中于挖方区进行二次爆破；开挖石方如为废弃方，如装运受装载运输机械的限制，可对个别大石块进行二次爆破。石方开挖区可分幅或分段进行爆破，石方清除和打炮眼可轮流作业。

七、深挖路堑的施工

路堑边坡高度等于或大于 20 m 时称为深挖路堑。深挖路堑在施工前应详细复查设计文件所确定的深挖路堑地段的工程地质资料及路堑边坡，并收集了解土石界限、工程等级、岩层风化厚度及破碎程度、岩层工程特征；路堑为砂类土时应了解其颗粒级配、密实程度和稳定角；路堑为细粒土时应了解含水量和物理力学性质，以及不良地质情况，地下水及其存在形式等。应根据详细了解的工程地质情况、工程量的大小和工期编制施工组织设计，并据以配备适当的机械设备、数量和劳动力。

若设计文件中的工程地质资料缺乏或严重不足，不能据以编制施工组织设计时，宜进行工程地质补探工作；对于高速公路、一级公路补做工程地质勘探时应以钻探为主。根据补做钻探所得工程地质资料而确定的技术方案，应报请审批后实施。

深挖路堑的边坡应严格按照设计坡度施工。若边坡实际土质与设计勘探的地质资料不符，特别是土质较设计的松散时，应向有关方面提出修改设计的意见，批准后实施。施工土质边坡时，宜每隔 6～10 m 高度设置平台。对平台宽度，人工施工的不宜小于 2 m，机械施工的不宜小于 3 m。平台表面横向坡度应向内倾斜，坡度约为 0.5%～1%；纵向坡度宜与路线纵坡平行。平台上的排水设施应与排水系统连通。施工过程中如修建平台后边坡仍然不能稳定或大雨后立即坍塌时，应考虑修建石砌护坡，在边坡上植草皮或做挡土墙。

施工过程中边坡上渗出地下水时，应根据地下水渗出的位置、流量修建地下水排除设施。土质单边坡深挖路堑的施工方法可采用多层横向全宽挖掘法；土质双边坡深挖路堑的施工方法宜采用分层纵挖法和通道纵挖法。若路堑纵向长度较大，一侧边坡的土壁厚度和高度不大时，可采用分段纵挖法。施工机械可采用推土机或推土机配合铲运机。当弃土运距较远超过铲运机的经济运距时，可采用挖掘机配合自卸汽车作业或采用推土机、装载机配合自卸汽车作业。

土质深挖路堑无论是单边坡或双边坡，均应按规定开挖，靠近边坡 3 m 以内禁止采用爆破法炸土施工。在距边坡 3 m 以外准备采用爆破法施工时，应进行缜密设计，防止炸药量过多，并报请批准。

石质深挖路堑施工时当地形和石质情况不符合规定时，禁止使用大爆破施工方案。单边坡石质深挖路堑的施工宜采用深粗炮眼、分层、多排、多药量、群炮、光面、微差爆破方法。双边坡石质深挖路堑的施工可采用纵向挖掘法，应分层在横断面中部开挖出每层通道，然后在横断面两侧作业。

第六节 路基压实

路堤、路堑和路堤基底均应进行压实。路基土的压实最佳含水量及最大干密度以及其他指标应在路基修筑半个月前，在取土地点取具有代表性的土样进行击实试验确定。击实试验操作方法按现行部颁《公路土工试验规程》进行。每一种土至少应取一组土样试验。施工中如发现土质有变化，应及时补做全部土工试验。

土质路基的压实度试验方法可采用灌砂法、环刀法、蜡封法、灌水法（水袋法）或核子密度湿度仪（简称核子仪）法。采用核子仪法时，应先进行标定和对比试验。每一压实层均应检验压实度，合格后方可填筑其上一层。否则应查明原因，采取措施进行补压。检验频率每 2 000 m^2 检验 8 点，不足 200 m^2 时，至少应检验两点，必要时可根据需要增加检验点。

填石路堤（包括分层填筑岩块及倾填爆破石块）的紧密程度在规定深度范围内，以通过 12 t 以上振动压路机进行压实试验，当压实层顶面稳定，不再下沉（无轮迹）时，可判为密实状态。土质路床顶面压实完成后应进行弯沉检验。检验汽车的轮重（或轴重）及弯沉允许值按照设计规定执行。检验频率应为每一幅双车道每 50 m 四点，左、右两后轮隙下各一点。路床顶面的检测弯沉值在考虑季节影响之后应符合设计要求。当设计提供为路基回弹模量时，则应采用设计规范规定的换算公式，计算设计要求的弯沉值。

对填石及土石路堤如设计规定需在路床顶面进行强度试验时，应按照设计规定办理。土质路床顶面检验的压实度和弯沉值均应满足要求。如仅有一项满足要求时，应找出原因，予以处理。

一、填方地段的压实

路堤基底应在填筑前进行压实。高速公路、一级公路和二级公路路堤基底的压实度不应小于 85%；当路堤填土高度小于路床厚度（80 cm）时，基底的压实度不宜小于路床的压实度标准。

1. 一般填土的压实

填方路基经过充分压实，其塑性变形、渗透系数、毛细水上升高度、隔温、隔水性能都有明显的改善。因此，在填料选定之后，压实至关重要。

(1) 影响压实度的主要因素。

①土质。土的性质不同，其干密度（或称干容重）（y_0）和含水量（w_0）就不同。对黏性较大的土，w_0 值较高而 y_0 值较低，而黏性差一些的土则相反，所以黏性差的砂类土的压实性就比黏质土好。

②土的含水量。土中的水分大致可分为黏结水和自由水两种，黏结水是经过复杂的表面活动黏在土颗粒表面形成一层水膜，用机械的方法难以去掉；而自由水则和普通水一样，在重力和表面张力作用下，可以在土中自由活动。当土中含水量较小时，水主要为黏结水，包

裹在土粒外围，因水膜很薄，土粒间的阻力较大，因而土粒难以挤密，就呈现出不易压实的现象；当含水量逐渐增加，水在土粒间起着润滑作用，就呈现出土易于压实的情况；若土中含水量进一步增大，土中自由水充盈，压实荷载的一部分由空隙中自由水所承受，土粒的有效应力相应减小，压实效果反而降低，甚至出现“弹簧”现象。所以只有在能使土体产生最大密度时的含水量最适合得到最好压实效果，这时的 w_0 称为最佳含水量。换言之，只有在最佳含水量的情况下，才能将土压实到最大干密度；也只有在最佳含水量情况下压实的土体，其浸水强度最大，即水稳定性最好。

(2) 压实标准。压实标准，也称击实标准，是以压实度（%）表示的。按《公路土工试验规程》(JTJ 051—1993) 中的重型击实方法求得的最大干密实度的压实度，简称为重型击实标准。重型击实标准要求较高，必须对填料性质、土的含水量大小、分层摊铺和碾压厚度、碾压机具的质量和碾压遍数等进行认真的调查、试验，才能达到。

(3) 压实机械和碾压方法。压实机械主要有碾压式、夯实式、振动式三种。一般情况下，用 8～12 t 光轮碾压式压路机的每层松铺厚度为 20～30 cm；用振动式或夯击式压路机可增厚到 50 cm。但分层厚度宜在施工现场通过试验确定。

一般情况下，压实功能愈高，土基密实度愈高，但当压实功能增加到一定的限度以上时，强度的提高变慢，若压实功能过大，破坏了土基结构，效果会适得其反，相比之下，严格按最佳含水量控制比增加压实功能要好得多。在含水量小于最佳含水量时可以洒水增湿，在含水量过大时，可用晾晒或掺石灰的方法解决。

2. 特殊情况下土的压实

(1) 特殊干旱地区一般是指年降雨量少于 150 mm，且地下水位又很低、潮湿系数不大于 0.25 的干旱地区。因土的实际含水量大大低于最佳含水量，如果靠人工洒水来达到最佳含水量再进行碾压，将给施工带来很大困难，而这些地区，将压实度标准降低 2%～3%，也不至于影响路基的强度和稳定。

(2) 特殊潮湿地区是指我国东南湿热区、西南潮暖区的一些平坦低洼地带，雨量充沛、水系发达，地表积水，难以排泄，地下水位较高，地表上的含水量超过最佳含水量很多，常年处于饱和状态，成为“过湿土”。在这种土基上填土做路基，单靠增加压实功能，不仅不能提高压实度达到重型击实标准所要求的密实度，反会使土体破坏，形成所谓的“弹簧土”。这类特殊潮湿地段也允许将压实度降低 2%～3%。

3. 填石路基的压实

填石路基不易压实，在公路施工中应从严控制，如石块粒径不能太大、坚持分层填筑、避免倾填爆破石块等。在可能条件下，留足路堤自然沉落时间，降低工后沉降量，以免日后引起大的变形和沉陷。

施工方法应在实地通过压实试验确定。其方法为：采用重型振动压路机，碾压到压实层顶稳定，不再下沉（无轮迹）时，即可判定为密度状态，这时记录机型、碾压遍数、分层厚度等数据，作为指导施工压实的依据。若填料性质或颗粒发生较大变化时，应重新再作试验。迄今为止，这仍是控制填石路基压实的可靠方法。

4. 桥头路基的填筑

(1) 保证桥头路基有足够的压实度。原地面压实度不应小于 85%，下路堤压实度不应小于90%；上路堤压实度不应小于93%，路床部分压实度不应小于95%。当无法达到上述压实标准时，就必须采用掺入石灰或水泥或换填水性好的砂砾土等有效措施。同时，为防止桥头衔接处的差异沉降，加设钢筋混凝土搭板，搭板的长度应根据桥头填土高度而定，一般应为桥头填土高度的1.5～2倍。

(2) 选好填料。在台背一定范围内（5～10 m）应填筑力学性质好的砂性土、砂砾土等。这些土渗水性好、无孔隙水压、抗压强度高、易压实，能有效地排除土中的自由水，防止冻害。在南方也可采用粉煤灰等轻质材料。近年来，还有采用泡沫混凝土、陶土颗粒以及泡沫苯乙烯等工程塑料作为桥头填料的，这与轻质材料具有相似的优点，可以大幅度减少地基沉降和变形，是有潜力的桥台填料。

(3) 加强桥头路基的排水设计。桥头填方路基应注重排水设计，以保持桥头排水通畅无积水。在有地下水或地表水渗入时，要设置排、截地下水的渗沟或排水沟。

(4) 采用复合地基法加固桥头软弱地基。采用砂桩、碎石桩、石灰桩、粉喷桩等对桥头软弱地基进行加固，其加固范围可与搭板长度配合，通过计算，由多到少形成一个复合地基的过渡段。但这种方法，工艺复杂、造价高。实践证明，采用排水固结法，并辅以充分的预压时间，仍是目前比较经济合理、简便可行的技术措施。

二、压实机械的要求与选择

应用压实技术提高道路的强度源于我国隋唐时期。当时人们修筑驿道便是通过人力和畜力拖动石磙反复碾压，来达到提高驿道铺层密实程度的目的。这种边滚动边压实的滚动压实原理至今还在广泛应用。

西方工业革命之后，人类开始应用机械压实土方。1860年英国首先发明了自行式压路机，因当时内燃机尚未问世，故采用蒸汽机作动力。蒸气压路机的出现，为压实机械的发展和压实技术的进步铺平了道路。1919年，美国首先制造出内燃机自行式压路机，更新了压路机的动力和传动装置。随着汽车运输业的兴起和发展，公路建设对路基和路面压实度的要求越来越高，压实技术也随之发展，不断更新。1930年德国在静力滚动压实的基础上采用振动压实技术，有效地提高了压实深度和压实效果。后来相继出现了自行式轮胎压路机和轮胎钢轮组合式振动压路机，扩大了压路机的使用范围，提高了压实性能。由静力压实发展到振动压实，并可根据不同的压实要求选用花纹轮胎、光轮、凸块或羊足碾进行组合碾压，或采用“滚入滚出”的组合工艺，无需动用工具即可在施工现场快速更换轮碾，这是压实技术的一次深刻革命和变革，为压实机械的现代化奠定了基础。

振动压路机利用振动荷载使土颗粒处于高频振动状态，颗粒间的内摩擦力丧失，同时利用压路机本身的重力对土壤产生压应力和剪切力，迫使土体颗粒重新排列而得到压实。振动压路机最初被用于压实非黏性材料，随着技术性能的改进，现已成功地用于黏性土壤、沥青混凝土路面的压实工作。

振动压实技术有一个发展过程，最早是德国人在振动平板压实机的基础上发明了拖式振动压路机。1958年以后，随着对振动技术的深入研究，振动轴承和减振器的性能及制造工艺不断提高，促使振动压路机技术飞速发展，并先后研制成功了轮胎驱动铰接式振动压路机和串联式振动压路机。20世纪后期，由于液压传动技术的广泛应用，使振动压路机很容易地实现了无级调速、全轮驱动、全轮振动和调频调幅振动。

此外，振动压路机还衍生出了手扶式振动压路机、拖式凸轮块和羊足轮振动压路机、轮胎驱动凸块轮振动压路机，以及组合式振动压路机等各种改型振动压路机。

20世纪后期，压实度的测量技术、“机－电－液”一体化技术逐渐在振动压路机上应用，使压实技术获得了新的飞跃。

随着振动压实技术的发展，20世纪80年代，瑞典等国家开始振荡压实机理的研究。振荡压路机是应用土力学土壤交变剪应变的原理，在碾碗内对称安装同步旋转的激振偏心块（轴），使碾碗承受交变扭矩，对地面持续作用，形成前后方向的振荡波，使被压材料产生交变剪应变。在这种水平激振力和滚轮垂直静载的共同作用下，实现对土壤在水平和垂直两个方向的压实。振荡压实机理是振动压实机理的延伸和发展。

德国和瑞典是世界上压实机械产量最高、技术最先进的国家，也是世界上压实机械的科研试验中心。德国的宝马（BOMAG）公司是目前世界上最大的压实机械制造商，据统计，早在1990年该公司压实机械的销售量约占世界市场总销售量的23%，其产量居世界第一。宝马公司的研究机构是世界上最庞大的压实机械研究中心，其研究和试验手段领先于世界先进水平。在德国，生产振动压路机的著名厂家还有ABG公司、原劳森豪森（LOSEN-HAUSEN）公司、原魏伯乐马克斯（VIBROMAX）公司，其产品畅销世界各地。瑞典的戴纳帕克（DYNAPAC）公司是世界上著名的压实机械制造厂家之一，该公司生产的重型压路机销量居世界之首，技术先进，其产品在世界市场上占有极为重要的地位。

日本的压实机械是近40年才发展起来的，现已成为世界上生产振动压路机最多的国家之一，振动压实机械品种齐全，其产品有一半出口。日本压实机械的生产厂家主要有酒井（Sakal）重工业株式会社、渡边机械工业和川崎重工业等生产企业。

现代压路机已广泛采用液压传动技术，液压传动可实现无级调速，全液压转向，启动、起振和运转平稳，换向制动无冲击，且操作十分轻便。液压技术的发展可提高压路机碾碗和驱动轮的控制精度，稳定压路机的行驶和作业速度，实现自动调频调幅和平稳振动，提高压实质量。

1. 路基工程机械

（1）推土机。推土机是一种自行式短距离铲土运输机械，它的特点是所需作业面小、机动灵活、转移方便、短距离运土效率高、干湿地都可独立工作。土石方施工的季节性较强，对工程量较为集中的土石方工程一般采用履带式推土机。推土机一般用于经济运距50～100 m的短距离推运土方、石方、渣土等，也用于开挖河渠、填筑堤坝、平整场地、砍树挖根、堆集砂砾石等作业。此外，还用于进行局部碾压、给铲运机助铲和预松土，以及牵引各种拖式土方机械等作业。

推土机在施工工艺上根据地形、地物的具体情况，其作业方式分为波浪式铲土法、多刀推土法、槽式推土法、并列推土法和下坡推土法五种方式。

（2）铲运机。铲运机是一种循环作业式的铲土运输机械，主要用于中等运距的土方工程，如填筑路堤、开挖路堑和大面积平整场地等，它本身能完成铲装、运输和卸铺作业，并兼有一定压实和平整能力。有拖式和自行式的机械传动、液压传动、电力传动和静压传动等形式。在施工作业时，铲运机铲土分为一般铲土、波浪式铲土、跨铲铲土法、下坡铲土法和顶推铲土法五种。

铲运机的经济运距和行驶道路坡度是铲运机选型的重要依据。一般来说，运距短、坡度大、路面松软，以选择拖式铲运机为宜；如果运距较长、坡度大，宜采用双发动机驱动的自行式铲运机比较经济；路面较平坦则选用单发动机驱动的自行式铲运机较为经济。铲运机适用于中等运距（100～200 m）和道路坡度不大条件下的大量土方转移工程。如果运距太短（100 m以内）采用铲运机是不经济的，这时采用推土机或轮胎式自装自运较为适宜，运距特长（200 m及以上）则采用自卸汽车较为经济。

（3）单斗挖掘机。单斗挖掘机是一个刚性或挠性连续铲斗，以间隔重复式循环进行工作，是一种周期作业自行式土方机械。挖斗有正铲挖掘机、反铲挖掘机、拉铲挖掘机、抓斗挖掘机等形式。正铲挖掘机的基本作业有侧向开挖和正向开挖两种；反铲挖掘机的基本作业有沟端开挖法和沟侧分段开挖法两种；拉铲挖掘机基本作业有沟侧开挖法和沟端开挖法。

单斗挖掘机具有挖掘能力强，构造通用性好，能适合不同作业要求的特点。在公路建设中，遇到开挖量较大的路堑和填筑路堤等大工程量时，单斗挖掘机与运输车辆配合作业可以获得最好的经济效果，汽车数量可按运输距离所需的运转循环时间和挖掘机的作业循环时间来确定，数量不宜过多，以保证生产率最高、成本最低为标准。

（4）装载机。装载机具有轮胎式及履带式的全回转式、半回转式和非回转式三种形式，它兼有推土机和挖掘机两者的工作能力，可以进行铲掘、推土、平整、装卸和牵引等多项作业。

装载机常用于公路建设中的土石方铲运，以及推土、起重等多种作业，在运距不大或运距和道路坡度经常变化的情况下，如采用装载机与自卸车配合装运作业，会使工效下降，费用增高。在这种情况下，可单独采用装载机作为自铲运设备使用。根据经验总结，如果整个采装运作业循环时间少于3 min时，则把装载机作为自铲运设备使用，是经济合理的。如果运距较远，采用轮胎式装载机配合自卸车采运土石方，也可以提高作业效率。

（5）平地机。平地机是一种以铲土刮刀为主，配以其他多种可换作业装置，进行土地平整和整形连续作业的筑路机械。主要工作装置是一把刮刀，它可以调整四种作业动作，即刮刀的平面回转、刮刀的左右端升降、刮刀左右引伸和刮刀机外倾斜来完成刮刀刀角铲土侧移、刮刀刮土侧移、刮刀刮土直移和机外刮土等作业。目前自行式平地机具有机动灵活、生产率高的特点，被广泛采用。

平地机主要用于修筑路堤横断面，路基边坡整理工程的刷坡作业，开挖边沟及路槽，平整场地等；还可用来在路基上拌和摊铺路面材料，对碎石路面和土路面进行养护；清除路肩上的杂草以及冬季道路除雪等。

（6）拖拉机。拖拉机虽然速度慢、效率低，但在公路建设中，本着因地制宜、组织合理、经济高效的原则，使用拖拉机作业也有着其他水平运输机械所不具有的优势。拖拉机的主要作用有：

①牵引拖式土方机械，如松土机、平地机、铲运机、碾压机械等，进行土方施工作业。

②与各种悬挂装置组装成推土机、装载机、除荆机、拔根堆集机等工程机械。

③牵引挂车进行短距离的运输作业。

④进行局部碾压作业。

⑤作为临时动力站。

⑥与拖式起重机组合作为装卸设备。

(7) 压实机械。压实机械有静作用碾压机械、振动碾压机械和夯实机械三类。在机械选择时还有钢制光轮压路机和钢制羊角碾压路机两种形式。静作用压实机械用碾轮沿被压实材料表面作往复滚动，靠自身的静作用力，使被压层产生永久变形以达到压实的目的。振动压路机用碾轮沿被压实材料表面作往复滚动，以一定频率、振幅振动，使被压层同时受到碾轮的静作用力和振动力的综合作用，以提高压实效果。

光轮压路机的线压力较小，压实深度也浅，而且压实不均匀，不适合于土坝、河堤、围堰的碾压。光轮压路机的自重也可以在一定范围内调整以改变单位线压力，一般用于整理性压实工作，对于密度要求较低的黏性土、砂砾料、风化料、冲击砾质土较为适合。

羊角碾压路机具有很大的单位面积压力及挤压力，压实深度大而均匀，并能挤碎土块，因而有很好的压实效果和较高的生产率，广泛用于黏性土料的分层碾压。羊角碾压路机的自重也可以在一定范围内调整以改变单位面积压力。羊脚碾压路机对非黏性土料和高含水量黏土的压实效果不好，不宜采用。

轮胎式压路机具有弹性，在碾压时与土体同时变形，其碾压作用力主要取决于轮胎的内压力。接触面积与压实深度有着密切的关系，为了得到较大的接触面积，又增加压实深度，在轮胎允许范围内尽可能增加轮胎碾的负荷。一般地，刚性碾轮由于受到土壤极限强度的限制，机重不能太大，而轮胎碾则没有这个缺点，所以轮胎碾适合于压实黏性土及非黏性土，如壤土、砂壤土、砂土、砂砾料等土质，同时对于路面施工也常常采用。

振动式压路机即俗称振动碾，其光轮碾和羊角碾都适用于不同土质条件，主要优点：一是单位面积压力大，可适当增加压实厚度，碾压遍数也可适当减少；二是结构重量轻，外形尺寸小。其最大缺点就是振动及噪声大，使机械手过度疲劳。

目前压路机多采用大直径的碾轮，并配以液压机械式传动系统（即全液压传动系统）；而且全轮驱动、前后碾轮直径相同，承担的重量也大致相同，行驶一遍等于碾压两遍，同时也使爬坡能力、转向、通过性能和稳定性得到改善。振动式压路机采用轮胎减振、铰接式机架、液压传动等多种新型结构，减振问题已经基本得到解决，故在土石方及路面施工中较多采用 5～15 t 振动式压路机来压实。

(8) 凿岩穿孔机械。包括凿岩机、穿孔机及其辅助机械设备，它们都是钻凿炮孔的石方工程机械，凿岩机是属于小型机具，有风动凿岩机、液压凿岩机、电动凿岩机和内燃凿岩机等形式，适用于钻凿小直径炮孔。穿孔机适用于钻凿大直径的炮孔，凿岩穿孔机施工操作简便，性能单一，在此不作详述。

2. 路基工程机械的使用条件

(1) 土石方机械组合条件。土石方机械根据性能及地质、地貌、运距、功率或容量（载重量）的不同，在选型配套方面，本着经济、安全、快速的原则，从施工企业自身的机械施工能力、技术实力出发，在多种可供选择的方案下，尽量选择经济、进度快、重复工作量小、一次到位的施工方案。尽量利用地形开辟工作面，在合理组织下，发挥机械施工的最大效益。在这里提供表 2-2～2-3 的组合方法供参考。

(2) 压实机械组合。压路机的组合所受约束较多，现以沈大高速公路某施工队碾压机械在沥青混凝土路面施工中的组合为例进行介绍，见表 2-2。考虑了压实温度的要求和摊铺机生产率后，与气温相适应的碾压长度为：常温（25 ℃），40～50 m；偏低（小于 10 ℃），20～40 m；偏高（大于 20 ℃），50～80 m；高温（30 ℃，100 m 左右。

表 2-2 土石方机械设备组合条件

路基形式 修筑方法	路堤或路堑高/m	土壤类别	运土距离/m	工作段最小长度/m	选择施工机械设备	
					主要机械	辅助机械
从路基两侧取土坑取土填方（在平地上）	<1	Ⅰ～Ⅳ	<15	500	自动平地机	松土器（Ⅳ类土必要时使用）、推土机轮胎压路机或羊角碾
从路基一侧或两侧取土填方			<30	不限制	推土机	松土器（Ⅳ类土必要时使用）、自动平地机轮胎压路机或羊角碾
	1～2		<50	50	推土机、铲运机（6 m³）	松土器、自动平地机轮胎压路机或羊角碾
自路堑取土填筑路堤（移挖作填）	<3		<100	不限制	推土机	松土器、自动平地机轮胎压路机或羊角碾
			100～500		铲运机（斗容量<10 m³）	推土机、松土器、轮胎压路机、羊角碾
			500～1 000	100		推土机、重型压路机、轮胎压路机、羊角碾
	>3	Ⅴ～Ⅵ	>1 000	在一个工作段内（5 000 m³）	装载机或挖掘机配自卸汽车	推土机、自动平地机、轮胎压路机、羊角碾
			>500			空气压缩机、凿岩机、推土机
自专用借土坑取土填筑路基（取土填方）	不限制	Ⅰ～Ⅳ	<500	50	铲运机（10 m³）	推土机、轮胎压路机、羊角碾
			>500	100	铲运机（10 m³）、装载机配自卸车	推土机、自动平地机、轮胎压路机、羊角碾
纵向运土的斜坡填方			<500	50	铲运机（6 m³）、万能推土机	自动平地机、轮胎压路机、羊角碾
傍山半填半挖	山坡<20°		<30	100	万能推土机	铲动机（6 m³）、轮胎压路机
	山坡>20°	Ⅴ～Ⅵ			挖掘机	万能推土机、空气压缩机、凿岩机
将土推往弃土堆（挖方）		Ⅰ～Ⅳ	<50		推土机	自动平地机、重型压路机

表 2-3 压实机械组合表

碾压流程	型号	台数/台	轮宽/m	碾压速度/($km \cdot h^{-1}$)
初压	2Y8/10 双轮压路机	2	1.25	3.6
复压	VL9/16 轮胎压路机	1	2	5.0
	3Y12/15 三轮压路机	2	2×0.53	4.5
终压	2Y8/10 双轮压路机	2	1.25	3.6

(3) 装载机与自卸汽车组合。装载机的斗容量和自卸车的载重及运距有关。在运距不大，运输道路上有坡度时，只能将装载机作为自铲运设备使用，一般要求这样的作业循环时间不超过 3 min，否则就使用装载机配合自卸车联合作业。前者与生产的强度有关，如生产强度高，装载机一次装载的重量一定，则要求铲运的合理运距尽量缩短，其合理运距配合见表 2-4；后者是根据斗容量配备自卸车装载重量的，如 2.25 m^3 的斗配 10 t 自卸车最佳，见表 2-4。

表 2-4 装载机与自卸车配合表

年生产量（$\times 10^4$ t）	10	30		50		80		100 以上	
装载机斗容/m^3	2.25	2.25	4	2.25	4	2.25	4	2.25	4
汽车载重量/t	10	10	27	10	27	10	27	10	27
装载机载重量/t	装载机合理运距/m								
2	470	170	260	110	160	80	110	71	65
4	760	280	450	190	280	130	190	118	108
5	920	350	540	240	340	170	230	155	143

路基工程应采用机械压实，压实机械的选择应根据工程规模、场地大小、填料种类、压实度要求、气候条件、压实机械效率等因素综合考虑确定，见表 2-5。

表 2-5 适用于相应土质的压实机械表

机械名称 \ 土的类别	细粒土	砂类土	砾石土	巨粒土	备注
6～8 t 两轮光轮压路机	A	A	A	A	用于顶压整平
12～18 t 三轮光轮压路机	A	A	A	B	最常使用
25～50 t 轮胎压路机	A	A	A	A	最常使用
羊足碾	A	C 或 B	C	C	粉、黏土质砂可用
振动压路机	B	A	A	A	最常使用
凸块式振动压路机	A	A	A	A	最宜使用于含水量较高的细粒土
手动式振动压路机	B	A	A	C	用于狭窄地点
振动平板夯	B	A	A	B 或 C	用于狭窄地点，机械质量 800 kg 的可用于巨粒土

续表

土的类别 机械名称	细粒土	砂类土	砾石土	巨粒土	备 注
手扶式振动夯	A	A	A	B	用于狭窄地点
夯锤（板）	A	A	A	A	夯击影响深度最大
推土机、铲运机	A	A	A	A	仅用于推平土层和预压

注：①表中符号：A代表适用；B代表无适当的机械时可用；C代表不适用。
②土的类别按《公路土工试验规程》的规定划分。
③对特殊土和黄土（CLY）、膨胀土（CHE）、盐渍土等的压实机械选择可按细粒土考虑。
④自行式压路机宜用于一般路堤路堑基底的换填等的压实，宜采用直线式进退运行。
⑤羊足碾（包括凸块式碾、条式碾）应有光轮压路机配合使用。

三、填方路堤的压实

细粒土、砂类土和砾石土不论采用何种压实机械，均应在该种土的最佳含水量±2%以内压实。当土的实际含水量不位于上述范围内时，应均匀加水或将土摊开、晾干，使达到上述要求后方可进行压实。运输上路的土在摊平后，其含水量若接近于压实最佳含水量时，应迅速压实。当需要对土采用人工加水时，达到压实最佳含量所需要的加水量可用下式估算：

$$m=(w-w_0)\frac{Q}{1+w_0}$$

式中 m——所需加水量（kg）；

w_0——土原来的含水量（以小数计）；

w——土的压实最佳含水量（以小数计）；

Q——需要加水的土的质量（kg）。

需要加的水宜在取土的前一天浇洒在取土坑内的表面，使其均匀渗透入土中，也可将土运至路堤上后，用水车均匀、适量地浇洒在土中，并用拌和设备拌和均匀。各种压实机具碾压不同土类的适宜厚度和所需压实遍数与填土的实际含水量及所要求的压实度大小有关，应根据要求的压实度按照试验路段的试验结果确定。

用铲运机、推土机和自卸汽车推运土料填筑路堤时，应平整每层填土，且自中线向两边设置2%～4%的横向坡度，及时碾压，雨季施工时更应注意。压路机碾压路基时应按下列规定进行：

(1) 碾压前应对填土层的松铺厚度、平整度和含水量进行检查，符合要求后方可进行碾压。

(2) 压实应根据现场压实试验提供的松铺厚度和控制压实遍数进行。若控制压实遍数超过10遍，应考虑减少填土层厚。经压实度检验合格后方可转入下道工序。不合格处应进行补压后再做检验，一直达到合格为止。

(3) 高速公路和一级公路路基填土压实宜采用振动压路机或35～50 t轮胎压路机进行。采用振动压路机碾压时，第一遍应不振动静压，然后先慢后快，由弱振至强振。

(4) 各种压路机的碾压行驶速度开始时宜用慢速，最大速度不宜超过4 km/h；碾压时直线段由两边向中间，小半径曲线段由内侧向外侧，纵向进退式进行；横向接头对振动压路机一般重叠 0.4～0.5 m。对三轮压路机一般重叠后轮宽的 1/2，前后相邻两区段（碾压区段之前的平整预压区段与其后的检验区段）宜纵向重叠 1.0～1.5 m。应达到无漏压、无死角，确保碾压均匀。

使用夯锤压实时，首遍各夯位宜紧靠，如有间隙，则不得大于 15 cm，次遍夯位应压在首遍夯位的缝隙上，如此连续夯实直至达到规定的压实度。

四、桥涵及其他构造物处填土的压实

桥台背后、涵洞两侧与顶部、锥坡与挡土墙等构造物背后的填土均应分层压实，分层检查，检查频率每 50 m^2 检验 1 点，不足 50 m^2 时至少检验 1 点，每点都应合格，每一压实层松铺厚度不宜超过 20 cm。涵洞两侧的填土与压实和桥台背后与锥坡的填土与压实应对称或同时进行。

各种填土的压实尽量采用小型的手扶振动夯或手扶振动压路机；但涵顶填土 50 cm 内应采用轻型静载压路机压实，以达到规定的压实度为准。高速公路和一级公路的桥台、涵身背后和涵洞顶部的填土压实度标准，从填方基底或涵洞顶部至路床顶面均为 95％；其他公路为 93％。

五、填石路堤的压实

填石路堤在压实之前，应用大型推土机摊铺平整，个别不平处，应用人工配合以细石屑找平。压实宜选用工作质量 12 t 以上的重型振动压路机、工作质量 2.5 t 以上的夯锤或 25 t 以上的轮胎压路机压（夯）实。当缺乏上述的压实机具时，可采用重型静载光轮压路机压实并减少每层填筑厚度和减小石料粒径，其适宜的压实厚度应根据试验确定，但不得大于 50 cm。采用重型振动压路机或夯锤压实填石路堤时，可加厚至 1.0 m。

填石路堤压实时，应先压两侧（即靠路肩部分）后压中间，压实路线对于轮碾应纵向互相平行，反复碾压。对夯锤应成弧形，当夯实密实程度达到要求后，再向后移动一夯锤位置。行与行之间应重叠 40～50 cm；前后相邻区段应重叠 100～150 cm。压实所要求的紧密程度和所需的碾压或夯压的遍数应经过试验确定。采用重锤夯实时，可按重锤下落时不下沉而发生弹跳现象进行压实度检验。

使用各种压实机具压实时的注意事项与压实填土路基相同。路堤顶面至路床顶面下 30～50 cm（高速公路及一级公路为 50 cm，其他公路 30 cm）范围内应填筑符合路床要求的土。

六、土石路堤的压实

土石路堤的压实度可采用灌砂法或水袋法检测。其标准干容重应根据每一种填料的不同含水量的最大干容重作出标准干密度曲线，然后根据试坑挖取试样的含水量，从标准干容重曲线上查出对应的标准干密度。

如几种填料混合填筑，则应从试坑挖取的试样中计算各种填料的比例，利用混合填料中几种填料的标准干容重曲线查得对应的标准干容重，用加权平均的计算方法，计算所挖试坑的标准干容重。

七、高填方路堤的压实

高填方路堤的基底应进行场地清理，并应按照设计要求的基底承压强度进行压实，设计无要求时，基底的压实度宜不小于 90%。当地基松软仅依靠对原土压实不能满足设计要求的承压强度时，应进行地基改善加固处理，以达到设计要求。

路堤的基底处于陡峻山坡上或谷底时，应进行挖台阶处理，并严格分层填筑分层压实。当场地狭窄时，压实工作宜采用小型的手扶式振动压路机或振动夯进行。当场地较宽广时宜采用自行式自重是 12 t 以上的振动压路机碾压。路堤分层压实松铺厚度与一般公路填方相同。

知识链接：粉煤灰填筑路堤

1. 粉煤灰的性质和特点

我国电厂排放的粉煤灰的化学成分主要为以硅铝氧化物为主的硅铝型低钙。试验研究表明：粉煤灰和一般细颗粒土相比，具有自重轻、强度高、压缩性小、固结快的特点，这对于提高路堤的稳定性是十分有利的。但粉煤灰黏聚力小、毛细水作用影响较大，则又对路堤与边坡的稳定性产生一定的影响。因此在使用中，应当采取相应措施趋利避害。

粉煤粒径大小与其路用性质有密切关系，粗颗粒含量较多者，其比表面积偏小，会影响到其物理化学作用的效应。当然利用粉煤灰做路基填料，主要是利用它的物理强度，对粉煤灰的粒度本无严格要求。但从压实的角度考虑，当粉煤灰中粗颗粒较多时，粗粒易被压碎，使压实成型困难，所以，也应适当控制细粒的含量。

2. 粉煤灰路堤填料的利弊

(1) 有利方面。

①自重轻。粉煤灰最大干密度为 0.9～1.2 g/cm^3，相对密度为 2.1～2.2 t/m^3，均低于一般细颗粒土 20%以上。由于其质轻，可以减少路堤沉降和为提高路堤稳定性而进行的地基处理费用，在相同条件下可以提高软土地基的路堤极限高度，这对软土地基处理是非常有利的。

②强度高。粉煤灰因其颗粒组成类似于细粒土，所以也具有液、塑限，最佳含水量，最大干密度等，可以用衡量土的指标来对粉煤灰的强度进行评价。按重型实标准在饱水和不饱水的条件下，其内摩擦角值分别为 18°～33°和 30°～42°，均高于土质填料，这对于路堤的强度和稳定性都是非常有利的。

③压缩性小。据有关单位试验结果得知，在采用重型击实标准压实度的 100%时，土的压缩系数 $a_{1\sim2}=0.24/MPa$，而粉煤灰的压缩系数 $a_{1\sim2}=0.15/MPa$。而压缩系数越小，路堤建成后的沉降量也越小，所以在相同密实度条件下，粉煤灰路堤的压缩变形要小得多，明显优于土质路堤。

④固结快。粉煤灰的渗透系数比黏性土大数百倍，其渗透固结性能远大于一般黏性土。所以在相同的压实功能作用下，粉煤灰压实效果就大大优于黏性土路堤。其表现为：自由水排出快、固结快、密实度增长快的良好性质。

(2) 不利之处。

①粉煤灰的不利之处在于无塑性。据国内外试验研究成果表明，粉煤灰基本上属于粉土、粉砂性的无黏性土，因而具有类似粉土的性质。粉煤灰干燥时呈粉末状，只有在一定含水量条件下才能成型，但干后又会消散成粉末，所以粉煤灰路堤边坡很难保持形状。

②粉煤灰毛细水作用影响大，将会导致地下水升高。这两种因素均不利于路堤及边坡的

稳定，必须在设计中采取相应的措施，尽量消除其不良影响。

3. 粉煤灰路堤的填筑方法

粉煤灰填筑路堤主要采用两种形式，即全部采用粉煤灰（纯灰）填筑和部分采用粉煤灰（灰土间隔）填筑。所谓纯灰填筑也并非完全使用粉煤灰，而是用粉煤灰填芯，外包以黏性土，这就是通常所说的“包芯法”（图 2-14）。

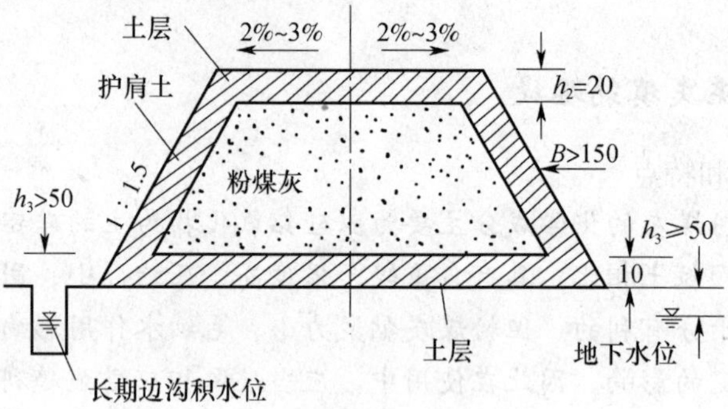

图 2-14　纯粉煤灰路堤（尺寸单位：cm）

灰、土间隔形式则为一层粉煤灰加铺一层土，相间填筑，也就是通常所说的“分层法”（图 2-15）。

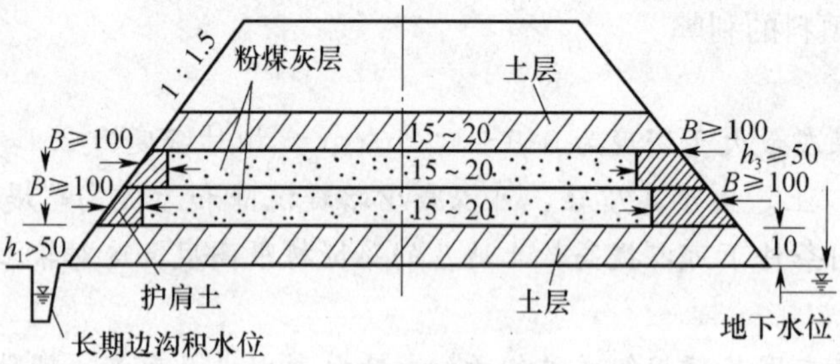

图 2-15　灰土间隔路堤（尺寸单位：cm）

从使用经验来看，灰土间隔路堤因其中有粉煤灰层、透水性好，在路堤中形成侧向排水通道，这对于使用含水量较大的过湿土填筑路堤是有利的。但是间隔填土往往受粉煤灰材料含水量偏高的影响，给土方施工、碾压带来困难，尤其是雨季施工影响较大。而且灰土间隔路堤的强度也低于纯灰土路堤，用灰量也小于纯灰路堤，所以在灰源充足的条件下，推荐使用纯灰路堤，以发挥其用灰量大、施工简便、受雨季影响小的优势。

4. 设计注意事项

(1) 用于护肩、护坡、封顶等部位的土质填料，应选用具有一定塑性的黏性土，其塑性指数不应低于 6。土质护坡厚度应根据使用土质和自然条件而定，但水平方向厚度应保证不小于 1 m，并和粉煤灰同时分层填筑、同时碾压以防止地表径流水冲刷坡面。土质封顶层厚度应不小于 20～30 cm，也可以与路面结构层相结合，采用石灰土、二灰土等路面底基层材料替代，但应保证达到高速公路上路床要求的密实度。

(2) 应采取措施加强排水，严禁长期积水浸泡路堤，引发基底、边坡和路面变形破坏。其原因除防止地表水对路堤的冲刷，还在于粉煤灰的毛细现象十分强烈。粉煤灰路堤底部距地下水位或地表积水位应在 50 cm 以上，否则应在基底加设厚度大于 30 cm 粒料隔离层，以截断毛细水作用。

(3) 由于粉煤灰孔隙率大、渗透系数比黏性土大得多，透水性好、施工季节影响较小，故在雨季施工，其优越性更能得到体现。所以在我国多雨潮湿地区，宜优先考虑采用粉煤灰路堤。

(4) 宜通过承载板法等实测手段确定粉煤灰路堤的回弹模量值。如无实测资料时，轻型压实标准（95）为25～30 MPa；重轻压实标准（90）为35～40 MPa。粉煤灰的渗透系数、压缩系数、毛细水上升高度随粉煤灰的粒组成分、压实度不同而变化，宜通过试验确定。

(5) 粉煤灰路堤边坡率应视路堤高度而定。5 m以下路堤，边坡率应为1∶1.5，5 m以上路堤，上部边坡率应为1∶1.5，下部边坡率应为1∶1.75。

(6) 各级公路粉煤灰路堤压实标准应符合表2-6的规定。

表 2-6　各级公路粉煤灰路堤压实标准

距路槽底深度/cm	高速公路、一级公路		其他各级公路	
	重型/%	轻型/%	重型/%	轻型/%
0～30	95	—	93	98
30～80	93	—	90	95
80～150	92	—	87	92
>150	90	—	87	92

课后习题

一、选择题

(1) 微差爆破的时间间隔单位是(　)。
A. 秒　B. 毫秒　C. 分　D. 微秒

(2) 洞室爆破方法不包括(　)。
A. 抛掷爆破　B. 毫秒爆破　C. 定向爆破　D. 松动爆破

(3) 洞室爆破方法不包括(　)。
A. 抛掷爆破　B. 微差爆破　C. 定向爆破　D. 松动爆破

(4) 膨胀土一般不含(　)。
A. 蒙脱石　B. 高岭石　C. 石墨　D. 伊利石

(5) 半填半挖路基，向内倾斜的台阶宽度不应小于(　)。
A. 0.5 m　B. 1.0 m　C. 1.5 m　D. 2.0 m

(6) 填石路堤密实状态的标准是(　)。
A. 用12 t以上的压路机，压至无轮迹　B. 用15 t以上的压路机，压至无轮迹
C. 用12 t以上的压路机，再测重度　D. 用15 t以上的压路机，再测重度

(7) 路堤原地基应在填筑前进行(　)。
A. 压实　B. 换填　C. 平整　D. 爆破

(8) 当路堤原地基横坡陡于1∶5时，原地基应挖成(　)。

A. 平面　　B. 台阶　　C. 拱形　　D. 梯形

(9) 当路堤原地基横坡陡于(　)时，原地基应挖成台阶。

A. 1∶3　　B. 1∶4　　C. 1∶5　　D. 1∶6

(10) 土中含有较多的黏粒及其亲水性较强的蒙脱石或伊利石等黏土矿物成分的路基称为(　)。

A. 黄土地区路基　　B. 膨胀土地区路基

C. 盐渍土地区路基　　D. 风砂地区路基

(11) 路基干湿类型划分为四类：(　)。

A. 干燥、多湿、潮湿、过湿　　B. 干燥、中湿、潮湿、过湿

C. 湿润、中湿、潮湿、过湿　　D. 干燥、中湿、潮湿、浸水

(12) 不同土质混合填筑路堤时，以透水性较小的土填筑于(　)时，应做成4%的双向横坡。

A. 上层　　B. 下层　　C. 中层　　D. 上层或中层

(13) 不同性质的土应分别填筑，不得混填，每种填料层总厚不得小于(　)。

A. 0.3 m　　B. 0.4 m　　C. 0.5 m　　D. 0.6 m

(14) 不同性质的土进行填筑时(　)。

A. 可以混填　　B. 不得混填

C. 视土质情况而定　　D. 条件允许时，最好混填

(15) 填石路堤的压实度检验，以规定深度范围内通过(　)进行压实试验。

A. 14 t以上光轮压路机　　B. 10 t以上振动压路机

C. 12 t以上振动压路机　　D. 14 t以上振动压路机

二、实习实训：填石路堤施工学习指南

1. 任务要求

(1) 知道工作程序和过程会制定动态设计方案。

(2) 能学会一定的组织管理能力。

(3) 会统计、计算、编制交工文件。

2. 相关技术标准与规范

(1) 交通部颁《公路工程技术标准》(JTG B01—2003)。

(2) 交通部颁《公路路线设计规范》(JTG D20—2006)。

(3) 交通部颁《公路勘测规范》(JTJ 061—1999)。

(4) 交通部颁《公路路基设计规范》(JTG D30—2004)。

(5) 交通部颁《公路路基施工技术规范》(JTG F10—2006)。

3. 相关技术指标要求

(1) 一般规定。

①膨胀性岩石、易溶性岩石、崩解性岩石和盐化岩石等均不应用于路堤填筑。

②用填石料修筑公路路堤，应采取相应的技术措施，做好断面设计、结构设计和排水设计，保证填石路堤有足够的强度和稳定性，并具有可供铺筑路面的坚实基础。

③填石路堤应采用大功率推土机与重型压实机具施工。

④填石路堤在施工前，应通过试验路段，确定填石路堤合适的填筑层厚、压实工艺以及质量控制标准。

⑤采用强夯或冲击压路机进行施工的填石路堤，其压实层厚与质量控制标准可通过现场试验或参照相应的技术规范确定。

(2) 填石料的分类。

①根据石料饱和抗压强度指标，可按表 2-7 将填石料分为硬质岩石、中硬岩石、软质岩石。

表 2-7 岩石分类表

岩石类型	单轴饱和抗压强度/MPa	代表性岩石
硬质岩石	≥60	花岗岩、闪长岩、玄武岩等岩浆岩类
中硬岩石	30～60	硅质、铁质胶结的砾岩及砂岩、石灰岩、白云岩等沉积岩类； 片麻岩、石英岩、大理岩、板岩、片岩等变质岩类
软质岩石	5～30	凝灰岩等喷出岩类； 泥砾岩、泥质砂岩、泥质页岩、泥岩等沉积岩类； 云母片岩或千枚岩等变质岩类

②不同强度的石料，应分别采用不同的填筑层厚和压实控制标准。填石路堤的压实质量标准宜用孔隙率作为控制指标，并符合表 2-8～2-10 的要求。

表 2-8 硬质石料压实质量控制标准

分区	路面底面以下深度/m	摊铺层厚/mm	最大粒径/mm	压实干密度/($kN \cdot m^{-3}$)	孔隙率/%
上路堤	0.80～1.50	≤400	小于层厚 2/3	由试验确定	≤23
下路堤	>1.50	≤600	小于层厚 2/3	由试验确定	≤25

表 2-9 中硬石料压实质量控制标准

分区	路面底面以下深度/m	摊铺层厚/mm	最大粒径/mm	压实干密度/($kN \cdot m^{-3}$)	孔隙率/%
上 路 堤	0.80～1.50	≤400	小于层厚 2/3	由试验确定	≤22
下 路 堤	>1.50	≤500	小于层厚 2/3	由试验确定	≤24

表 2-10 软质石料压实质量控制标准

分区	路面底面以下深度/m	摊铺层厚/mm	最大粒径/mm	压实干密度/($kN \cdot m^{-3}$)	孔隙率/%
上 路 堤	0.80～1.50	≤300	小于层厚	由试验确定	≤20
下 路 堤	>1.50	≤400	小于层厚	由试验确定	≤22

(3) 填石路堤的质量控制。

①填石路堤的压实质量宜采用施工参数（压实功率、碾压速度、压实遍数、铺筑层厚等）与压实质量检测联合控制。

②填石路堤压实质量可以采用压实沉降差或孔隙率进行检测，孔隙率的检测应采用水袋法进行。

③在填石料表面填筑土、粉煤灰等其他材料时，填石料顶面应无明显孔隙、空洞。在其他填料填筑前，填石路堤最后一层的铺筑层厚应不大于 400 mm，过渡层碎石料粒径应小于 150 mm，其中小于 0.05 mm 的细料含量不应小于 30%。在必要时，宜设置土工布作为隔离层。

④填石路堤可采用与土质路堤相同的路堤断面形式，填石路堤的边坡坡率应根据填石料种类、边坡高度和基底的地质条件确定。易风化岩石与软质岩石用作填料时，应按土质路堤边坡设计。在路堤基底良好时，填石路堤边坡坡率不宜陡于表 2-11 规定。

表 2-11　填石路堤边坡坡率

填石料种类	边坡高度/m			边坡坡率	
	全部高度	上部高度	下部高度	上部高度	下部高度
硬质岩石	20	8	12	1∶1.1	1∶1.3
中硬岩石	20	8	12	1∶1.3	1∶1.5
软质岩石	20	8	12	1∶1.5	1∶1.75

⑤填方边坡较高时，可在边坡中部设边坡平台，平台宽度 1～3 m。中硬和硬质石料及以上填石路堤应进行边坡码砌，边坡码砌应采用强度大于 30 MPa 的不易风化的石料，码砌石块最小尺寸不应小于 300 mm，石块应规则。

⑥填高小于 5 m 的填石路堤，边坡码砌厚度不小于 1 m；填高 5～12 m 的填石路堤，边坡码砌厚度不小于 1.5 m；12 m 以上填高的路堤边坡码砌厚度不小于 2 m。

4. 填石路堤稳定性验算与沉降计算

对于软弱地基上的填石路堤，其设计结构形式应与软土地基处治设计综合考虑，并应进行稳定验算和沉降计算。填石路堤在采用风化岩石和软质岩石时，应考虑浸水后抗剪强度降低、压缩性增加等不利情况。

5. 填料应符合以下规定

(1) 膨胀岩石、易溶性岩石不宜直接用于路堤填筑，强风化石料、崩解性岩石和盐化岩石不得直接用于路堤填筑。

(2) 路堤填料粒径应不大于 500 mm，并不宜超过层厚的 2/3，不均匀系数宜为 15～20。路床底面以下 400 mm 范围内，填料粒径应小于 150 mm。

(3) 路床填料粒径应小于 100 mm。

6. 基底处理应符合的规定

(1) 承载力应满足设计要求。

(2) 在非岩石地基上，填筑填石路堤前，应按设计要求设过渡层。

7. 填筑时应符合的规定

(1) 路堤施工前，应先修筑试验路段，确定满足孔隙率标准的松铺厚度、压实机械型号及组合、压实速度及压实遍数、沉降差等参数。路床施工前，应先修筑试验路段，确定能达到最大压实干密度的松铺厚度、压实机械型号及组合、压实速度及压实遍数、沉降差等参数。

(2) 二级及二级以上公路的填石路堤应分层填筑压实。二级以下砂石路面公路在陡峻山坡地段施工特别困难时，可采用倾填的方式将石料填筑于路堤下部，但在路床底面以下不小于 1.0 m 范围内仍应分层填筑压实。

(3) 岩性相差较大的填料应分层或分段填筑。严禁将软质石料与硬质石料混合使用。中硬、硬质石料填筑路堤时，应进行边坡码砌，码砌边坡的石料强度、尺寸及码砌厚度应符合设计要求。边坡码砌与路基填筑宜基本同步进行。

(4) 压实机械宜选用自重不小于 18 t 的振动压路机。在填石路堤顶面与细粒土填土层之间应按设计要求设过渡层。

8. 填石路堤施工质量应符合的规定

(1) 上下路堤的压实质量标准见表 2-12。

表 2-12　填石路堤上、下路堤压实质量标准

分区	路面底面以下深度/m	硬质石料孔隙率/%	中硬石料孔隙率/%	软质石料孔隙率/%
上路堤	0.8～1.50	≤23	≤22	≤20
下路堤	＞1.50	≤25	≤24	≤22

(2) 填石路堤施工过程中的每一压实层，可用试验路段确定的工艺流程和工艺参数，控制压实过程；用试验路段确定的沉降差指标检测压实质量。

(3) 填石路堤填筑至设计标高并整修完成后，其施工质量应符合表 2-13 的规定。

表 2-13　填石路堤施工质量标准

项次	检测项目	允许偏差		检查方法或频率
		高速公路 一级公路	其他公路	
1	压实度	符合试验路确定的施工工艺		施工记录
		沉降差≤试验路确定的沉降差		水准仪：每 40 m 检测一个断面，每个断面检测 5～9 点
2	纵面高程/mm	+10，−20	+10，−30	水准仪：每 200 m 测 4 断面
3	弯沉	不大于设计值		—
4	中线偏位/mm	50	100	经纬仪：每 200 m 测 4 点 弯道加 HY、YH 两点
5	宽度	不小于设计值		米尺：每 200 m 测 4 处

续表

项次	检测项目		允许偏差		检查方法或频率
			高速公路 一级公路	其他公路	
6	平整度/mm		20	30	3 m直尺：每200 m测4点×10尺
7	横坡/%		±0.3	±0.5	水准仪：每200 m测4个断面
8	边坡	坡度	不陡于设计值		每200 m抽查4处
		平顺度	符合设计要求		

(4) 填石路堤成型后的外观质量标准：路堤表面无明显孔洞。大粒径石料不松动，铁锹挖动困难。边坡码砌紧贴、密实，无明显孔洞、松动，砌块间承接面向内倾斜，坡面平顺。

第三章　路基排水及防护工程

第一节　路基排水

公路的最大病因之一是水害，例如，水分的积聚使得沥青与集料之间的黏结力下降，造成路面基层承载能力下降，降低了路面材料的强度；受土质、气温的影响又容易引起土质松软、边坡坍塌、基身沉陷或产生滑动，继而导致道路的冻胀与翻浆的产生。路基及沿线构造物经常受到水的侵袭，这不仅严重危害路基，甚至会将其彻底冲毁。因此为保证路基的强度与稳定性，在路基路面设计、施工和养护中，必须重视路基路面的排水工程。路基排水设计的一般原则：

（1）路基排水设计应防、排、疏结合，并与路面排水、路基防护、地基处理以及特殊路基地区的其他处治措施相协调，形成完善的排水系统。

（2）路基排水设计应遵循总体规划、合理布局、少占农田、环境保护的原则，并与当地排灌系统相协调。

（3）路基排水困难地段，可采取降低地下水位、设置隔离层等措施，使路基处于干燥、中湿状态。

（4）施工场地的临时排水设施，应尽可能与永久性排水设施相结合。各类排水设施设计要满足功能要求，安全可靠，并便于施工、检查和养护维修。

根据来源不同，影响路基的水分为地面水和地下水两大类。地面水主要是指经由降水形成的地面径流，对路基能形成冲刷和破坏，也能渗入路基内部，使土体软化。地下水包括上层滞水（从地面渗入尚未深达下层的水）、层间水（在地面以下任何两个隔水层之间的水）、潜水（在地面以下第一个隔水层以上的含水层中的水），可使路基潮湿，引起边坡塌落、滑动、翻浆、冻害等危害。所以，路基必须具备合适完备的排水系统，保证迅速排泄路基范围内的地面水，并对影响路基稳定的地下水进行截流，降低水位或予以排除，从而保证路基具有足够的强度及稳定性。

为了保持路基能经常处于干燥、坚固和稳定状态，必须将影响路基稳定的地面水予以拦截，并排除到路基范围之外，防止漫流、聚积和下渗。对于影响路基稳定的地下水，应予以截断，疏干，降低水位，并引导到路基范围以外。

路基施工中应校核全线排水系统的设计是否完备和妥善，必要时予以补充和修改。使全线的沟渠、管道、桥涵构成完整的排水体系。排水设施应有合适的泄水断面和纵坡。高速公路和一级公路的边沟不应作为农业排灌渠道，其他公路不得已时可和排灌渠道结合，但应适当加大泄水断面，并采取加固措施，以防水流危害路基。

路基施工时，必须按设计要求首先做好排水工程以及施工场地附近的临时排水设施，然后再做主体工程。在无条件时，排水工程可与路基同步施工，并使其随施工进度逐步成型。施工时，不得任意破坏地表植被或堵塞水路；各类排水设施应及时维修和清理，保持其完好状态，使水流畅通不产生冲刷和淤塞；临时性排水设施应尽量与永久性排水设施结合起来。

路基排水设施的施工质量应符合下列要求：

(1) 各类排水设施的位置、断面、尺寸、坡度、标高及使用材料应符合设计图纸要求。

(2) 沟渠边坡必须平整、稳定，严禁贴坡。

(3) 排水设施要求纵坡顺适，沟底平整，排水畅通，无冲刷和无阻水现象。

(4) 边沟要求线形美观，直线线形顺直，曲线线形圆滑。

(5) 各类防渗加固设施要求坚实稳定，表面平整美观。浆砌片石工程砂浆配合比必须符合试验规定，砌体咬扣紧密，嵌缝饱满、密实，勾缝平顺无脱落，缝宽大体一致。干砌片石工程要求咬扣紧密、错缝，禁止叠砌、贴砌和浮塞。

一、地面水的排除

1. 边沟

设置在挖方路基的路肩外侧或低路堤的坡脚外侧，用以汇集和排除路基范围内和流向路基的小量地面水的沟槽称为边沟。边沟的断面形式一般有梯形、三角形和矩形，如图 3-1 所示。

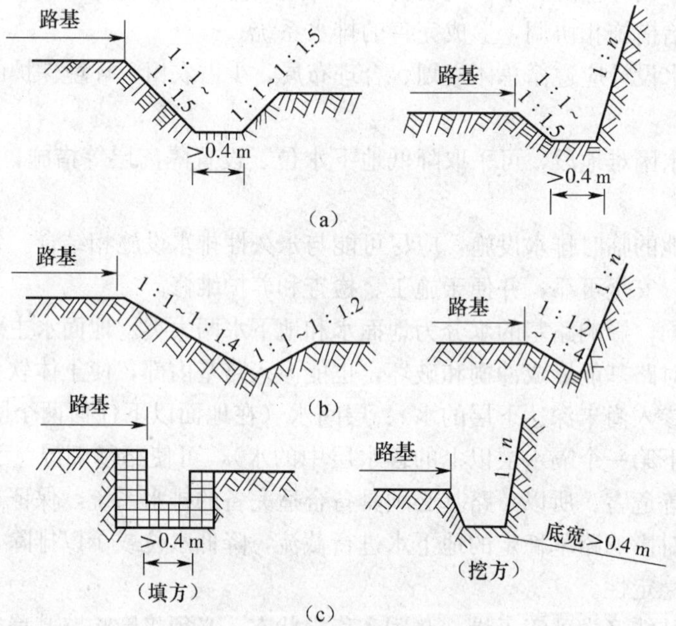

图 3-1 边沟的断面形式

(a) 梯形边沟；(b) 三角形边沟；(c) 矩形边沟

通常土质地段边沟多采用梯形，梯形边的边坡靠路基一侧为 1∶1～1∶1.5，另一侧与路堑边坡相同；有碎落台时，外侧也可采用 1∶1；机械化施工时，土质边沟多采用三角形，三角形边沟的边坡内侧一般为 1∶2～1∶4，外侧为 1∶1～1∶2；石方地段边沟多采用矩形，矩形边沟的内侧边坡视其强度可采用直立，亦可稍有倾斜（1∶0.5）。

一般情况下，边沟不宜与其他沟渠合并使用，为控制边沟中的水不致过多，可以充分利用地形，在较短距离（在平原区和重丘山岭区梯形边沟长度一般不宜超过 300 m，三角形边沟一般不宜超过 200 m）内即将边沟水排至路旁洼地、沟谷或河道、水库内。一般每隔 300～500 m（特殊情况 200 m）设排水涵一道，用以及时将边沟水排至路基范围之外。

一般边坡的沟底纵坡与路线纵坡相同，并不宜小于 0.2%（在特殊情况下容许减至 0.19)，以免水流阻滞淤塞边沟。若路线纵坡不能满足边沟纵坡要求时，应采用加大边沟、增设涵洞或将填方路基提高等措施处理；当沟底纵坡大于 3%时，应对边坡进行加固；当纵坡超过 6%时，水流速度大故而冲刷严重，可采用跌水或急流槽的形式缓冲水流。另外，在设置超高的平曲线区段内，挖方地段路基内侧标高的改变，可能形成边沟积水，危害路基，因此应注意使平曲线段边沟沟底与曲线前后沟底平顺衔接。在暴雨量较大地区，如挖方路基的纵坡陡而长，下端纵坡平缓时，为避免水流满溢，冲刷或软化路基，危及路面，可将外侧边沟适当加深，其增加值等于各断面的超高值。如平曲线内调整边沟确有困难，可在变坡点附近或进入弯道前，设置横向排水沟，必要时增设涌洞将边沟水排至路基范围之外，减小曲线段边沟的流量。

边沟的出水口，必须进行处理。在路堑与路堤结合处，边沟沟底纵坡一般较陡。当边沟底与填土坡脚高差较大时，应结合地形与地质等具体条件采取以下两方面措施。

①设置排水沟，将路堑边沟水沿出口处的山坡引向路基范围以外，使之不致冲刷填方边坡。

②自边沟与填方毗连处设跌水或急流槽，将水流直接引到填方坡脚之外，如图 3-2 所示。

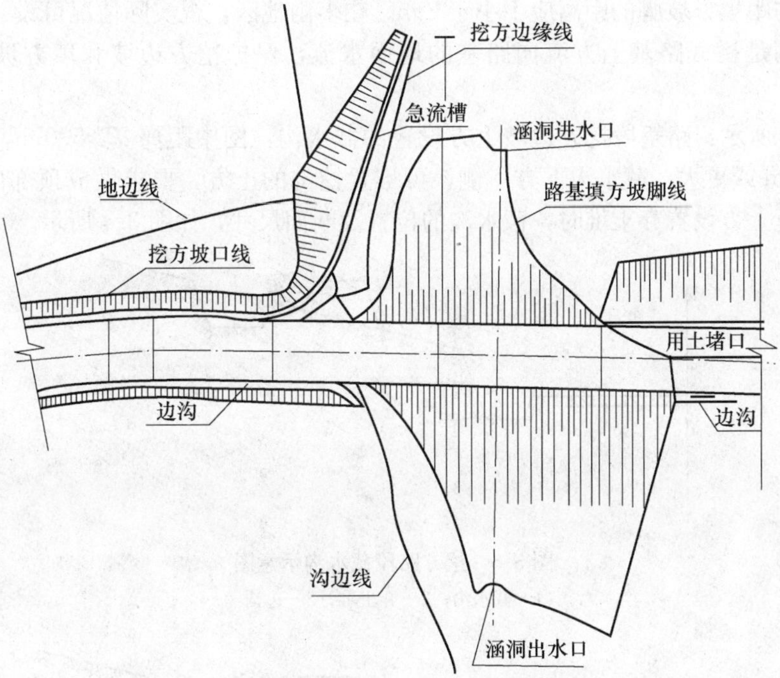

图 3-2　设跌水或急流槽

边沟施工应符合下列规定：

(1) 挖方地段和填土高度小于边沟深度的填方地段均应设置边沟。路堤靠山一侧的坡脚应设置不渗水的进沟。

(2) 为了防止边沟漫溢或冲刷，在平原区和重丘山岭区，边沟应分段设置出水口，多雨地区梯形边沟每段长度不宜超过 300 m，三角形边沟不宜超过 200 m。

(3) 平曲线处边沟施工时，沟底纵坡应与曲线前后沟底纵坡平顺衔接，不允许曲线内侧有积水或外溢现象发生。曲线外侧边沟应适当加深，其增加值等于超高值。

(4) 边沟的加固：土质地段当沟底纵坡大于3%时应采取加固措施；采用砌片石对边沟进行铺砌时，应选用有平整面的片石，各砌缝要用小石子嵌紧；采用浆砌片石铺砌时，砌缝砂浆应饱满，沟身不漏水；若沟底采用抹面时，抹面应平整压光。

2. 截水沟

截水沟又称天沟，指的是为拦截山坡上流向路基的水，在路堑坡顶以外设置的水沟。

当路基挖方上侧山坡汇水面积较大时，应于挖方坡口 5 m 以下设置截水沟。截水沟水流一般不应引入边沟，当必须引入时，应切实做好防护措施。截水沟长度一般不宜超过 500 m，其平、纵转角处应设曲线连接，其沟底纵坡应不小于 0.5%。当流速大于土壤容许冲刷的流速时，应对沟面采取加固措施或设法减小沟底纵坡。

截水沟是指设置在挖方路基边坡坡顶以外或山坡路堤上方适当地点，用以拦截并排除路基上方流向路基的地面径流，减轻边沟的水流负担，保护挖方边坡和填方坡脚不受流水冲刷的水沟。截水沟的横断面形式一般为梯形，边坡视土质而定，一般采用 1∶1～1∶1.5，深度及底宽不宜小于 0.5 m。

挖方路基的堑顶截水沟应设置在坡口 5 m 以外，并宜结合地形进行布设，填方路基上侧的路堤截水沟距填方坡脚的距离应不小于 2 m。在多雨地区，视实际情况可设一道或多道截水沟。其作用是拦截路基上方流向路基的地面水流，保护挖方边坡和填方坡脚不受水流冲刷。

如图 3-3 所示：路堑段挖方边坡上方设置的截水沟，图中距离 $d \geqslant 5.0$ m，土质不良地段可取 10.0 m 或更大。截水沟下方一侧，可堆置挖沟的土方，要求做成顶部向沟倾斜 2% 的土台。路堑上方设置弃土堆时，截水沟的位置及断面尺寸，如图 3-4 所示。

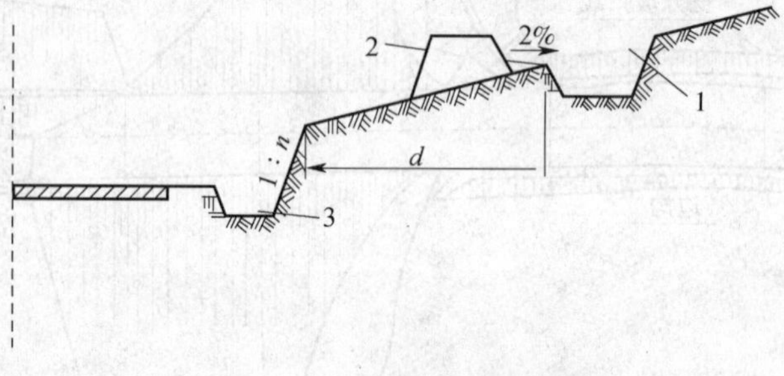

图 3-3 挖方路段截水沟示意图

1—截水沟；2—弃土堆；3—边沟

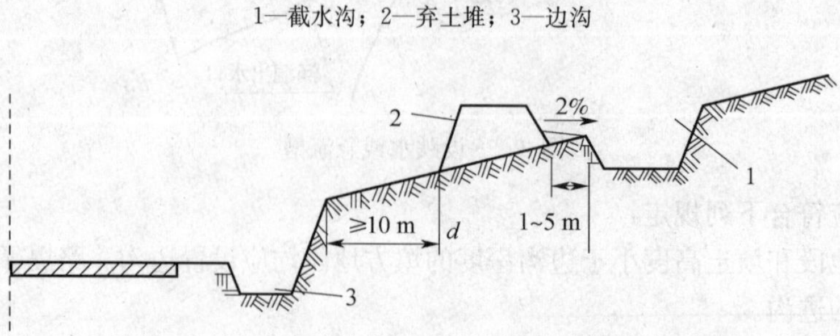

图 3-4 挖方路段弃土堆与截水沟关系图

1—截水沟；2—土台；3—边沟

山坡填方路段可能遭到上方水流的破坏作用，此时必须设截水沟，以拦截山坡水流保护路堤。如图 3-5 所示，截水沟应与坡脚之间距离不小于 2.0 m，并做成 2%向沟倾斜横坡，确保路堤不受水害。

图 3-5 填方路段上的截水沟示意图

1—土台；2—截水沟

截水沟的横断面形式，一般为梯形，其边坡坡度，因岩土条件而定。沟底纵坡不应小于 0.3%，如图 3-6 所示。

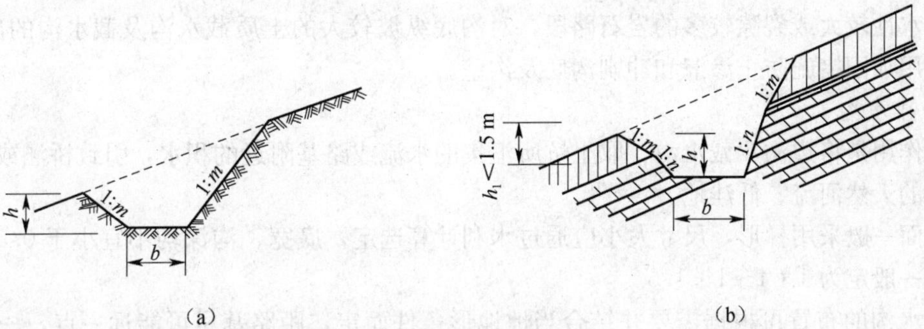

图 3-6 截水沟的横断面图例

(a) 土沟；(b) 石沟

沟底宽度 b 不小于 0.5 m，沟深 h 按设计流量而定，亦不应小于 0.5 m。

为尽快截住上方的水流，截水沟的布置应尽可能与水流的方向垂直。

截水沟的出水口，可用排水沟或跌水、急流槽相连接，将水引至山坡一侧的自然沟中或桥涵进水口处。截水沟在转弯处应以曲线相连，使水流畅通。为防止水流的冲刷和渗漏，应对截水沟进行防渗加固，必要时设跌水或急流槽。

截水沟的施工应符合下列规定：

(1) 截水沟的位置。在无弃土堆的情况下，截水沟的边缘离开挖方路基坡顶的距离视土质而定，以不影响边坡稳定为原则。如一般土质至少应离开 5 m，对黄土地区不应小于 10 m并应进行防渗加固。截水沟挖出的土，可在路堑与截水沟之间修成土台并进行夯实，台顶应筑成 2%倾向截水沟的横坡。路基上方有弃土堆时，截水沟应离开弃土堆坡脚 l～5 m，弃土堆坡脚离开路基挖方坡顶不应小于 10 m，弃土堆顶部应设 2%倾向截水沟的横坡。

(2) 山坡上路堤的截水沟离开路堤坡脚至少 2.0 m，并用挖截水沟的土填在路堤与截水沟之间，修筑向沟倾斜坡度为 2%的护坡道或土台，使路堤内侧地面水流入截水沟排出，如图 3-7 所示。

(3) 截水沟长度超过 500 m 时应选择适当地点设出水口，将水引至山坡侧的自然沟中或桥涵进水口，截水沟必须有牢靠的出水口，必要时须设置排水沟、跌水或急流槽。截水沟的出水口必须与其他排水设施平顺衔接。

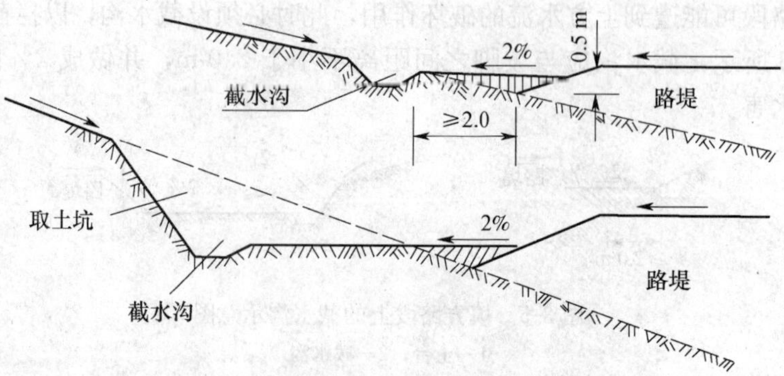

图 3-7 山坡路堤截水沟

(4) 为防止水流下渗和冲刷，截水沟应进行严密的防渗和加固，地质不良地段和土质松软、透水性较大或裂隙较多的岩石路段，对沟底纵坡较大的土质截水沟及截水沟的出水口，均应采用加固措施防止渗漏和冲刷沟底及沟壁。

3. 排水沟

其作用是将边沟、截水沟、取土坑所汇集的水流或路基附近的积水，引致桥涵或路基范围以外的天然河流、低洼地。

断面一般采用梯形，尺寸大小应通过水利计算选定，底宽、沟深均不宜小于 0.5 m，边坡坡度一般定为 1∶1～1∶1.5。

排水沟的布置可根据需要并结合当地地形条件而定，距路基尽可能远一点，一般距路基坡脚不宜小于 3～4 m。沟底纵坡应不小于 0.3%，以 1%～3%为宜，纵坡大于 3%时沟渠应加固，大于 7%时则必须修跌水或急流槽。其连续长度一般不宜超过 500 m，线形要求平顺、直接，需要转弯时可做成弧形，其半径尽量采用较大值，应不宜小于 10～20 m。当排水沟与其他水道连接，除顺畅外，要求连接处至构造物的距离应不小于 2 倍的河床宽度。

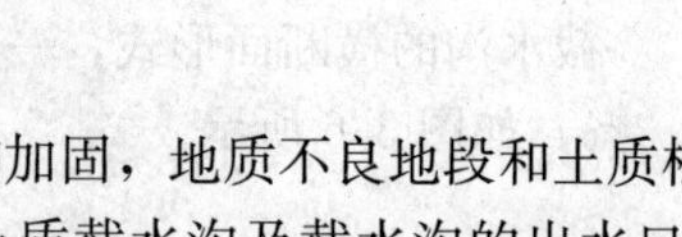

图 3-8 沟渠底宽的渐宽值

一般情况下，排水沟底是等宽的，沟底宽度不同时，要求徐缓相接，沟底渐宽值的长度如图 3-8 所示：渐宽值 L 按下式计算：$(b_2-b_1)/L=1/5\sim1/10$。排水沟与其他沟渠相接时，力求水流舒顺。

沟渠加固类型（见表 3-1）与沟底纵坡有关，见表 3-2。沟渠加固断面图如图 3-9 所示。

表 3-1 沟渠加固类型

形式	名称	铺砌厚度/cm
简易式	平铺草皮	单层
	竖铺草皮	叠铺
	水泥砂浆抹平层	2～3
	石灰三合土抹平层	3～5
	黏土碎（砾）石加固层	10～15
	石灰三合土碎（砾）石加固层	10～15

续表

形式	名称	铺砌厚度/cm
干砌式	干砌片石 干砌片石砂浆勾缝 干砌片石砂浆抹平	15～25 15～25 20～25
浆砌式	浆砌片石 混凝土预制块 砖砌水槽	20～25 6～10

表 3-2　加固类型与沟底纵坡关系

纵坡/%	<1	1～3	3～5	5～7	>7
加固类型	不加固	土质好，不加固；土质不好，简易加固	简易加固或干砌式加固	干砌式或浆砌式加固	浆砌式加固或改用跌水

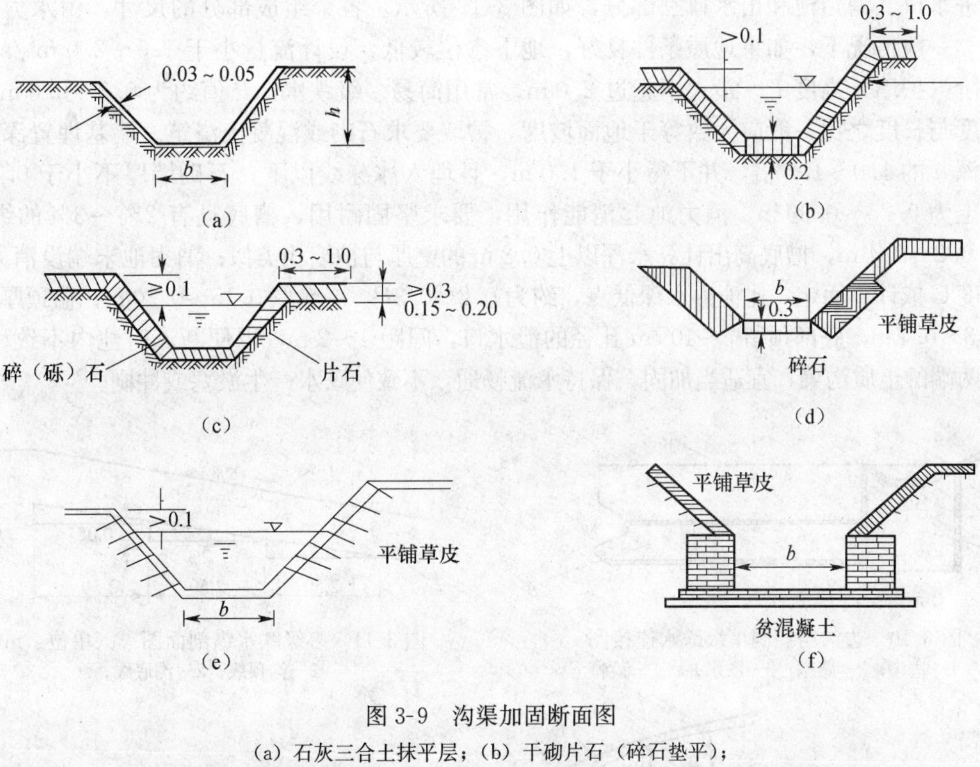

图 3-9　沟渠加固断面图

(a) 石灰三合土抹平层；(b) 干砌片石（碎石垫平）；

(c) 平铺草皮；(d) 浆砌片石（碎石垫平）；(e) 竖铺草皮，砌石底；(f) 砖砌水槽

排水沟施工时应符合下列规定：

(1) 排水沟的线形要求平顺，尽可能采用直线形，转弯处宜做成弧线，其半径不宜小于 10 m，排水沟长度根据实际需要而定，通常不宜超过 500 m。

(2) 排水沟沿路线布设时，应离路基尽可能远一些，距路基坡脚不宜小于 3～4 m。

(3) 当排水沟、截水沟、边沟因纵坡过大产生水流速度大于沟底、沟壁土的容许冲刷流速时，应采取边沟表面加固措施。

4. 跌水与急流槽

在陡坡或深沟地段设置的沟底为阶梯，水流呈瀑布式跌落的沟槽称为跌水。在陡坡或深沟地段设置的坡度较陡，水流不离开槽底的沟槽称为急流槽。水流通过坡度大于10%、水头高差大于1.0 m的陡坡地段或特殊陡坎地段时，宜设置跌水或急流槽，并对其采取加固措施。

跌水的作用是在较短距离内降低水流流速，消减水流能量。急流槽的作用是将上下游水位差较大的水流引致桥涵进口或路基下方。跌水、急流槽的形式、断面尺寸和位置的确定应结合当地土质、地形及水流量的大小，必须保证能够宣泄全部的水流，适时予以加固并在适当地点与桥涵进口连接。

跌水、急流槽的纵坡大、水流冲刷较为严重，二者一般均须用浆砌片石或水泥混凝土砌筑，且基础应埋设牢固。因此，二者均为人工排水沟渠的特殊形式，即可单独使用，也可与其他排水构造物联合使用，形成完整的排水系统。

跌水分两种，即单级跌水和多级跌水。单级跌水适用于连接沟渠的水位落差较大，需要消能或改善水流方向，如边沟水进入涵洞前所设置的单级跌水——窨井，如图 3-10 所示。当陡坡较长时。为减缓水流速度，并予以消能，可采用多级跌水，如图 3-11 所示。其构造分为进水口、消力池和出水口三部分，如图 3-12 所示。各个组成部分的尺寸，由水力计算而定。一般情况下，如果地质条件良好，地下水位较低，设计流量小于 1.0～2.0 m^3/s，跌水台阶（护墙）高度 P，最大不超过 2.0 m。常用简易多级跌水，P 值约为 0.3～0.6 m，每阶高度与长度之比一般应大致等于地面坡度。护墙要求石砌或混凝土浇筑。墙基埋置深度约为水深 a 的 1.0～1.2 倍，并不得小于 1.0 m，且埋入冰冻线以下；石砌墙厚不小于 0.4 m，混凝土为 0.25～0.30 m。消力池起消能作用，要求坚固耐用，槽底且有 2%～3%的纵坡，底厚 0.2～0.4 m，槽底高出计算水深以上 0.2 m 的壁厚与护墙相类似；消力池末端设消力槛，其高度 C 依计算而定，比池内水深低点，约为 0.2～0.3P，一般取 0.15～0.20 m；槛顶厚度约为 0.3～0.4 m，底部预留 5～10 cm 孔径的泄水口，间距 1～2 m，以便断流时池内不致积水。跌水两端的土质沟渠，宜适当加固，保持水流畅通，不致使跌水产生淤塞或冲刷。

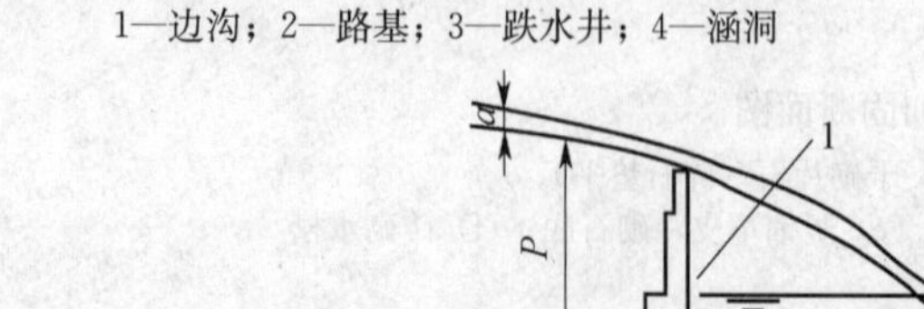

图 3-10 边沟与涵洞单级跌水连接图

1—边沟；2—路基；3—跌水井；4—涵洞

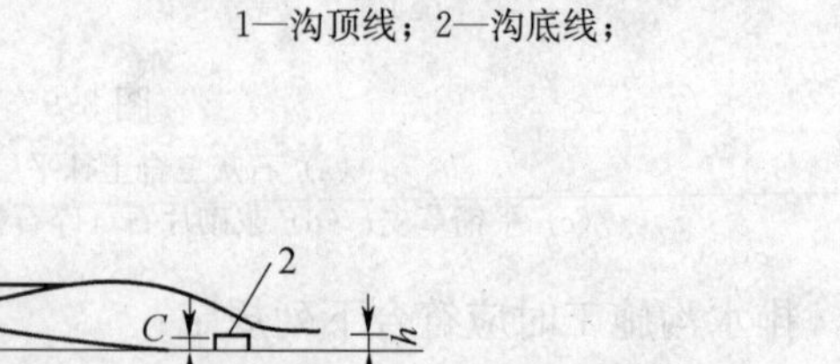

图 3-11 多级跌水纵剖面图 （单位：m）

1—沟顶线；2—沟底线；

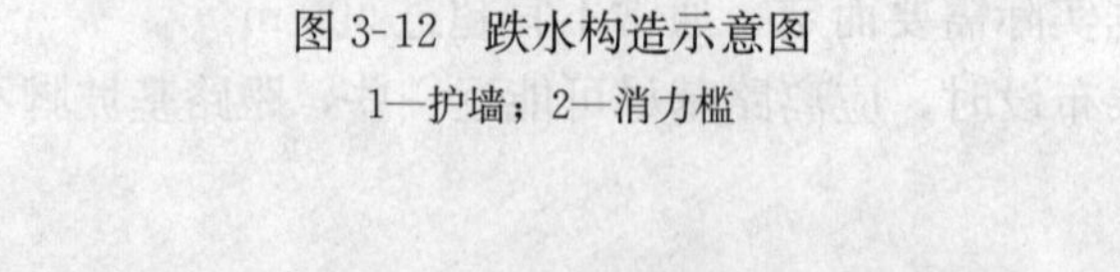

图 3-12 跌水构造示意图

1—护墙；2—消力槛

为在较短距离达到降速、消能的作用，且其纵坡比跌水的平均纵坡更陡，因此要求急流槽的结构坚固、稳定、耐用。一般要求用石砌或混凝土修筑，也可在岩石坡面上开槽。临急使用时，可用竹木结构做成竹（木）槽。

急流槽的结构分为进口、槽身和出水口三部分，如图 3-13 所示。急流槽的主要尺寸，由水力计算而定。若设计流量小于及槽底纵坡 1：1～1：1.5，也可参照经验使用。急流槽的纵坡，一般不宜超过 1：2；槽壁厚度：浆砌块石为 0.3～0.4 m；混凝土为 0.2～0.3 m。槽底厚度为 0.2～0.4 m，水槽壁应高出计算水位至少 0.2 m，每隔 2.5～5.0 m 设 0.3～0.5 m 深的耳墙（凸榫）嵌入基底，以防止滑动。进水口与出水口应予以加固。若急流槽较长时，应分段砌筑，每段长度不宜超过 5～10 m，预留伸缩缝，接头处用防水材料填缝。进水口与槽身连接处因断面不同需设过渡段，为使出水口水流流速与下游的容许流速相适应，槽底可用几个坡度，上坡较陡，向下逐渐放缓，若流速过大，可在出水口处设置消力池或与跌水联合使用。

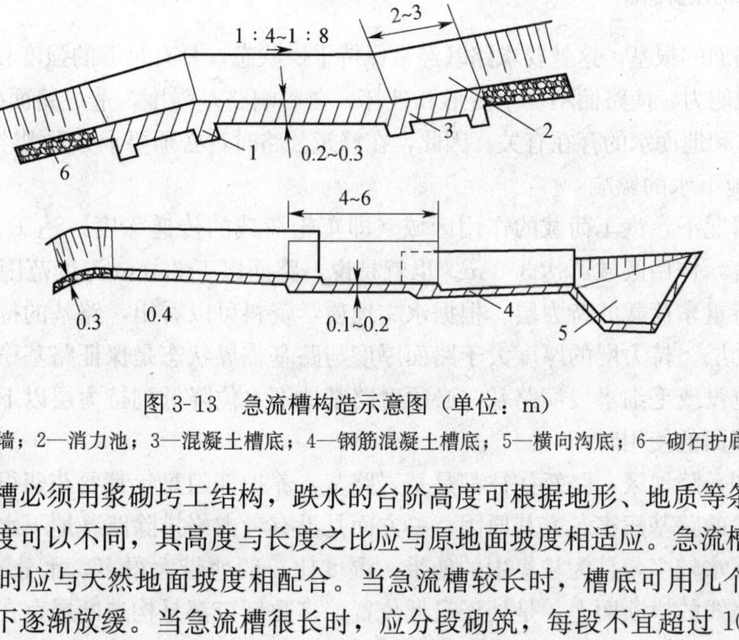

图 3-13 急流槽构造示意图（单位：m）

1—耳墙；2—消力池；3—混凝土槽底；4—钢筋混凝土槽底；5—横向沟底；6—砌石护底

跌水与急流槽必须用浆砌圬工结构，跌水的台阶高度可根据地形、地质等条件决定，多级台阶的各级高度可以不同，其高度与长度之比应与原地面坡度相适应。急流槽的纵坡不宜超过 1：1.5，同时应与天然地面坡度相配合。当急流槽较长时，槽底可用几个纵坡，一般是上段较陡，向下逐渐放缓。当急流槽很长时，应分段砌筑，每段不宜超过 10 m。接头用防水材料填塞，密实无空隙。

急流槽的砌筑应使自然水流与涵洞进、出口之间形成一个过渡段，基础应嵌入地面以下，基底要求砌筑抗滑平台并设置端护墙。路堤边坡急流槽的修筑，应能为水流入排水沟提供一个顺畅通道，路缘石开口及流水进入路堤边坡急流槽的过渡段应连接圆顺。

5. 拦水缘石

为避免高路堤边坡被路面水冲毁，可在路肩上设拦水缘石，将水流拦截至挖方边沟或在适当地点设急流槽引离路基。与高路堤急流槽连接处应设喇叭口。设拦水缘石路段的路肩宜适当加固。

6. 蒸发池

蒸发池是指在气候干燥地区的排水困难地段，于公路两侧每隔一定距离，为汇集边沟流水任其蒸发所设置的积水池。一般蒸发池边缘距路基边沟外缘的距离应以保证路基的稳定和安全为原则，并不应小于 5 m，湿陷性黄土地区不得小于湿陷半径。且池中设计水位应低于排水沟的沟底。池的容积按汇水流量决定，一般应以一个月内路基汇流入池中的雨水能及时完成渗透与蒸发作为设计依据。深可达 1.5～2.0 m，池周围可用土埂围护，防止其他水流进入池内。蒸发池应视具体情况采取适当的防护加固措施，并注意其设置不应使附近地面盐渍化或沼泽化。蒸发池的施工应符合下列规定。

(1) 用取土坑作蒸发池时与路基坡脚间的距离不应小于 5～10 m。面积较大的蒸发池至路堤坡脚的距离不得小于 20 m，坑内水面应低于路基边缘至少 0.6 m。坑底部应做成两侧边缘向中部倾斜 0.5%的横坡。取土坑出入口应与所连接的排水沟或排水通道平顺连接。当出口为天然沟谷时，应妥善导入沟谷内，不得形成漫流，必要时予以加固。

(2) 蒸发池的容量不宜超过 200～300 m^2，蓄水深度不应大于 1.5～2.0 m。池周围可用土埂围护，防止其他水流入池中。蒸发池的设置不应使附近地区泥沼化及影响当地环境卫生。

二、地下水的排除

路基是路面的根基。这就要求路基经常保持干燥状态，具有足够的强度和稳定性，才能保证路面的承载能力，使路面不产生变形和破坏。在影响路基强度，造成路面破坏的诸因素中，无不与地下水和地面水的存在有关。因此，在修筑公路时，必须要十分重视路基的排水。

1. 路基地下水的影响

在一般情况下，汽车荷载的作用区域（即车轮荷载的传递深度）达 1.2～1.5 m，对特重型汽车而言，作用区域可达 3.0 m。也就是说，路面以下 3.0 m 深度范围内的路面结构层和土基，是特重车荷载的持力层。根据水文地质学资料可以看出，路基的持力层往往是土基毛细水的活动层。持力层的厚度大于路面厚度与路基临界状态是保证路基稳定的关键。为了防止地下水淹没或毛细水浸润路基，必须对路基地下水位降低到持力层以下，才能确保路基强度，延长路面的使用时间。

在山区和丘陵地区，路堑往往都是基岩路基，养护部门每年都要花费很多人力、物力去处理这些路段的路基病害。究其原因，一方面是没有考虑好排除路基地下水问题，尤其是垭口地带的地下水较多，且为较集中的地带，湿度比一般地带大得多，水分不易蒸发。同时，垭口路堑在路线的横断面上，是处于最低位置，多数垭口都是构造断层存在的地带，岩体最不完整，往往富含地下水。这些地带也是最潮湿，最容易汇集地面水和地下水，水文地质条件最差。当垭口山体较薄时，地下水相应较少，路基病害也相应较轻；当山体厚度较大时，因地形开阔，汇水面积大，地下水量较大，水位一般较浅。特别是深而长的路堑，穿切含水地层较厚、较宽，汇于路基中的地下水量就大，路基病害就特别严重。如果路堑是通过平缓、开阔地形，地层多属于亲水性岩土。路堑往往处于风化带内，岩层节理裂隙发育，岩体破碎，多含基岩裂隙水和第四纪潜水。裂隙水在旱季时流量小，甚至处于干涸状态；雨季时由于大气降水量下渗，形成季节性裂隙水或潜水，并通过路堑两侧边坡向路床汇集。如果地下水不能及时排除，将使路基强度迅速下降，久而久之，就会产生湿软弹簧和翻浆，形成路基病害。另一方面，挖方路基一般都是采用爆破方法明挖而成，到接近路基标高时不是欠挖留有炮跟，就是超炸，往往使路床形成深浅不一，规模不等的爆破坑槽，造成路基软硬不均，密实程度各异。爆破坑槽往往积水形成鸡窝状浓包，是造成路基湿软弹簧、产生不均匀沉陷甚至翻浆的重要原因。

2. 地下水的排除方法

排除路基地下水的方法宜用拦截、汇集、隔离和导流等形式。在某些情况下，还需降低地下水位。由于地下排水结构物的构造一般都比地面排水结构复杂、维修、改建较困难，所以，设计和施工都应特别精心，以免建成后使结构物失效而酿成后患。

(1) 用土工布作隔离层排除路基地下水。土工布宜用于地下水位较浅的饱水松软地基，尤其是沼泽化湿地，海洋和湖泊沉积的细颗粒泥沼地基。土工布能均匀分布车轮荷载，增强土基模量，减小车重对地基的应力集中，隔离地下水向路基反渗，减小孔隙压力，过滤由车重作用引起的细粒土或泥浆随水上翻，使之加速固结，让土基趋于密实，提高土的内摩擦角和内聚力，增加路基承载力。

(2) 利用天然砂砾排除路基地下水。在砂砾料丰富的地区，可以就地取材，在路基上铺筑厚度不少于 20 cm 的透水性和水稳性都较好的天然砂砾，可以隔离毛细水和排除地下水。砂砾层既可以作切断毛细水，疏于路基水分，又提高路基强度和防止翻浆作用。

(3) 盲沟排除地下水。用盲沟排除地下水，宜用于浅层裂隙水路段，多用于山岭垭口路段。但是，盲沟工艺烦琐，尤其不适合机械化施工，一般不宜多用。

(4) 暗沟排水。暗沟的作用主要是把路基范围内的泉水和较集中的裂隙水排到路基范围以外去，使其不在路基中扩散而为害路基。暗沟出口处应高于路外排水沟最高水位，一般不得小于 20 cm，防止排水沟倒灌。

(5) 渗水排水。渗沟是公路路基最常见的一种地下排水沟渠，根据地下水分布情况，可设置在边沟、路肩、路基中线以下或路基上侧山坡适当位置，当地下水埋藏较浅或有固定含水层时宜采用渗沟。

渗沟排水，宜用于地下水位较浅，又能较好地解决出口位置的挖方路基。渗沟底宽以满足排除地下水最大流量为原则。渗沟深度一般大于 2 m，主要用来吸收降低地下水位，汇集和拦截流向路基的地下水，并将其排除路基范围之外，使路基土保持干燥，不致因地下水成害。

根据构造的不同，渗沟可分为填石渗沟（盲沟）、管式渗沟和洞式渗沟三类，如图 3-14 所示。

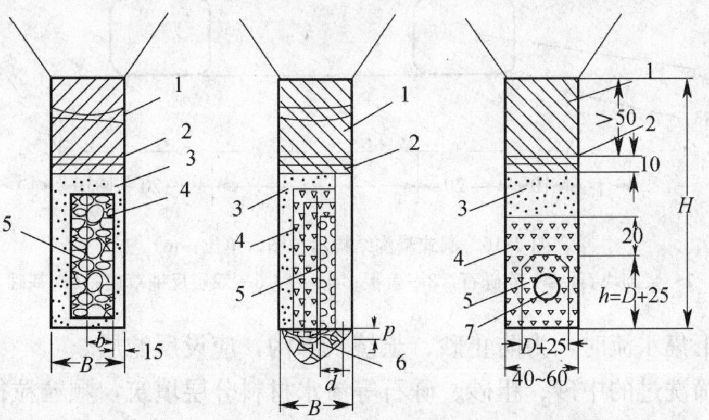

图 3-14　渗沟结构图示

(a) 盲沟式；(b) 洞式；(c) 管式

1—黏土夯实；2—双层反铺草皮；3—粗砂；4—石屑；5—碎石；6—浆砌片石沟洞；7—预制混凝土管

①填石渗沟：一般用于流量不大、渗沟不长的地段，是常用的一种渗沟。其最小纵坡不宜小于1%，无砂混凝土渗沟、管式及洞式渗沟最小纵坡不宜小于0.5%，渗沟出口段宜加大纵坡，出口处宜设置栅板或端墙，出水口应高出地表排水沟槽常水位0.2 m以上。

②洞式渗沟：用于地下水流量较大，或缺乏水管的情况。

③管式渗沟：设于地下引水较长的地段，渗沟纵向长度应不大于250～350 m。若渗沟过长时，加设横向泄水管，将纵向渗沟内的水流，迅速地分段排除。

- 渗沟的构造

渗沟由排水层（或管、洞）、反滤层、封闭层组成。

①排水层（或管、洞）。填石渗沟的排水层，可采用石质坚硬的较大碎石或卵石（粒径3～5 cm）填充，以保证具有足够的空隙度排除设计流量。

洞式渗沟的排水层采用浆砌片石砌洞，其作用与水管相仿，能排较大水流。图可参照3-15所示。

管式渗沟的泄水管一般采用混凝土预制管，或用陶土、石棉等材料制成，管壁应设泄水孔并交错布置，间距不宜大于20 cm。

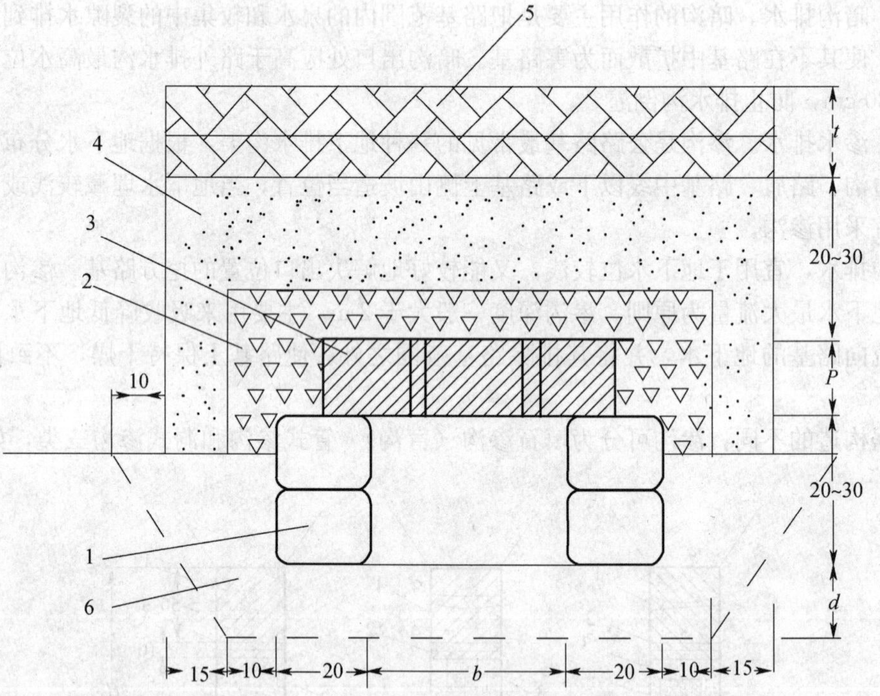

图3-15　洞式渗沟结构示意图（单位：m）

1—浆砌块石；2—碎砾石；3—盖板；4—砂；5—双层反铺草皮；6—基础

②反滤层。汇集水流时，为防止砂、土挤入渗沟，应设反滤层。

反滤层应用筛洗过的中砂、粗砂、砾石等渗水材料分层填筑，颗粒粒径由上而下，自外向内逐渐增大，相邻层的粒径一般不小于1∶4，每层厚度不小于15 cm或采用渗水土工织物作反滤层。

③封闭层。为防止地面水流入渗沟，渗沟顶部应设封闭层。封闭层可用双层反铺草皮或用其他材料铺成隔层，并在其上夯填厚度不小于0.5 m的防水层或用浆砌片石筑成。

● 渗沟的施工技术要求

①边坡渗沟、支撑渗沟应垂直嵌入边坡坡体，其平面形状宜采用条带形布置；对于范围较大的潮湿坡体，可采用增设支沟的分岔形布置或拱形布置。地下水位较高、水量较大的填挖交界路段和低填方路段应设置渗沟，以保证路基处于干燥或中湿状态。

②一般沟深在 2 m 以内，宽度为 0.6～0.8 m；沟深 3～4 m，宽度不小于 1.0 m。填石渗沟纵坡不宜小于 1%，洞式及管式渗沟不宜小于 0.5%。渗沟出水口必须保证水流顺畅，出口如在路基附近，需防止水流停滞或冲刷路基边坡；冰冻地区的渗沟出口应采取措施，如加大出口沟底纵坡，设保温层等，以保证水流不致冻结。

③渗沟基底一般均埋入不透水层，沟壁一侧设反滤层汇集水流，而另一侧采用黏土夯实或 50 号砂浆浆砌片石，拦截水流。若含水层较厚，沟底不能埋入不透水层，沟壁两侧均应设置反滤层。

④填充料（砂石料）颗粒小于 0.15 mm 的含量不应大于 5%，禁止用粉砂、细砂及风化石料填筑。泄水管可用陶土、混凝土或石棉水泥材料制成。为保证向管内渗水，集水部分排水管管壁应设渗水孔眼、缝隙或间隙，沟底用干砌片石铺砌，若渗沟沟底深入不透水层，则用浆砌片石或混凝土铺筑。

⑤洞式渗沟，沟底纵坡坡度较大时，宜做成台阶式并铺防渗层，当地下水流量较大且范围较广，而且当地石料比较丰富时，可采用石砌方洞。排水洞大小依设计流量而定，一般为 20～40 m。洞顶可加设带泄水小孔的混凝土盖板或用条石铺砌，条石间设空隙，以利集水。

⑥渗沟反滤层施工时，用木板将各层反滤材料组成垂直层，其高度视渗沟的填充高度而定，填筑完了后，将木板抽出。

（6）深边沟排水。深边沟的作用是汇集和排除路基范围的路基地下水及流向路基的小量地面水，不宜与其他沟渠合并使用。

3. 排水沟和暗沟施工应符合的规定

（1）当地下水位较高，潜水层埋藏不深时，可采用排水沟或暗沟截流地下水及降低地下水位，沟底宜埋入不透水层内。沟壁最下一排渗水孔（或裂缝）的底部直高出沟底不小于 0.2 m。排水沟或暗沟设在路基旁侧时，宜沿路线方向布置，设在低洼地带或天然沟谷处时，宜顺山坡的沟谷走向布置。排水沟可兼排地表水；在寒冷地区不宜用于排除地下水。

（2）排水沟或暗沟采用混凝土浇筑或浆砌片石砌筑时，应在沟壁与含水地层接触面的高度处，设置一排或多排向沟中倾斜的渗水孔。沟壁外侧应填以粗粒透水材料或土工合成材料作反滤层。沿沟槽每隔 10～15 m 或当沟槽通过软硬岩层分界处时应设置伸缩缝或沉降缝。

（3）渗沟的施工：渗沟有填石渗沟、管式渗沟和洞式渗沟三种形式，三种渗沟均应设置排水层（或管、洞）、反滤层和封闭层。

（4）填石渗沟的施工：填石渗沟通常为矩形或梯形，在渗沟的底部和中间用较大碎石或卵石（粒径 3～5 cm）填筑，在碎石或卵石的两侧和上部，按一定比例分层（层厚约 15 cm），填较细颗粒的粒料（中砂、粗砂、砾石）作成反滤层，逐层的粒径比例大致按 4∶1 递减。砂石料颗粒小于 0.15 mm 的含量不应大于 5%。用土工合成材料包裹有孔的硬塑管时，管四周填以大于塑管孔径的等粒径碎石、砾石，组成渗沟。顶部作封闭层，用双层反铺草皮或其他材料（如土工合成的防渗材料）铺成，并在其上夯填厚度不小于 0.5 m 的黏土防水层。

填石渗沟的埋置深度，应满足渗水材料的顶部（封闭层以下）不得低于原有地下水位的要求。当排除层间水时，渗沟底部应埋于最下面的不透水层上。在冰冻地区，渗沟埋深不得小于当地最小冻结深度。填石渗沟只宜用于渗流不长的地段，且纵坡不能小于1%，宜采用5%。出水口底面标高，应高出沟外最高水位0.2 m。

(5) 管式渗沟适用于地下水引水较长、流量较大的地区。当管式渗沟长度100～300 m时，其末端宜设横向泄水管分段排除地下水。管式渗沟的泄水管可用陶瓷管、混凝土、石棉、水泥或塑料等材料制成，管壁应设泄水孔，交错布置，间距不宜大于20 cm。渗沟的高度应使填料的顶面高于原地下水位。沟底垫枕材料一般采用干砌片石；如沟底深入到不透水层时宜采用浆砌片石、混凝土或土工合成的防水材料。

(6) 洞式渗沟适用于地下水流量较大的地段，洞壁宜采用浆砌片石砌筑，洞顶应用盖板覆盖，盖板之间应留有空隙，使地下水流入洞内，洞式渗沟的高度要求同管式渗沟。渗沟的平面布置，除路基边沟下（或边沟旁）的渗沟应按路线方向布置外，用于截断地下水的渗沟的轴线均宜布置成与渗流方向垂直。用作引水的渗沟应布置成条形或树枝形。

(7) 渗沟沟内用做排水和渗水的填充料常用的有碎石、卵石和粗砂等，使用前需经筛选和清洗。渗沟的出水口宜设置端墙，端墙下部留出与渗沟排水通道大小一致的排水沟，端墙排水孔底面跟排水沟沟底的高度不宜小于0.2 m，在寒冷地区不宜小于0.5 m。端墙出口的排水沟应进行加固，防止冲刷。

(8) 渗沟顶部应设置封闭层，封闭层通常采用浆砌片石、干砌片石水泥砂浆勾缝，用黏土夯实，厚约50 cm，下面铺双层反铺草皮或铺土工布。寒冷地区沟顶填土高小于冰冻深度时，应设置保温层，并加大出水口附近纵坡。保温层可采用炉渣、砂砾、碎石或草皮铺筑。渗沟排水层（或管、洞）与沟壁之间应设置反滤层。反滤层应选用颗粒大小均匀的砂、石材料分层埋填，相邻两层的颗粒直径比例不宜小于1∶4。

(9) 渗沟基底应埋入不透水层，渗沟沟壁的一侧应设反滤层汇集水流，另一侧用黏土夯实或浆砌片石拦截水流。如含水层很厚，沟底不能深入不透水层时，两侧沟壁均应设置反滤层。渗沟的开挖宜自下游向上游进行，并应随挖随即支撑和迅速回填，不可暴露太久，以免造成坍塌。支撑渗沟应间隔开挖。

(10) 当渗沟开挖深度超过6 m时，需选用框架式支撑，在开挖时自上而下随挖随加支撑，施工回填时应自下而上逐步拆除支撑。为检查维修渗沟，每隔30～50 m或在平面转折和坡度由陡变缓处宜设置检查井。检查井一般采用圆形，内径不小于1.0 m，在井壁处的渗沟底应高出井底0.3～0.4 m，井底铺一层厚0.1～0.2 m的混凝土。井基如遇不良土质，应采取换填、夯实等措施。兼起渗井作用的检查井的井壁，应在含水层范围设置渗水孔和反滤层。深度大于20 m的检查井，除设置检查梯外，还应设置安全设备。井口顶部应高出附近地面约0.3～0.5 m，并设井盖。

4. 排水渗井

在平坦地区，当路基附近的地面水或浅层地下水无法排除，如距离地面不深处有渗透性土层，而且地下水背离路基或较深，可设置渗井，将地面水或地下水经渗井通过不透水层中的钻孔流入下层透水层中排除。

渗井施工比较麻烦，造价较高，因易淤塞故一般不宜采用，确因地面水较多而地下水较为困难时，再与其他方案做经济技术比较，有条件地进行选用。

渗水井的构造：渗井上部为集水结构，下部为排水结构。

（1）上部构造。渗井断面一般采用直径为0.7 m圆形，或0.6～1.0 m的方形。渗水井的顶部四周（进口除外）用黏土夯实筑堤围护，顶部加筑混凝土盖。

（2）下部结构。渗水井的下部，必须穿过不透水层而深达透水层，井内填充砂石料。

（3）渗井结构图，如图3-16所示。

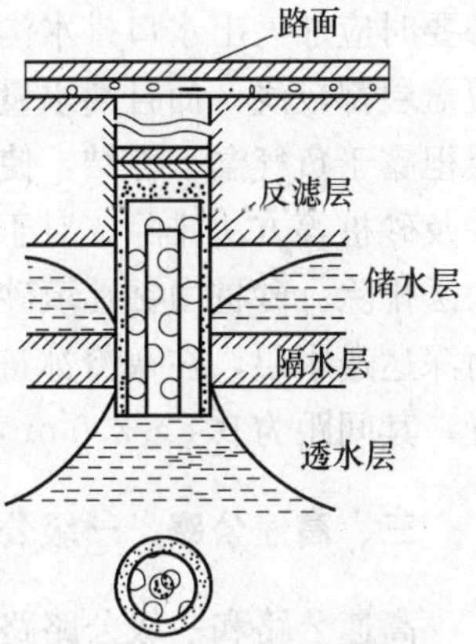

图3-16　渗井结构与布置

排水渗井施工应符合下列规定：

①当路基附近的地面水或浅层地下水无法排除，影响路基稳定时，可设置渗井，将地面水或地下水经渗井通过不透水层中的钻孔流入下层透水层中排除。

②渗井直径50～60 cm，井内填充材料按层次在下层透水范围内填碎石或卵石，上层不透水层范围内填砂或砾石，填充料应采用筛洗过的不同粒径的材料，应层次分明，不得粗细材料混杂填塞，井壁和填充料之间应设反滤层。

③渗井离路堤坡脚不应小于10 m，渗井顶部四周（进口部分除外）用黏土筑堤围护，井项应加筑混凝土盖，严防渗井淤塞。

渗池与暗管通常是由渗池汇集山坡地下水，再由暗管配合排出。这种形式适用于一般寒冷地区和严寒地区，并要求渗池与暗管埋设于当地冰冻线以下的土层中。渗池多采用矩形，其中间填片石或块石，四周填粗砂、砾石作反滤层，池底及与水源不接触的壁面采用草皮、黏土做成隔水层，渗池顶面应高于含水层顶面20 cm，暗管底面应低于含水层底面。暗管可用陶瓷管、瓦管、混凝土管或塑料管制成，暗管纵坡不得小于0.5%，管底应用碎（砾）石及粗砂垫平，管四周的填土应夯实。

在承压地下水或地下水很多的地方修筑路基时可用土工织物在原地面与路基交界处设排水隔离层，也可以在路基内部设排水隔离层，把地下水引入边沟，把从路面浸透来的水隔离，隔离层的合成纤维土工织物，其最小抗拉强度不应小于50 Pa。土工织物铺在地面上，用木桩或石块固定就位，其搭接长度纵向和横向宜为100 cm。在土工织物上的铺筑材料要求选用矿渣、碎石或砾石，其最大粒径为30 cm，通过20 mm筛孔的材料不得大于10%，通过0.074 mm筛孔的材料其塑性指数不得超过6%。铺筑材料采用重型机械压实，其最小厚度为50 cm。排水隔离层顶面需高出地下水位30 cm以上，隔离层的施工方法应使下层土扰动最小。

为了改善渗沟的排水功能并提高其耐久性，管式渗沟可用土工织物包裹带渗水孔的渗管。洞式渗沟可用土工织物铺在盖板上，以阻止砂土流入渗沟。渗沟或渗沟的排水层、反滤层填充料可用土工织物包裹起来与沟外砂土隔离，使其增加使用年限和增强排水效果。

对于一般地区，埋深较浅的承压水可采用在承压水出口处抛填片石或用混凝土预制块扣压等消能措施，使其变为无压水流后再采用排水沟或渗沟排除，也可采用排水隔离层把承压水引入排水沟。埋藏于两个隔水层之间的含水层中的重力水，在一般地区可根据不同的含水情况和压力情况采用渗沟、排水渗井及渗池和暗管等方法排除。在寒冷地区埋藏于冻土层以下的承压水如果因地形或其他条件所限，排水设施未能埋设于当地冰冻深度以下时，上层填土应采取保温措施。与排水设施出水口相连接的沟槽应作成保温沟。

保温沟是在沟槽顶部设保温覆盖层，其布设范围应在排水设施的出口向外延伸 2～5 m，必要时应加大出水口排水沟纵坡，使出口水流速度较快不致冻结。在山坡较平缓，含水层和覆盖层都较浅，而且涌水量、动水压力都不大的情况下，可在覆盖层中挖掘冻结沟，使含水层袒露于负气温下冻结，使水源封冻于路基以外。埋深较浅的积聚水，可采用渗沟、排水渗井及砂桩等方法排除。对于深层积聚水如对路基造成危害可采用深埋（深度大于 60 m）渗沟法排除。砂桩由钻孔填砂而成，其直径一般为 15～20 cm，砂桩的深度必须穿过不透水层而深达透水层，在寒冷冰冻地区砂桩底部应在冰冻线以下 30 cm，砂桩平面应按梅花形布置，其间距为 0.5～2.0 m。

三、高速公路、一级公路的路基排水

高速公路和一级公路路面汇水面积大，特别是在弯道段，降雨时中央分隔带附近聚水较多，路基施工应严格按设计要求，认真做好这一部分临时或永久性的排水沟渠管线，确保水流迅速排出路基以外。立交区和下穿通道桥的排水：立交区和下穿通道是雨季容易积水成塘和冬季容易形成冰湖的两个区域，对路基的强度和稳定性影响较大，排除地面水和地下水的各种设施要严格按设计位置、标高和断面尺寸认真施工，同时应按设计规定设置集水井，在雨季宜采用集中抽水的措施。

高速公路和一级公路宜在紧贴硬路肩部分设立拦水缘石，在适当长度内设置出水口配合急流槽将路表水排于路基之外。当边坡有加固设施或者该地区年降雨量小且无暴雨径流产生时，在确保边坡稳定的情况下，也可以让路面水散排于路基之外。高速公路、一级公路的填方路基坡脚处，宜设置坡脚排水沟，排水沟距路基坡脚不宜小于 2 m。

第二节　路基防护

路基防护工程是防止水流、波浪、雨水、风力、不良水文地质和其他因素对路基形成的危害，保证路基稳定，改善环境景观，保护生态平衡的重要设施。其类型分类如下。

1. 边坡坡面防护

坡面防护，主要是保护路基边坡表面，免受雨水冲刷，减缓温差及温度变化的影响，防止和延缓软弱岩土表面的风化、碎裂、剥蚀演变进程，从而保护路基边坡的整体稳定性，在一定程度上还可美化路容，协调自然环境。

(1) 植物防护：种草、铺草皮、植树。

(2) 工程防护（矿料防护）：框格防护、封面、护面墙、干砌片石护坡、浆砌片石护坡、浆砌预制块护坡、锚杆钢丝网喷浆、喷射混凝土护坡。

2. 沿河河堤河岸冲刷防护

(1) 直接防护：植物、砌石、石笼、挡土墙等。

(2) 间接防护：丁坝、顺坝等导流构造物以及改河营造护林带。

一、各种防护工程适用条件

1. 植物防护

(1) 种草防护适用于边坡稳定，坡面受雨水冲刷轻微，且易于草类生长的路堤与路堑边

坡。播种方法有撒播法、喷播法和行播法。当前推广使用的两种新方法是湿式喷播技术和客土喷播技术。

(2) 铺草皮适用于需要迅速绿化的土质边坡。草皮护坡铺置形式有平铺式、叠铺式、方格式和卵（片）石方格式四种。

(3) 植灌木与种草、铺草皮配合使用，使坡面形成良好的防护层，适用于土质边坡和膨胀土边坡，但对盐渍土经常浸水、经常干旱的边坡及粉质土边坡不宜采用。

二、工程防护

(1) 框格防护适用于土质或风化岩石边坡进行防护，框格防护可采用混凝土、浆砌片（块）石、卵（砾）石等做骨架，框格内宜采用植物防护或其他辅助防护措施。

(2) 封面包括抹面、捶面、喷浆、喷射混凝土等防护形式。

①抹面防护适用于易风化的软质岩石挖方边坡，岩石表面比较完整，尚无剥落。

②捶面防护适用于易受雨水冲刷的土质边坡和易风化的岩石边坡。

③喷浆和喷射混凝土防护适用于边坡易风化、裂隙和节理发育、坡面不平整的岩石挖方边坡。

(3) 护面墙用于封闭各种软质岩层和较破碎的挖方边坡以及坡面易受侵蚀的土质边坡。用护面墙防护的挖方边坡不宜陡于 1∶0.5，并应符合极限稳定边坡的要求。护面墙分为实体、窗孔式、拱式等类型，应根据边坡地质条件合理选用。

(4) 石砌护坡。

①干砌片石护坡适用于易受水流侵蚀的土质边坡、严重剥落的软质岩石边坡、周期性浸水及受水流冲刷较轻（流速小于 2～4 m/s）的河岸或水库岸坡的坡面防护。

②浆砌片（卵）石护坡适用于防护流速较大（3～6 m/s）、波浪作用较强，有流水、漂浮物等撞击的边坡。对过分潮湿或冻害严重的土质边坡应先采取排水措施再行铺筑。

③浆砌预制块防护适用于石料缺乏地区。预制块的混凝土强度不应低于 C15。

(5) 锚杆铁丝网喷浆或喷射混凝土护坡适用于直面为碎裂结构的硬岩或层状结构的不连续地层，以及坡面岩石与基岩分离并有可能下滑的挖方边坡。

三、土工织物防护

(1) 挂网式坡面防护适用于风化碎落较严重的岩石边坡。

(2) 土工织物复合植被防护的典型形式是三维土工网（垫）植草防护，主要适用于边坡坡度缓于 1∶1，边坡高度小于 3 m 的土质边坡。

(3) 其他土工织物防护有草坪植生带、适用于破碎或易风化破碎的岩石路堑边坡的锚杆挂高强塑料网格喷浆（喷射混凝土），以及土工织物作反滤层的护坡。

四、路基冲刷防护工程

1. 直接防护

路堤冲刷主要是洪水急流，水位变迁不定时，植树与石砌防护失效，可采用以下防护措施（水流速度较大，达到 3.0 m/s 或更高）。

(1) 抛石：用于经常浸水且水深较大的路基边坡或坡脚以及挡土墙、护坡的基础防护。

抛石一般多用于抢修工程。

(2) 石笼：沿河路堤坡脚或河岸，当受水流冲刷和风浪侵袭，且防护工程基础不易处理或沿河挡土墙、护坡基础局部冲刷深度过大时，可采用石笼防护。

2. 间接防护

间接防护有护坝、丁坝、顺坝和改移河道、坡体上施工。

防护工程的砂浆、混凝土，应用机械拌和，不应直接在砌体面上或路面上以人工拌和。并应随拌随用。

五、坡面防护施工

坡面防护包括植物防护和工程防护，施工必须适时、稳定，防止水、气温、风沙作用破坏边坡的坡面。

植物防护一般采用铺草、种草和植灌木（树木）形式，应根据当地气候、土质、含水量等因素，选用易于成活、便于养护和经济的植物类种。铺、种植物时，应满足下列要求：

①坡面应平整、密实、湿润。

②铺、种植物后，应适时进行洒水施肥、清除杂草等养护管理，直到植物成长覆盖坡面。

铺草皮防护：适用于各种土质边坡。宜选用带状或块状草皮，规格大小视施工情况确定，草皮厚度值为 10 cm。铺设时，应由坡脚向上铺钉，用尖木（或竹）桩固于土质边坡上。可根据具体情况选用平铺、叠铺或方格式铺等形式。当坡面设有圬工骨架在其内铺草皮时，骨架应嵌入坡面，表面应与草皮衔接。

种草防护：适用于边坡稳定、坡面冲刷轻微的路堤与路堑边坡。草籽应均匀撒布在已清理好的土质坡面上，同时做好保护措施。对不利于草类生长的土质，应在坡面先铺一层10～15 cm的种植土。路堑边坡较陡或较高时，可通过试验采用草籽与含肥料的有机质泥浆混合，喷射于坡面。

灌木（树木）防护：适用于土边坡。栽植方法按设计要求施工，但应注意栽植季节。高速公路、一级公路的边坡上，严禁种植乔木。

工程防护适用于不宜于草木生长的陡坡面。一般采用抹面、捶面、喷浆、勾（灌）缝、坡面护墙等形式。在施工前，应将坡面杂质、浮土、松动石块及表层风化破碎岩体等清除干净；当有潜水露出时，应作引水或截流处理。抹面、捶面防护施工，应符合：

①使用抹面砂浆和捶面多合土的配合比应经试抹、试捶确定，保证能稳固地密贴于坡面。

②岩体的表面要冲洗干净；土体的表面要平整、密实、湿润。

③抹面宜分两次进行，底层抹全厚的 2/3，面层抹全厚的 1/3，捶面应经拍（捶）打使与坡面紧贴。厚度均匀，表面光滑。

④在较大面积上抹（捶）面时，应设置伸缩缝，其间距不宜超过 10 m。

喷浆、喷射混凝土（或带锚杆铁丝网）防护施工前，坡面如有较大裂缝，凹坑时应先嵌补牢实，使坡面平顺整齐；岩体表面要冲洗干净，土体表面要平整、密实、湿润。锚杆孔应冲洗干净，然后插入锚杆，用水泥砂浆固定。铁丝网应与锚杆连接牢固，均不得外露，并与坡面保持设计规定的间隙。喷层厚度应均匀，喷后应养护 7～10 天，喷层周边与未防护坡面的衔接处应作好封闭处理，并按有关规定留够试件。

采用勾缝、灌缝对岩体坡面防护时，施工前应将缝内冲洗干净。岩体节理多而细者，宜用勾缝，砂浆应嵌入缝中，与岩体牢固结合。缝宽较大，宜用砂浆灌缝，体积比可用1∶4或1∶5，插捣密实，灌满到缝口抹平。缝宽而深，宜用混凝土灌缝，体积比可用1∶3∶6或1∶4∶6振捣密实，灌满至缝口抹平。

坡面护墙防护施工时坡面应平整、密实、线形顺适。局部有凹陷处，应挖成台阶后用与墙身相同的圬工找干。墙基应坚固可靠，并埋至冰冻线以下0.25 m。当地基软弱时，应采取加深或加强措施。墙面及两端面砌筑平顺。墙背与坡面密贴结合。墙顶与边坡间缝隙应封严。局部坡面镶砌时，应切入坡面，表面与周边平顺衔接。砌体石质坚硬。浆砌砌体砂浆和干砌咬扣都必须紧密、错缝，严禁通缝、叠砌、贴砌和浮塞。砌体勾缝应牢固、美观。每隔10～15 m宜设一道伸缩缝。应做好伸缩缝和泄水孔。

植物防护的标准规模及检查项目等应按路基设计及环境保护设计规定执行：工程防护所用各种胶结材料和石质的强度均应达到设计要求，并按交通部现行《公路工程质量检验评定标准》有关规定进行检查。喷层厚度检查时，每50 m长度内上、中、下部应各任意抽测一处，厚度均不应小于设计的90%。进行砌体检查时，厚度每100 m^2 检查3处，不应小于设计规定值；顶面高程每50 m测评3处，允许偏差±5 cm；平面位置每50 m检测3处，允许偏差±5 cm；坡面平整度用2 m直尺任意抽检不大于2 cm。

六、路基冲刷防护施工

路基冲刷防护包括坡岸防护、导流构造物防护和其他防护。各种防护都必须加强基础处理和圬工质量，防止水流冲刷和淘空，保证路基稳定。

路基边坡的坡岸防护有干、浆砌片石和混凝土板形式。开挖基坑时，应核对地质情况。基础底面必须放置在设计高程上，基础完成后应及时用稳定性材料回填。做好施工原始记录。坡面密实、平整、稳定后，方可铺砌（包括垫层）。铺砌时应自下而上进行，砌块应交错嵌紧，严禁浮塞。砂浆在砌体内必须饱满、密实，不得有悬浆。使用的砂浆或混凝土必须有配合比和强度试验，并按有关规定留够试件。石质强度应符合设计要求。

坡岸砌体两端及顶部边坡或岩坡衔接应牢固、平顺、密贴。防止水进入坡岸背面。分段施工时，每隔10～15 m宜设一道伸缩缝；基底土质变化处应设沉降缝，并做好伸缩、沉降缝及泄水孔。泄水孔后面，应设置反滤层。采用片石干砌时，不得大面平铺，石块应彼此交错搭接，不得松动。采用河卵石时，必须长方向垂直于坡面，成横行栽砌牢固。铺砌混凝土板时采用的预制混凝土板，应按设计规格和要求检验合格。采用就地浇筑混凝土板时，宜在混凝土中加入速凝剂，以加快早期强度。并应注意在表面收浆时抹面，做到平整、光滑。

为改变水流方向、调节水流速度，保护路基、导流构造物，一般采用顺坝和丁坝为主要形式。组织施工前应慎重研究施工方案，避免工期过长而引起沿岸农田、村庄和上、下游路基的冲刷。导流构造物施工时，应周密调查核对坝址情况，如其地质、河道、水文条件在核查时或在施工中发生新的变化，应及时修改设计并报有关部门批准后方可施工。导流构造物施工，应处理好坝根与相连地层或其他防护设施的嵌接。

梢料防护是一种临时性的防护措施，宜采用平铺柴束护坡及柴束墙等形式。柴束长度、重量视情况确定，必须使柴束间紧固，保证柴束整体性。

防水林带防护，即在沿河路基边坡外河滩地上种植防水林带，能起到河水导流、防浪，减速淤滩和固滩，达到防护河岸使路基稳固的作用。林带平面布置，以多行带状或梅花式为宜；防护河岸路基或防御风浪侵蚀，宜采用横行带状；防护桥头引道路堤，宜采用纵行带状。

综合防护，以上工程措施与植物防护相结合，因地制宜的综合治理。

七、其他加固工程施工

(1) 石笼防护：编笼应采用镀锌铁丝。基脚部分宜用箱形笼，边坡部分宜用圆筒形笼。笼装石块直径应大于笼网孔径。较大石块应装在笼的边部，较小石块可装在中部。石笼基底应大致平整，较小孤石应予清除。安置石笼应做到位置正确、搭叠衔接稳固、紧密，保证其整体作用。

(2) 抛石防护：所抛石料应选用质地坚硬、耐冻且不易风化崩解。抛石粒径应选择与当地水深与流速相适应，其粒径应大于0.3 m，并小于设计要求抛石厚度的1/2。除防洪抢险外，应在干枯水季节施工。抛石时，宜用不小于计算尺寸的大小不同的石块掺杂抛投，使抛石保持一定的密实度。抛石堆的顶宽、边坡、结构形式及长度，应按设计规定实施。如采用嵌固的抛石防护类型，宜采用打桩嵌固方法，加固效果较好。

(3) 干砌边坡（砌石）因其所能承受的侧压力较小，故墙后填石应经过整理堆砌，严禁抛填，并应在地基良好的情况下使用。砌体宜用0.3～0.5 m以上的块（片）石，干砌边坡表面应平整，并向内倾斜；如遇坚石可挖成台阶。支垛护脚可用于支撑路堤坡脚或防护路堤坡免受冲刷，应按设计要求施工，当采用干砌片石时，外侧边坡度宜用1∶1，当边坡不高且由较大的平整石块砌筑时，可为1∶0.75。支垛基础应有适当的入土深度，基底应整平或挖成较宽的台阶，石垛应彼此嵌紧。

(4) 排桩透水坝，单排的多用于比较顺直的河岸，双排桩则用于河湾的凹岸，后面填以石块或梢料柴束，在排桩上宜附加各种网格建筑物。排桩宜建成非淹没式的。在排桩的后面应堆放石块、种植灌木或隔一定的距离设置一个不透水的丁坝。码槎可作为透水性护岸建筑物，常建成菱形架或三角架的码槎。菱形架一般用三根等长的角钢、木料、钢筋混凝土或其他材料，在中点捆紧，使其三轴互相垂直，用缆索把各个单元连接起来，两端固定。并按设计要求进行布设。三脚架系用钢筋混凝土做成三角锥体支架，填压石料或梢料而成。当所在河段流速大，河床泥沙颗粒小时，三脚架的尺寸应大，填石料或梢料应重。

(5) 滞水坝是当透水坝直接修建于河岸的坡脚处，并与河岸平行布置而修筑的构造物，也可用土或石块修建成实体的堤，借其减速淤沙或将水流挑离河岸，以防护坡岸。

改河工程应通盘安排，按计划步骤在枯水时期施工。一个旱季不能完成的改河工程，应妥善作好防洪措施。河道开挖应先挖好中段，然后再挖两端。必须经检查确认新河床工程已符合要求时，方可挖通其上游河段。利用开挖新河道的土石填平河道时，在新河道未通流前，不得堵断旧河道，应保持有适量的流水断面。通流时，改河上游进口河段的河床纵坡可稍大于设计坡度，不得小于设计坡度。河床加固设施及导流构造物的施工进度应合理，及时配套完成。

第三节　路基加固

路基加固工程的主要功能是支撑天然边坡或人工边坡以保持土体稳定或加强路基强度和稳定性，以及防护边坡在水温变化条件下免遭破坏。按路基加固的不同部位分为：坡面防护加固、边坡支挡、湿弱地基加固 3 种类型。

（1）坡面防护加固：路基防护中均有加固作用。

（2）边坡支挡：包括路基边坡支撑和堤岸支撑。

①路基边坡支撑：护肩墙、护坡、护面墙、护脚墙、挡土墙。

②堤岸支撑：驳岸、浸水挡墙、石笼、抛石、护坡、支垛护脚。

（3）湿弱地基加固：辗压密实、排水固结、挤密、化学固结、换填土。

一、常用路基挡土墙

1. 重力式挡土墙

重力式挡土墙依靠圬工墙体的自重抵抗墙后土体的侧向推力（土压力），以维持土体的稳定，是我国目前最常用的一种挡土墙形式，多用浆砌片（块）石砌筑。缺乏石料地区，有时可用混凝土预制块作为砌体，也可直接用混凝土浇筑，一般不配钢筋或只在局部范围配置少量钢筋。这种挡土墙形式简单、施工方便，可就地取材、适应性强，因而应用广泛。缺点是墙身截面大，圬工数量也大，在软弱地基上修建往往受到承载力的限制，墙高不宜过高。重力式挡土墙墙背形式可分为俯斜、仰斜、垂直、凸形折线（凸折式）和衡重式 5 种。重力式挡土墙的四种主要形式如图 3-17 所示。

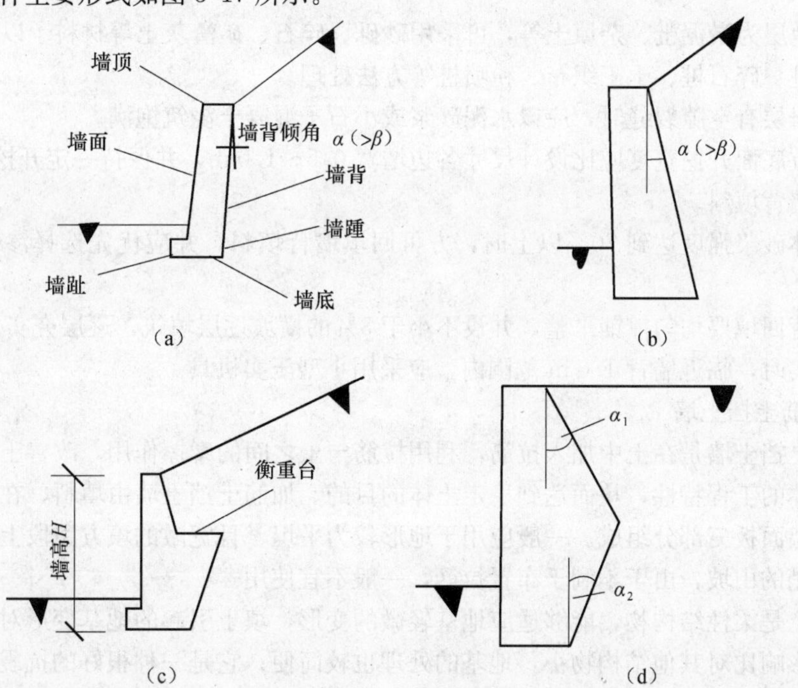

图 3-17　重力式挡土墙的四种主要形式

(a) 仰斜墙背式；(b) 俯斜墙背式；(c) 衡重式；(d) 折线墙背式

重力式挡土墙一般采用明挖基础，当基底松软或水下挖基困难时，可采用换填基础、桩基础或沉井基础。

（1）浆砌片石。

①片石宜分层砌筑，应长短相间与里层砌块咬接成一体，上下层石块交错排列，避免竖缝重合。

②砌筑较大的片石，宜用在下面，宽面朝下，片石间以砂浆隔开。

③砌体中的片石应大小搭配，相互错叠，咬紧密实并配有小石块，作挤浆填缝之用。

（2）浆砌块石。

①用作镶面的块石，表面四周应修整，以便安砌。

②块石应平砌，每层石料高度应做到基本齐平。

（3）料石砌筑。

①每层镶面料石均应事先按规定的灰缝宽及错缝要求配好石料，再用铺浆法顺序砌筑和随砌随填立缝，并应先砌角石。

②镶面石砌筑完毕后，方可砌填心石，其高度与镶面石齐平。

（4）墙顶：墙顶宜用粗料石或现浇混凝土做成顶帽，路肩墙顶面宽宜用大石块砌筑，5号砂浆勾缝或抹面，并均应在墙顶外缘线留出 10 cm 帽檐。

（5）基础。

①在松软地层或坡积层地段时，基坑不宜全段贯通，应采用跳槽办法开挖以防治上部失稳。

②当基底软弱、地形平坦、墙身又超过一定高度时，可在墙趾处伸出一台阶，以拓宽基础。

③当地层为淤泥土、杂填土等，可采用砂砾、碎石、矿渣灰土等材料予以换填，或用砂桩、石灰桩、碎石桩、土工织布、粉喷桩等方法处理。

④当岩层有空隙裂缝时，应以水泥砂浆或小石子混凝土浇筑饱满。

⑤基坑底面开挖宽度应比设计尺寸各边增宽 0.5～1.0 m，并保持一定开挖边坡度。

（6）墙背填料。

①砌体砂浆强度达到 70%以上时，方可回填墙背填料，并应优先选择渗水性较好的砂砾土填筑。

②墙背回填要均匀摊铺平整，并设不小于 3%的横坡逐层填筑，逐层夯实。

③压实时，临近墙背 1.0 m 范围内，应采用小型压实机具。

2. 加筋土挡土墙

加筋土挡土墙是在土中加入拉筋，利用拉筋与土之间的摩擦作用，改善土体的变形条件和提高土体的工程特性，从而达到稳定土体的目的。加筋土挡土墙由填料、在填料中布置的拉筋以及墙面板三部分组成。一般应用于地形较为平坦、且宽敞的填方路段上，在挖方路段或地形陡峭的山坡，由于不利于布置拉筋，一般不宜使用。

加筋土是柔性结构物，能够适应地基轻微的变形，填土引起的地基变形对加筋土挡土墙的稳定性影响比对其他结构物小，地基的处理也较简便；它是一种很好的抗震结构物；节约占地，造型美观；造价比较低，具有良好的经济效益。几种常见的轻型挡土墙如图 3-18 所示。

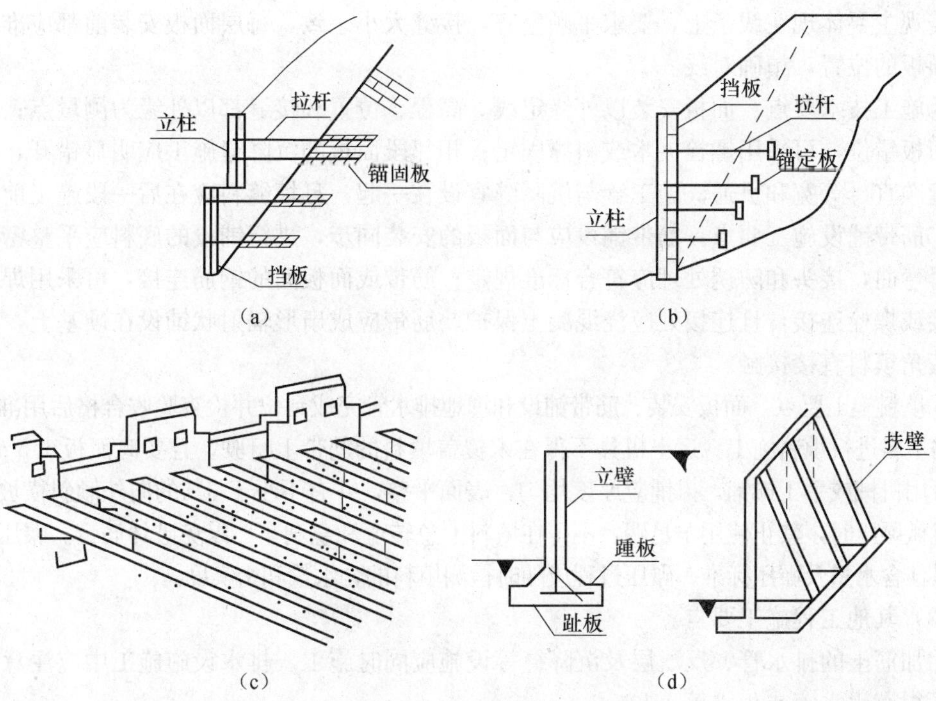

图 3-18　几种常见的轻型挡土墙
(a) 锚杆挡土墙；(b) 锚定板挡土墙；(c) 加筋土挡土墙；(d) 薄壁挡土墙

加筋土挡土墙具有圬工工程量少、地基强度要求不高、抗震性能好、造价低、施工方便、进度快等特点，在公路工程中广泛应用于挡土墙和桥台部位。

(1) 施工准备。

①面板形式及预制：面板一般采用混凝土预制板，预制构件可以在工厂进行，机械化操作，批量生产。预制模板时采用定型钢模，这种模板专用设计，一次成本大，但综合效益高。

②筋带选择：筋带采用强度高、受力变形小、能与土料产生足够摩擦力、耐腐蚀材料制成，一端通过预留孔与面板连接，另一端拉直锚固在压实的土料上。

③填料分类及选用：回填土要求有较好的稳定性和较高的抗剪强度，一般采用中低液限黏土、砂类土、砾碎石土和各种稳定土，对于满足要求的工业废渣也可采用。填料的选用宜根据当地土源情况，尽可能选择力学性能好的土料。

④排水滤水构件：为了保证土体稳定，必须控制土壤含水量。施工中通过埋设滤水管网和铺设滤水粒料，及时排除加筋体内积水或渗水。

(2) 施工方法。

加筋土工程施工一般包括：基坑开挖、基底处理、基础浇筑、构件准备、面板安装、筋带布设、填料摊铺及压实、封闭压顶、附属构件安装等。

①基础施工：加筋土挡土墙的基底处理措施同其他挡土墙一样，一般是钢筋混凝土条基，它的作用不仅要承受荷载，而且是作为加筋土挡土墙面板施工的起点和控制点，所以顶面要水平整齐。

②控制放线：加筋土挡土墙墙面垂直，平面上随现场条件做成直线或曲线。第一层面板安装准备后，每层只需用垂线控制即可。挡土墙的另一个控制内容是面板的接缝线条。挡土

墙的美观主要体现在线条上，要求平顺整齐，接缝大小一致，每层面板安装前都应准确放出每块面板的位置，精确对线。

③施工技术要点：面板安装以外缘定线。高程、位置和接缝都以外缘为测量点；为防止相邻面板错位，可采用螺栓夹木或斜撑固定；相邻段面板的沉降缝施工应明显错开，以保证沉降缝顺直、等宽和贯通。施工缝与沉降缝宜设在一起，且填缝料应在后一段施工前放入。

④筋带铺设施工要点：筋带铺设应与面板的安装同步，进行铺设的底料应平整密实；筋带不得弯曲，接头和防锈处理应符合标准规定；筋带或面板间的钢筋连接，可采用焊接、拉环连接或螺栓连接，且连接处应浇混凝土保护。筋带应成扇形辐射状铺设在硬基上，不得与硬质棱角填料直接接触。

⑤填料施工要点：面板安装、筋带铺设和埋地排水管完成到位并检查验收合格后用准备充足的合格填料进行填料施工。运土机具不得在未覆盖填料的筋带上行驶，且要离面板 1.5 m 以上。填料可用机械或手工摊铺，摊铺应厚度均匀，表面平整，并有不小于 3%的向外倾斜横坡。填料采用机械碾压时，禁止使用羊足碾，不得在填料上急转弯和急刹车，以免破坏筋带。碾压前，应确定最佳含水量及碾压标准，碾压过程应随时检测填料的含水量和密实度。

（3）其他工程施工要点。

①加筋土的排水管、反滤层及沉降缝等设施应同时施工。排水设施施工中应注意水流通道，不得有碍水流或积水等。

②压顶的目的是封固边口，防止外界作用造成面板松动脱落。一般用 C15 混凝土现浇，厚度 20～50 cm。但加筋土挡土墙更注重外观，所以压顶应线条平整，与墙体一致。

③错层施工应有明显停顿，一层完工后，再进行第二层施工。错台护板的主要作用是防水。

3. 锚杆挡土墙

锚杆挡土墙是利用锚杆技术形成的一种挡土结构物。锚杆是一种新型的受拉构件，它的一端与工程结构物连接，另一端锚固在稳定的地层中，以承受土压力对结构物所施加的推力，从而利用锚杆与地层间的锚固力来维持结构物的稳定。

在 20 世纪 50 年代以前，锚杆技术只是作为施工过程的一种临时措施。20 世纪 50 年代中期以后，西方国家在隧道工程中开始采用小型永久性的灌浆锚杆和喷射混凝土代替衬砌结构。锚杆挡土墙在我国的应用始于 1966 年成昆线的修筑中，继而在许多铁路线上修建，使用效果良好。现已广泛应用于铁路、公路、煤矿和水利等支挡工程中。

锚杆挡土墙按墙面的结构形式可分为柱板式挡土墙和壁板式挡土墙。柱板式锚杆挡土墙是由挡土板、肋柱和锚杆组成。肋柱是挡土板的支座，锚杆是肋柱的支座，墙后的侧向土压力作用于挡土板上，并通过挡土板传递给肋柱，再由肋柱传递给锚杆，由锚杆与周围地层之间的锚固力即锚杆抗拔力使之平衡，以维持墙身及墙后土体的稳定。壁板式锚杆挡土墙是由墙面板和锚杆组成。墙面板直接与锚杆连接，并以锚杆为支撑，土压力通过墙面板传给锚杆，依靠锚杆与周围地层之间的锚固力（即抗拔力）抵抗土压力，以维持挡土墙的平衡与稳定。目前多用柱板式锚杆挡土墙。

锚杆挡土墙可根据地形设计为单级或多级，每级墙的高度不宜大于 8 m，具体高度应视地质和施工条件而定。在多级墙的上、下两级墙之间应设置平台，平台宽度一般不小于 2.0 m。平台应使用厚度不小于 0.15 m 的 C15 混凝土封闭，并设向墙外倾斜的横坡，坡度为 2%。多级墙总高度不宜大于 18 m。

锚杆挡土墙的特点是：

①结构质量轻，使挡土墙的结构轻型化。与重力式挡土墙相比，可以节约大量的圬工和节省工程投资。

②利于挡土墙的机械化、装配化施工，可以提高劳动生产率。

③不需要开挖大量基坑，能克服不良地基挖基的困难，并利于施工安全。

但是，锚杆挡土墙也有一些不足之处，使设计和施工受到一定的限制，如施工工艺要求较高，要有钻孔、灌浆等配套的专用机械设备，且要耗用一定的钢材。

锚杆挡土墙适用于一般地区岩质路堑地段，但其他具有锚固条件的路堑墙也可使用，还可应用于陡坡路堤。在不良地质地段使用时，必须采取相应措施。

另一类锚杆挡土墙为竖向预应力锚杆挡土墙，它也是利用了锚杆技术，即竖向锚杆锚固岩层地基中，并施加预应力，以竖向预应力锚杆代替重力式挡土墙的部分圬工断面，减小挡土墙的圬工数量且增加其稳定性。竖向预应力锚杆挡土墙的工作原理、设计方法与普通锚杆挡土墙有很大的差异。

课后习题

一、选择题

(1) 下列结构中属于冲刷防护导流构造物的是(　)。

A. 顺坝　B. 直坝　C. 逆坝　D. 斜坝

(2) 一段易风化、裂隙和节理发育、坡面不平整的岩石挖方边坡采用喷射混凝土防护，除此之外还可采用的效果较好的防护工程是(　)。

A. 抹面　B. 捶面　C. 护面墙　D. 喷浆

(3) 喷射混凝土护坡适用于(　)。

A. 直面为完整结构的硬岩　B. 直面为碎裂结构的硬岩

C. 层状结构的不连续地层　D. 片状结构的不连续地层

E. 块状结构的不连续地层

(4) 某沿江道路堤岸支撑可以采用的结构形式有(　)。

A. 驳岸　B. 护面墙　C. 浸水墙　D. 抛石　E. 土钉墙

(5) 进行路基工程施工综合排水设计时不需要重点考虑的因素是(　)。

A. 气候条件　B. 地形特征　C. 水文地质　D. 路面等级

(6) 在路基爆破施工中，可以对开挖眼界以外山体起保护作用的爆破技术是(　)。

A. 光面爆破　B. 预裂爆破　C. 微差爆破　D. 定向爆破

(7) 下列不属于深孔爆破的特点是(　)。

A. 劳动生产率高　B. 施工进度快　C. 比较危险　D. 机械化程度高

(8) 在爆破技术的分类中，(　)属于洞室爆破。

A. 光面爆破　B. 微差爆破　C. 预裂爆破　D. 抛掷爆破

(9) 渗沟有(　)。

A. 填石渗沟　B. 管式渗沟　C. 渗井式渗沟　D. 平式渗沟　E. 洞式渗沟

(10) 填石渗沟只宜用于渗流，且纵坡不能小于(　)。

A. 4%　　　B. 3%　　　C. 2%　　　D. 1%

(11) 为防止水流下渗和冲刷，截水沟应进行严密的防渗和加固的地段有(　)。

A. 地质不良地段　　　B. 土质松软地段

C. 透水性较大地段　　　D. 裂隙较多的岩石路段

E. 石灰岩地段

(12) 路基工程施工综合排水设计的作用是(　)。

A. 解决某些重点路段的排水问题　B. 降低地下水位

C. 提高排水的效果　　　D. 蒸发路基范围内各类水

E. 发挥各类排水设备的优点。

(13) 截水沟的边缘离开黄土挖方路基坡顶的距离至少(　)。

A. 5m　　　B. 10m　　　C. 15m　　　D. 20m

(14) 某段急流槽由多个纵坡连接时，要求(　)。

A. 上陡下缓　　　B. 坡度相同　　　C. 下陡上缓　　　D. 纵坡超过 1∶2

(15) 管式渗沟的泄水管一般不可用(　)制作。

A. 钢材　　　B. 石棉　　　C. 塑料　　　D. 混凝土

二、思考题

(1) 简述路基排水的目的和意义。

(2) 地面排水设施有哪些种类？适用性如何？

(3) 地下排水设施有哪些种类？适用性如何？

(4) 路基排水系统的总体规划应遵循哪些原则？

(5) 渗沟按作用不同可分为哪几种？其作用是什么？

(6) 边沟和截水沟的主要区别是什么？

三、仿真实训

1. 仿真综合设计的意义

对于某些重点路段还需要进行路基排水的综合设计，以提高排水效果，降低工程费用。因此，路基排水设计必须包括两部分内容，即首先是进行排水系统的总体规划，或者称为排水系统设计，然后在此基础上进行各单项结构物的设计。

综合设计的含义，应包括地面与地下设备的协调配合，路基排水设备与桥涵等泄水物的合理布置，路基路面的综合治理，排水工程与防护加固工程的相互配合，以及路基排水与沿线农田水利规划及有关其他基本建设项目之间的联系。但主要目的在于确保路基的强度与稳定性，提高道路的使用效果。

实践经验证明，排水系统综合设计的好坏，关系到路基的强度与稳定性。特别是在多雨的山区、黄土高原地区、寒冷潮湿地段、水网密布地基软弱的平原区，以及水文地质条件不良等情况下，修建高等级道路时，必须重视路基排水的综合设计。

2. 仿真综合设计的基本要求

排水综合设计，宜在路线平面图、地形图上予以进行。设计时应结合路线的平面图、纵断面图和沿线地质、地形、水文条件进行。对高等级公路中排水不良、易受水流冲刷的特殊地段，如：滑坡路段、隧道洞口、干线交叉道口、连续回头曲线等排水复杂路段，应作专项公路排水综合设计。

设计中应考虑以下几点：

①流向路基的地面水和地下水，分别采取边沟、暗沟、渗沟或渗井汇集或降低水位，也可在路基外适当位置设置截水沟或渗沟拦截，并引致路基范围以外指定地点，若冲刷较为严重，必要时可设置跌水或急流槽、倒虹吸、桥涵等。

②对明显的天然沟槽，一般宜"一沟一涵"，不要勉强改、并；对沟槽不明显的漫流，应在上游设置束流设施加以调节，尽量汇成沟槽，导流排除。对于较大水流，注意因势利导，不要轻易改变流向，必要时配以防护加固工程，进行分流或束流。

③为了提高截流效果，节省工程，地面沟渠应大体沿等高线布置，并尽可能垂直于流水方向直线布置。在转弯处以圆弧相接，减小水流的阻力。

④各种排水结构物均应设置于稳固的地基上，不得渗流、溢水或滞留，冲刷严重时应予以加固，防止危害路基和引起水土流失。

⑤水流应遵循最短通路迅速排出路基范围以外。

⑥路基排水综合设计，须先做事先调查，查明水源和有关现状，测绘现场图纸，进行必要的水力水文计算，做出总体规划，提出总体布置方案，逐段逐项进行细部设计计算，并进行效益分析和经济核算。

3. 案例

如图 3-19 所示图例：某路段路基排水系统综合设计平面布置图。

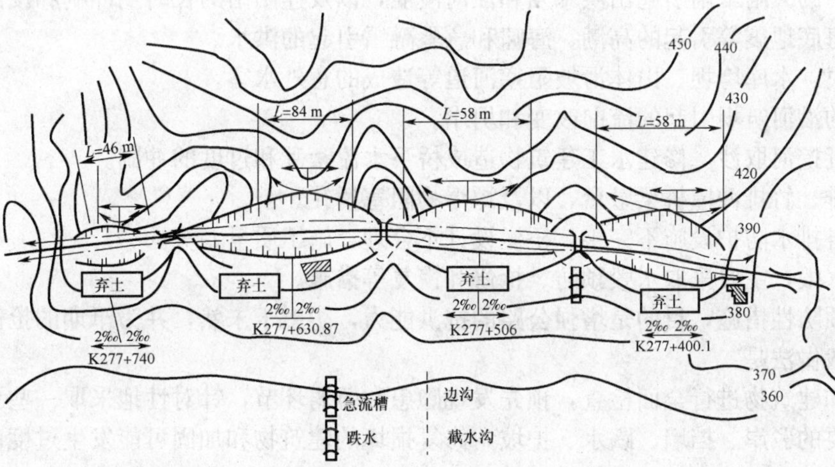

图 3-19 路基排水综合设计平面布置图例

平面布置上，需要注明的主要内容有：桥涵位置、中心里程、水流方向、进出口沟底标高及其附属工程等；地形等高线、主要沟渠、必要的路堤坡脚和路堑坡顶线；沿线取土坑、弃土坑的位置；路线交叉设施、防护与加固工程、不良地质边界、农田排灌渠道等；各种路基排水设备的类型、位置、排水方向与纵坡、长度、出水口与分界点的位置等；

此外，根据工程设计的需要，还应附有路线及主要排水设备的纵、横断面和结构设计图。

第四章　特殊路基的处理

特殊路基是指修建在不良地质现象，特殊地形地质情况，某些特殊气候因素等不利条件下的道路路基。特殊路基有可能因自然平衡条件被打破，或者边坡过陡，或者地质承载力过低，而出现各种各样的问题，因此，除要按一般路基标准、要求进行设计外，还要针对特殊问题进行研究，做出处理。

第一节　常见公路病害

常见的公路病害主要有水毁、坍方、滑坡、沙害、雪害、路基冻胀、沉陷、翻浆、冰毁以及路面破损等。这些病害危及公路交通，需采取防治措施。

公路病害防治的根本途径在于提高公路质量，增强抗御自然灾害的能力。高级公路在一般情况下病害很少发生。标准低、质量差、设备不完善的公路则病害往往十分频繁。

一、水毁及其防治

公路及其设备因暴雨、洪水造成的损坏，称之为水毁。造成水毁的原因主要有：

①持续集中的大雨暴雨引起山洪暴发和江河漫溢，以及连阴雨的长时期冲刷和浸蚀。

②台风、海底地震等引起的高潮、海啸和急骤融雪引起的洪水。

③堤防溃决、水库垮坝、山体滑坡阻塞河道等造成的意外水害。

④不适当的沿河筑坝引起的流向改变和坍岸。

⑤桥位附近挖河取沙，修建水工建筑物造成桥下水流紊乱和过度的冲刷。

⑥流放木排、竹排冲撞桥梁墩台，以及漂浮物阻塞桥孔。

⑦公路自身排水防护设施不完善，桥涵设计不合理，施工质量差等。

对于公路水毁，主要采取水毁预防、抢修和恢复等措施。

汛期前的预防性措施，目的是增强公路的抗洪能力，防患于未然，并为汛期的抢修工作做好准备。一般做法是：

①对路线和建筑物进行全面检查，预先发现隐患和薄弱环节，针对性地采取一些预防措施，如添建必要的驳岸、挡墙、跌水、护坡，修复损坏的建筑物和加固可能发生过度冲刷的建筑物基础。

②做好雨季前的全面养护，如培修路肩边坡，清理边沟、截水沟，疏通小桥、涵管，使各项排水设施畅通完好。

③同气象、水文部门建立情报联系，储备防洪抢险物资，建立防洪抢险组织等。

水毁抢修：一般分防洪抢险和抢修通车两种，前者是保护公路的应急防抢措施，后者是在毁后迅速抢通路线的维持通车措施。防洪抢险的主要内容是：随时掌握水情动态，及时发现险情，及时组织抢护；随时疏导和打捞阻塞桥孔的木竹排筏、杂草树木等漂浮物；对发生危险冲刷的建筑物基础、路堤和河岸投放片石、土袋、石笼、混凝土块，以及悬挂防浪排、荆泊、柴束和打桩挂柳等进行抢修加固，对可能漫水的木桥用竹缆或钢丝绳拉紧，并与河岸固结，甚至预先拆除桥面或临时压重，防止桥面上浮，桥桩拔起，全桥漂走等。抢修通车主要是尽快清除坍方淤泥，填补冲沟缺口，修复小桥涵洞，铺设简易路面，尽快把路线抢修通车。一时难于修复的大中桥梁和路段，架设舟桥或浮桥、钢木便桥，或设置临时性轮渡以及开辟便道、组织车辆绕路行驶等，以维持通车。

水毁恢复：按照技术标准和建设程序，对水毁的各项设施进行正规修复。有的不能一次恢复而留下的工程称之为“水毁遗留工程”。水毁恢复主要是恢复植被，整治河流，积极提高公路标准和质量，完善公路设施等。

二、坍方及其防治

路基挖方边坡和靠路陡崖上的岩土体失去稳定，向路基塌落的现象称为坍方。坍方按其成因和特征主要有五种。

①溜坍：土质边坡表层含水饱和而失稳滑下。

②坍塌：边坡过陡，坡度小于天然休止角，在岩土体自身重力作用下产生的坍方。

③崩塌：边坡或陡崖上的巨大岩体，由于水浸、风化、震动，失去与基岩的联系，突然倒塌下来。

④碎落：边坡较稳定，但表层风化，片粒状岩屑碎块经常不断地由坡面滚落下来。

⑤落石：坡面上的岩块、孤石和峭壁上的天然活石，经水浸、冻胀、风化等作用，失去支撑而滚落下来。

坍方一年四季都有发生，但大量发生在雨季。它不仅阻塞路基，损坏路面，影响行车安全，甚至断绝交通，是一种威胁较大的常见公路病害。坍方一经发生，要迅速清除。短时不能清除的，可开辟便道，维持交通。

坍方防治办法主要有：

①对边坡裂缝应及时夯填，并铺种草皮灌木封闭坡面，或修建必要的排水、截水工程，防止地表水和地下水的冲刷和浸蚀。

②对风化碎落的坡面，用三合土、四合土捶面或喷浆的办法予以防护。严重的可修建砌石护坡，或用勾缝压浆的办法加固坡面。

③对坡度过陡不断坍塌的边坡，进行合理的刷坡，使之达到稳定。或者修建挡墙、扶壁等防护工程。

④对于孤石、危岩、活石通常用挖撬、铁楔开石、小爆破等办法进行清理。破碎严重，落石甚多的坡面，修建挡墙、栅栏、落石沟等工程，拦挡落石。

⑤对陡峭岩石边坡上的悬岩、“探头石”，对下部有风化软层或大裂隙的边坡，一般从稳定基岩起修建砌石或混凝土拥壁，予以支撑（如图 4-1 所示）。岩石坡面上由于石质软硬不同和局部破碎，形成坍坑、空洞和凹槽，以砌石或混凝土进行嵌补。

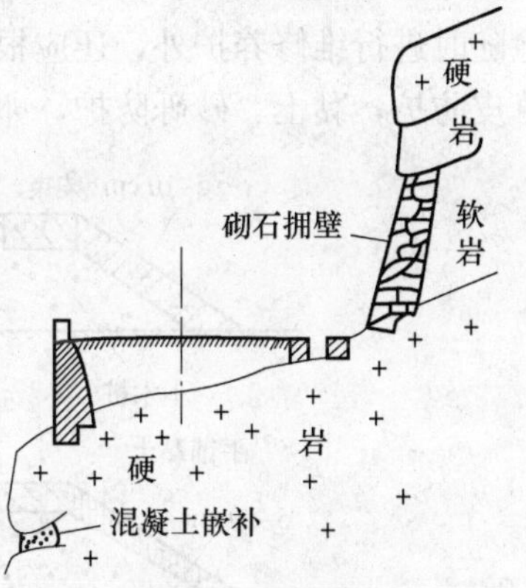

图 4-1 坍方防治

⑥地质条件十分恶劣，防治工程过于艰巨的路段，往往优先考虑改线绕避。

三、滑坡及其防治

斜坡上的岩土体，由于地下水的活动，在重力作用下沿着一定的软弱面整体地、缓慢地、有时先缓后急地向下滑移的现象称为滑坡。滑坡成因复杂，种类很多，目前尚无统一的分类办法。根据中国区域地质特点，较常发生的滑坡主要有堆积层滑坡、黄土滑坡、黏土滑坡、岩层滑坡。

滑坡是一种危害性很大的公路病害。它不仅会把大量泥石推向路基，甚至会把整段路基、整座建筑物埋没摧毁。对于滑坡的防治，目前常用排水、支挡、减重、反压等措施。

排水：在滑坡体外设置环形截水沟，拦截旁引地表水；根据地下水流向设置盲沟、隧洞，截断和引出地下水；在滑坡体内设置树枝状排水沟、渗水沟和竖井等排除内部积水；严密阻塞夯实裂缝，滑坡表面植树种草，以防止地表水下渗，加快地下水蒸发。

支挡：最常用的支挡办法是修建单级或多级重力式挡墙。近年来，锚杆式挡墙和抗滑桩也日渐广泛采用。锚杆式挡墙由钢筋混凝土板面和水平式倾斜的锚杆组成。抗滑桩有钢筋混凝土挖孔桩、钻孔桩和打入桩等。抗滑桩呈排状组合，布置方法有密排式、间隔式、承台连接式等。

减重：把滑体后部土石挖去一部分，减轻滑体自重，促使滑坡稳定的方法。这种方法适用于滑床上陡下缓，后壁及两侧岩土稳定的滑坡。

反压：在滑体前沿用土筑成反压堤，对滑体进行反压。这种办法多结合减重弃土进行，效果甚好。但公路上产生的滑坡，多因地形限制，不便采用。

此外，滑坡还可采用电化学法、硅化学法、焙烧法等技术防治。但是，这些方法技术复杂，所需投资较大，较少采用。

四、沙害及其防治

沙漠地区由于风和风沙流、沙丘移动等原因，给公路造成的风蚀和沙埋称为沙害。

沙漠地区的路基一般用沙土筑成，路肩边坡被风吹蚀损坏的现象称为路基风蚀。路基风蚀包括路堤风蚀和路堑风蚀。路堤风蚀多发生在迎风侧的路肩和边坡上部，风蚀量最大可达几十厘米，有时可使整个路肩风蚀殆尽。路堑风蚀多发生在边坡和堑顶部。当主导风向与路线平行时，两侧坡面往往被风蚀成犁沟状；当主导风向与路线垂直时，迎风坡面往往被风蚀成犬牙状或袋形涡穴。被风蚀的沙土塌落堑内，阻塞边沟，埋没路基。对发生风蚀的路段，除随时进行维修养护外，还应根据风蚀程度，对路基主体加以防护。防护措施主要有柴束、草皮防护，黏土、砂砾防护，卵石、砾石防护，沥青防护和水泥沙防护等（如图 4-2 所示）。

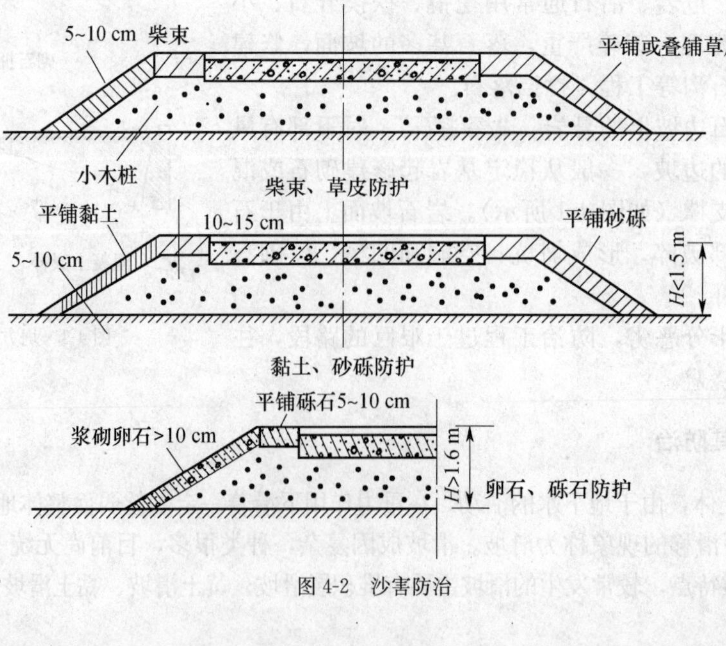

图 4-2 沙害防治

五、公路病害防治

由于风沙流和沙丘移动，路基被积沙埋没的现象称为沙埋。沙埋是沙漠地区危害最大的公路病害。对发生沙埋的路段，需及时把积沙清除到路基的下风侧，并要摊平，以免造成新的阻风积沙。一时难以清除的积沙通常是开辟便道，或者在积沙上铺以柴束、木栅、木板等，维持临时通车。对沙埋的防治是按路线通过地区的自然条件，因地制宜地采取不同措施。在水分条件较好，天然植被较为繁茂的干草原地带，以植物固沙为主，工程防治为辅。植物固沙是在公路两侧营造以乔木树种为主，乔、灌、草结合的防护带。

我国常用的乔木树种主要有樟子松、小叶杨、新疆杨、胡杨、沙枣、旱柳等。在水分条件较差的半荒漠地带，实行植物固沙和工程防治相结合。固沙植物主要是选用耐旱的灌木、半灌木，如梭梭、花棒、柠条、沙拐枣、柽柳、胡枝子、沙蒿、油蒿等。在气候严寒酷暑、干旱少雨的荒漠地带，一般只能采取工程防治。

工程防治主要有固沙、阻沙、输沙三类措施。固沙措施多用砾石、黏土、柴草、枝条等平铺沙面，隔绝风对松散沙的飞扬作用；或者设置沙障削弱风沙流活动强度，并阻挡部分外来流沙。中国常用的沙障主要有苇把子沙障、草方格沙障、黏土沙障、树枝条高立沙障等。阻沙措施是在迎风路侧设置防沙栅栏、防沙堤或防沙墙等障碍物，借以阻挡前移的流沙。防沙栅栏多用木料制成，近年来开始使用金属和塑料。中国目前多用芦苇、枝条、玉米和高粱秸秆等直接成行插栽，或者编成篱笆，配以木框，制成栅栏。防沙堤是先用沙筑堤，然后以黏土、砂砾等包封加固堤面。输沙措施是通过改善下垫面或者借助人工构造物等办法，加大贴地面风速，使风沙流不在路基上形成积沙。设置路旁整平带、聚风板和修建路基输沙断面是常用的办法。其中，聚风板也叫下导风板，埋在迎风侧路肩边沿，板面与地面留有间隙，由于间隙的聚流作用，加大贴地面风速，使风沙流以不堆积状态通过路基。

六、雪害及其防治

雪崩、风雪流（风吹雪）和集中持续的降雪在公路上形成的积雪和雪滑等危害交通的现象称为雪害。在中国北方地区，特别是青藏高原这种病害比较严重。雪害防治可采取防雪措施和除雪措施。防雪措施如设置防雪栅栏、防雪棚、溜雪槽等，也可以筑雪墙、土堤等防雪。除雪可用人力清除和用机械除雪。

七、路基冻胀及其防治

因路基土冻结、体积膨胀，会引起路面隆起，这种现象是冰冻地区公路病害之一。路基在冻结过程中，路基土的水分发生比原体积大9%的膨胀。此外，由于冰晶的吸附作用和土的毛细上升作用，未冻区的水分不断向冰冻区积聚，形成聚冰和进一步膨胀。均匀的冻胀对道路危害不大，但不均匀的冻胀可使路面产生不均匀的隆起，平整度变坏；冻胀值超过路面的容许冻胀值时，路面就出现开裂，严重的可导致破坏。这种现象对高级、次高级路面危害甚大。高速公路对路面技术状况的要求更高。为了给路面冻胀预防措施提供科学的依据，通常需确定路面防冻厚度。防冻厚度是指路面表面至土基表面各层厚度的总和。按强度计算的路面厚度如果小于防冻厚度，则必须设置防冻层，以满足防冻厚度的要求。中国对柔性路面的最小防冻厚度在设计规范中作了明确规定。

路面冻胀的防治，应在路基填筑中，尽量使用冻胀性小的均质土，并分层压实；做好路基的地表排水；必要时设置隔水层，切断地下水对路基的渗透，是防止和减轻冻胀的主要措施。对已成路面，应在养护中及时填灌冻缝，防止雨雪水下渗和做好路基排水，尽量保持路基干燥。因冻胀而严重损坏必须大修的路面，则应采取切实的改善措施，预先杜绝冻胀隐患。

八、路基沉滑及其防治

路基沉滑包括路基下沉和路基滑移两方面。其中路基滑移除下沉外还有水平方向的移动。

路基在填筑时，如果不同土质混杂，压实度不足，或者填用了未经打碎的冻土块和腐植土等，那么，路基在路基自重、车辆荷载、天气变化等作用下，会发生路基下沉现象。这种路基下沉一般比较缓慢，往往要持续几年，填土越高持续时间越久。但新填路基下沉显著，特别是雨季和春融季节，下沉量较大。发生路基下沉的路段，纵坡显著恶化，路面出现纵横向开裂。对于下沉严重的路基必须很快处理，常用的办法有：

①将路堤一部或全部开挖，重新分层填筑，必要时更换好土。

②用重型振动压实机械进行表面强压，或者用重锤夯实。

③在路基上加打砂桩，提高土质密实性等。

修筑在斜坡上的路堤和半填半挖路基，如果未按规定将斜坡挖成台阶，铲除植被，或者对地下水露头没有妥善处理，地表排水不畅，坡脚下形成积水等，会使路基土长期受水浸润，往往达到或接近饱和状态。这样，路基在自重和外力作用下，失去稳定，发生突然下沉和滑移。对于这种病害的防治办法，主要是做好路基排水，如修建截水沟，排除地表积水，修建盲沟、渗沟、平洞疏导地下水，必要时修建护坡、挡墙，对路基进行支挡防护等。

九、翻浆及其防治

冬季，在低温作用下，路基上部（包括路面基层）含水量激增，形成聚冰和冻胀；春融季节，路基上部强度显著降低，在行车作用下，出现发软、裂缝、冒泥浆，最后导致路面破坏。翻浆是冰冻地区（多年冻土区和季节性冻区）严重公路病害之一。公路翻浆的防治主要是加强路基排水。

十、冰毁及其防治

严寒地区的季节性冰冻河流，在春融解冻时节会出现流冰。大块浮冰漂流而下，有的冰块厚一米以上，面积可达几百平方米。这样的冰块冲向桥梁墩台，产生很大的冲击力，甚至破坏桥梁墩台。特别是对临时性木桥，危害更大。有时浮冰在桥下结成冰坝，给桥梁造成更大损害。此外，河水冻结时，由于冻胀力作用，自重较轻的木桥，有时出现桥桩上拔，桥面隆起。冬季仍有细小水流的小桥、涵管，由于在孔径内不断结冰，最后形成孔径冰塞，冰塞的小桥、涵管，由于冰体膨胀，很易出现冻裂。这些现象通常称为冰毁。

为了防止流冰对桥墩的冲击，一般是在桥墩上游设置破冰构造物。木桥主要是加破冰桩。此外，流冰季节，要加强观察和防护，对于大块流冰，有时采用冰面或冰下爆破，以破碎流冰。如桥下出现拥冰现象，则要及时疏导，防止结成冰坝。适当加大木桥桥桩入土深度，可有效地防止冻拔。对于小桥、涵管的冰塞现象，除修建时要适当考虑加大孔径（特别是涵管）和洞底纵坡外，在冬季养护中，要经常清除孔内结冰，或在上游临时修筑聚冰池、挡冰坝等。

多年冻土地区存在冰锥、冰丘等冰害。为了防治冰害，在修建路基时要注意冻结层水的排除。此外，还可采取保护冻土或破坏冻土的方法，以避免冰害。

第二节 特殊地段路基施工

一、水稻田地区路基施工

施工前应沿公路用地两侧筑埂，在埂内挖纵、横向排水沟，沟底应保持不小于0.5%的坡度并接通出水口，沟深应保证能及时排除地面水以疏干表土。

地表疏干后，地基上含水量接近最佳含水量时，应清除表层不良土层，经碾压密实后在上面填筑路堤。当地面不能疏干，含水量过大无法压实时，应挖去湿土，换填好土或砂砾然后压实。也可以在湿土中掺石灰或粉煤灰以吸收多余水分以便碾压密实。原地面为淤泥时，二级以下公路可抛填砂砾、碎石、片石等压、挤淤，经碾压稳定后再填路堤。

水稻田地区的路堤边坡，宜作护墙或浆砌护坡。当土质和气候适宜时，填方边坡也可采用种植草皮、灌木等植物防护。跨越水田的路基应不影响农田排灌，当设计农用排灌涵洞位置不当、数量不足时，应及时按程序提出变更设计，经有关部门批准后执行。

修建高速公路、一级公路时，除筑埂排水疏干外，还应对原地面进行清理。挖方地段应在边坡顶5m外筑埂并挖截水沟，以防地面水流入路堑冲刷边坡。对于土质、风化岩石的挖方边坡应浆砌护墙或护坡以保持稳定。挖方路堑地段应加大边沟尺寸并加以浆砌。填方坡脚护坡道外，也应设置浆砌的加大边沟。挖方和填方地段的边沟应互相衔接并通向出水口。

二、河、塘、湖、海地区路基施工

河、塘、湖、海地区路基施工，应事先查明洪水情况和路基基底有无泥沼软土地层；浸水路堤边坡防护高度应考虑设计水位和壅水高，水面宽阔河滩、海滩还应考虑浪袭和余高；软土地基应采取基底稳定措施。常水位以下路堤，宜用水稳性好、塑性指数不大于6且压缩性小、不易风化的透水性土填筑。如采用天然级配的砂砾、卵石、矿渣、石质坚硬而不易风化的片、块、碎石等，边坡不得陡于1：2，必要时可在一侧或两侧设置护道和边坡防护。

路堤跨越洪水淹没地段，其两旁不应设置取土坑。特殊情况下的三、四级公路，如需设置取土坑，应留有宽度不小于4 m的护坡道，并在路堤下游20 m以远设置。路基防护可分别视情况采用植物防护、石砌护坡、混凝土板护坡、石笼、抛石、挡土墙等措施。在施工两侧水位差较大的河滩路堤时，为防止管涌现象，除放缓下游一侧边坡外，还宜设滤水趾和反滤层。若渗流通过基底，则应在基底设隔渗墙或隔渗层。施工期间应注意防洪，防洪工程宜在洪水期前完成。

山区沿河路基施工，除注意洪水影响外，穿越地质不良陡峻沟谷时，还应查清有无泥石流影响，并相应采取排导、拦截措施。沿河高填路段的半填半挖及旧路加宽段，施工时必须确保路基稳定，峡谷地段宜采用石质填料或挡土墙；沿河半填及加宽段，接触面应挖成向内反坡2%～4%的台阶，台阶每级宽度，采用小型压实设备时，不得小于1 m。路基废方应妥善处理，有条件可利用弃方筑坝，以保护沿河村舍农田安全，或适当放缓填方边坡，但不宜弃于沿河一侧。山区沿河路基，应针对水流冲刷情况，进行加固和防护。路基边坡有潜水或渗水层时，必须设置渗沟排水设施，将其引出路基范围之外。

利用水库路堤作路基时，应查明库堤稳定程度是否符合路基使用要求，并考虑日后改造发展规划，若原库堤宽度不足，应在外侧加宽；如属新建水库，应争取路堤在蓄水前竣工。路堤基底如在施工时已被库水浸泡，或蓄水引起地下水位升高而造成基底松软者，填筑前应按软土地基先对基底加以处理。路堤浸水部分加宽时，宜采用水稳性良好的土填筑。如确有困难，必须用一般黏性土填筑时，应经稳定验算，确定水下边坡坡度，高度低于 20 m 时，边坡可采用 1∶2～1∶3。

水库路基及防护，除按有关条文执行外，对深水浸泡或急浪冲击的高路堤，宜在防护设施项面设置宽度不少于 2 m 的护道。水库库岸有可能发生崩塌、滑坡、松软等现象危及路基者，必须进行防护加固。路堤上游地段有冲刷作用时，基础防护要考虑冲刷深度。

河、塘、湖、海地区的高速公路和一级公路路基施工前，必须事先详细查清洪水影响、山坡地质、路基基底、水文条件等情况，并采取相应措施。宜设置集中取土场。常水位以下路堤的施工材料，应选用矿渣、块石、砾石等水稳性良好的材料，其粒径不宜大于 30 cm。受水位涨落影响的部分，也宜选用水稳性好的材料，如具有天然级配的砂砾、卵石、粗（中）砂，石质坚硬不易风化的片、碎石等。必须根据水流对路基破坏作用的性质、程度进行防护和加固。护坡宜采用带护脚的浆砌或干砌片石，浆砌片石护坡每长约 10 m 应设置一道伸缩缝，用沥青麻絮或其他土工合成材料填塞，下部间隔 5 m 留一个排水孔，反滤层可用砂、砾、碎、卵石等材料。

三、软土、沼泽地区路基施工

软土、沼泽地区路基施工，应注意解决可能出现的路基盆形沉降、失稳和路桥沉降差等问题。施工前，应做好施工设计，并报送有关部门批准后开工。软基施工应根据需要修筑地基处理试验路段。

路堤填筑前，应排除地表水，保持基底干燥。淹水部位填土应由路中心向两侧填筑，高出水面后，按要求分层填筑并压实。软土、沼泽地基应根据软土、淤泥的物理力学性质、埋层深度、路堤高度、材料条件、公路等级等因素分别采取置换土、抛石挤淤、超载预压、反压护道、渗水及灰土垫层、土工织物、塑料排水板、碎石桩、轻质路堤、深层加固等措施。为加强效果，各项措施可配合使用。

软土、沼泽地区下层路堤，应采用渗水材料填筑；路堤沉陷到软土泥沼中部分，不得采用不渗水材料填筑，其中用于砂砾垫层的最大粒径不应大于 5 m，含泥量不大于 5%。填筑路堤用土宜设置集中取土场，必须在两侧取土时，取土坑内缘距坡脚的距离，填高 2 m 以内的路堤，不得小于 20 m，填高 5 m 以上的路堤，宜大于 40 m。路桥衔接部位，路基与锥坡填土应同步填筑；碾压不易到位的边角处，宜用小型夯压机械按要求夯压密实；填料宜采用渗水性土；分层碾压厚度控制为 15 cm。软基填筑路堤，分层及接茬宜做成错台形状，台宽不宜少于 2 m。

软土地段路基应安排提前施工。路堤完工后应留有沉降期，如设计本规定，则不应少于 6 个月，沉降期内不应在路堤上进行任何后续工程。修筑路面结构之前，路基沉降应基本趋于稳定，地基固结度应达到设计规定值。软土段填筑路堤要做好必要的沉降和稳定监测，并严格控制施工填料和加载速度。监测沉降板应安装在路中心线，纵向间距宜为200 m，对于桥头引道路堤，应安装在路中心线和两侧路肩边缘线上，第一块沉降板距桥台背10 m处开始，其余宜以50 m间隔设置。路堤填筑过程中每填一层应进行一次监测，路基加载速度应控制水平位移量每昼夜不宜超过0.5 cm，沉降量不大于1.5 cm，超过时即应暂停填筑，待沉降及位移量小于规定值后再继续施工。各种软土处理方法的运用范围与施工规定及各种处治方法的质量检验方法与要求应遵照《公路软土地基路堤设计与施工技术规范》执行。

四、盐渍土地区路基施工

在盐渍土地区施工时，路堤填料的含盐量不得超出规定允许值，不得夹有盐块和其他杂物。对填料的含盐量及其均匀性应加强施工控制检测，路床以下每1 000 m^3 填料、路床部分每500 m^3 填料应至少作一组测试，每组取3个土样，取土不足上列数量时，亦应做一组试件。盐渍土地区路基填料容许含盐量如表4-1所示。

表4-1 填料容许含盐量

路面等级	填料容许含盐量（以质量百分数计）		
	氯盐渍土及亚氯盐渍土	氯盐渍土及亚硫酸盐渍土	碳酸盐渍土
次高级路面	≤8	≤2	≤0.5
高级路面	≤5	≤1	≤0.5

在内陆盆地干旱地区，如当地无其他适用的填料，需用易溶盐含量超过规定值的土、砾等作填料时，应根据当地气候、水文地质等条件，通过试验决定填筑措施。用石膏土作填料时，应先破坏其蜂窝状结构。石膏含量一般不予限制，但应控制压实度。

盐渍土路堤应分层铺填分层压实，每层松铺厚度不大于20 cm，砂类土松铺厚度不大于30 cm。碾压时应严格控制含水量，不应大于最佳含水量1个百分点。雨天不得施工。盐土地区路堤施工前应测定其基底（包括护坡道）表土的含盐量和含水量及地下水位，根据测得的结果，分别按设计规定进行处理。如含盐量超过上表时，应在填筑路堤前予以挖除，如路堤高度小于1.0 m时，除将基底含盐量较重的表土挖除外，应换填渗水性土，其厚度对高速公路、一级公路不应小于1.0 m，其他公路不应小于0.8 m。

原基底土的含水量如超过液限的土层厚度在1 m以内时，必须全部换填渗水性土；如含水量界于液限和塑限之间时，应铺10～30 cm的渗水性粒后再填黏性土；如含水量在塑限以下时，可直接填筑黏性土。当清除软弱土体达到地下水位以下时，则应铺填渗水性强的粗粒土，并应高出地下水位30 cm以上，再填黏性土。

在内陆盆地干旱地区设计为高级或次高级路面地段，路床的填料应符合规定。土层应设法洒水压实，同时还应在路堤下部设置封闭性隔水层（采用不透水材料如沥青砂、防渗薄膜、聚丙烯薄膜编织布等），隔水层铺设前应清除植物根茎，将基底做成2%的横坡，整平压实，沿横坡均匀铺平。

在地表为过盐渍土的细粒土地区或有盐结皮和松散土层时，应将其铲除。铲除的深度，应通过试验确定。如地表过盐渍土过厚，亦可铲除一部分，并设置封闭隔水层。隔水层设置深度宜在路床顶以下80 m深度处。若有盐胀问题存在，隔水层应设在产生盐胀的深度以下。

当采用土工合成材料做隔水层时，为防止合成材料被压挤破，宜在隔水层上、下分别铺一层10～15 cm厚的砂或黏土保护层。

施工中应及时合理地布置好排水系统，不应使路基及其附近有积水现象。路基一侧或两侧有取土坑时，取土坑底部距离地下水位不应小于15～20 cm；底部应向路堤外有2%～3%排水横坡和不小于0.2%的纵坡。在排水困难地段或取土坑有被水淹没可能时，应在路基一例或两侧取土坑外设置高0.4～0.5 m、顶宽1 m的纵向护堤。在地下水位较高地段，除挡导表面水外，应加深两侧边沟或排水沟，以降低路基下的地下水位。盐渍土地区的地下排水管与地面排水沟渠，必须采取防渗措施。盐土地区不宜采用渗沟。

高速公路、一级公路的盐渍土路基的路肩及坡面，应采用防护措施或加宽路基措施。其他等级公路，亦宜采用防护措施。盐渍土路基的施工，应从基底清除开始，连续施工。即从基底到路床表面应分段一次完成，不可间断，在设置隔水层的地段，至少一次做到隔水层的顶部。施工季节，在地下水位高的黏性土盐土地区，以夏季施工为宜；砂性土盐土地区，以春季和夏初施工为宜；强盐渍土地区，在表层含盐量较低的春季施工为宜。

五、风沙地区路基施工

风沙地区路基宜在少风、风速较小或有雨季节分段集中施工，并在大风来临前配套完成。若当地风力较强或需在风季施工时，应采取临时防护措施；对设计的永久防护工程，若材料运输有困难，需待通车后施工时，可采取临时防护过渡。填筑路堤当日不能完工地段，对坡面和路肩应加以覆盖；开挖路堑，应从一开始就随挖随用平铺式栅栏或草席、芦苇等将坡面、路肩护好，周围用小木桩固定或用大石块或混凝土预制块压住。施工时应采取措施保护线路两侧的地表原有植被和地表硬壳。施工前应准备充分的防护材料。对因施工作业使两侧地表受损部分应按设计要求在新出露的沙面上及时填筑砾卵石土防护层。施工的路基应集中力量完成一段，防护一段。

填方取土要根据当地风信情况选择取土坑位置。在单一风向地区，取土坑宜设在路堤下风一侧距路堤坡脚至少5 m处；在有反向风交替作用的地区，取土坑可设在路堤两侧，施工完后应将其边坡修成缓坡，使其断面成为浅槽形。应尽量利用挖方材料，如需废弃，应弃于背风坡一侧的低地或距路堑坡顶不小于10 m处，并应摊平。

对风沙地区用粉砂或细砂填筑路堤时，仍应分层压实。根据现场自然条件、沙的特性及水源分布等情况确定压实机械和压实方法，宜采取机械振动压实为主，结合蓄水、快成型、快防护的施工方法。对缺土、缺水，压实确有困难的风积沙路基，可采用土工合成材料（编织布、编织袋）对路基进行加固。在地形开阔的风沙流地段，应将路基两侧20～50 m范围内的小沙滩、弃土堆、小土丘等凡可引起积沙的阻碍物予以清除、摊平。

植物固沙是防治沙害的根本措施，在有条件的地方采用植物固沙法施工时，要严格按照设计要求的树苗或灌木种类和设计规定的种植间隔尺寸及布置形式进行栽种。在无条件采用植物固沙的地区及采用植物固沙的初期，为防止沙害并为植物固沙创造条件应采用工程防沙措施。在林带前线，为防止积沙，亦应适当设置工程防沙设施。工程防沙有固、阻、输、导四种类型，应根据设计并结合路基施工情况及时配套完成。

格状沙障施工应做到稳固、牢实、风吹不走。有水源条件的，可在草方格内播撒适于沙漠生长的植物种子，使方格内生长沙生植物。路线如通过牧区，还应在路基两侧设置铁丝隔离栅，防止人畜进入破坏草方格。

设置草方格沙障时，在迎风侧应先设主带（垂直主风向），后设副带（平行主风向）；在背风侧应先设副带，后设主带，施工时均应先远后近，自上而下。有新月形沙丘，应从迎风坡脚开始设置。

埋设防风栅栏（立式沙障）应整平两侧地面，插铺草束，压沙插实，埋设稳固，防止栅栏底部被风吹掏空。

沙质路基主体应按设计要求进行全面防护。在路基顶面、边坡面及坡脚外 5～10 m 地面范围内，用黏性土、盐盖、砾（卵）石、乳化沥青等材料进行平铺覆盖或处理。

黏性土封闭防护是风沙地区路基常用的一种经济而有效的防护措施。采用黏性土时，应通过试验测定其塑性指数，符合设计要求的方可使用。

风沙地区筑路时，路线主要控制桩、护桩、水准基点桩、路基边桩等均应设置明显的标志，并妥善保护，以防被沙埋没。

六、黄土地区路基施工

在黄土地区填筑路堤时，若基底为非湿陷性黄土，且无地下水活动时，可按一般黏性土地基进行基底处理，同时做好两侧的施工排水、防水措施；若地基为湿陷性黄土，应采取拦截、排除地表水的措施，防止地表水下渗，减少地基地层湿陷性下沉。其地下排水构造物与地面排水沟渠必须采取防渗措施。若地基土层具有强湿陷性或较高的压缩性，且容许承载力低于路堤自重压力时，应考虑地基在路堤自重和活载作用下所产生的压缩下沉。除采取防止地表水下渗的措施外，可考虑采用重锤夯实，石灰桩挤密加固，换填土等措施。

用黄土填筑路堤时，新、老黄土均为路堤适用填料。老黄土透水性差，干湿难以调节，大块土料不易粉碎，使用前应通过试验决定措施。路床填料不得使用老黄土。新黄土为良好填料，可用于填筑路床。黄土路堤应分层填筑，分层压实，大于 10 m 的块料，必须打碎，并应在接近土的压实最佳含水量时碾压密实。黄土路堤施工时，应做好填挖界面的结合（纵向），清除坡面杂草，挖好向内倾斜的台阶。如结合面陡立，无法挖成台阶时，可采用土工钉加强结合。

黄土路堤的边坡应刷顺，整平拍实，并应及时予以防护，防止路表水冲刷。不应使用黄土填筑浸水路堤。必须使用时，应采取措施，并报请审批。

路堤的压实要求与一般黏性土相同，主要有：

①黄土含水量过小，应均匀加水再行碾压；如含水量过大，可翻松晾晒至需要含水量再进行碾压，也可掺入适量石灰处理，降低含水量。掺灰后应将土、灰拌匀，其最大干密度应通过击实试验确定。

②黄土地区路床的土基强度应符合设计要求，当不能满足要求时，应对原土进行技术处治。

高路堤路基施工期间，应在两侧或一侧（超高段）设临时阻水、拦水设施，以防雨水冲毁边坡。路堤填至设计高程后，应根据设计及时修筑外侧边缘的拦水、截水沟构造物和急流槽，将水引至坡脚以外。对高度大于 20 m 的路堤，应按设计预留竣工后路堤自重压密固结产生的压缩下沉量。

黄土路堑边坡，应严格按设计坡度开挖，如设计为陡坡时（如 1∶0.1），施工中不得放缓，以免引起边坡冲刷。路堑施工，当挖到接近设计标高时，应对上路床部分的土基整体强度和压实度进行检测。如路堑路床土质不符合设计规定，则应将其挖除，另行取土分层摊铺、碾压至规定的压实度。挖除厚度根据道路等级对路床的要求而定，高速公路及一级公路宜挖除 50 cm，其他公路可挖除 30 cm。如路堑路床的密实度不足，土质符合设计规定，则视其含水量情况，经洒水或经翻松晾晒至要求含水量再行整平碾压至规定压实度。

黄土地区应特别注意路基排水，对地表水应采取拦截、分散、防冲、防渗、远接远送的原则，根据设计及时做好综合排水设施，将水迅速引离路基。在填挖交界处引出边沟水时，应做好出水口的加固。湿陷性黄土路基的地下排水管道与地面排水设施，应根据设计进行加固和采取防渗措施。黄土路基水沟的加固类型，宜用浆砌片石或混凝土板。如用预制混凝土板拼砌时，其接缝处应牢固无渗漏。

黄土陷穴应进行处理。处理时，首先要查清陷穴的供给来源、水量、发展方向及对路基可能造成的危害，在路堑顶部及路堤的靠山侧做好排水工程，将地表水、地下水引入有防渗层的水沟内排走。对通过路基路床的陷穴，要向上游追踪至发源地点。在发源地点把陷穴进口封填好，并引排周围地表水，使其不再向陷穴进口流入。对现有的陷穴、暗穴，可以采用灌砂、灌浆、开挖回填等措施，开挖的方法可以采用导洞、竖井和明挖等。

①灌砂法：本法适用小而直的陷穴，以干砂灌实整个洞穴。

②灌浆法：本法适用于洞身不大，但洞壁起伏曲折较大，并离路基中线较远的小陷穴，施工时先将陷穴出口用草袋装土堵塞，再在陷穴顶部每隔 4～5 m 打钻孔作为灌浆孔，待灌好的土浆凝固收缩后，再在各孔作补充灌浆，一般需重复2～3次，有时为了封闭水道也可灌水泥砂浆。

③开挖回填夯实：本法适用于各种形状的陷穴，填料一般用就地黄土分层夯实。

④导洞和竖井：本法适用较大、较深的洞穴。由洞内向外逐步回填夯实，在回填前，应将穴内虚土和杂物彻底清除干净。当接近地面 0.5 m 时，应用老黄土或新黄土加 10%的石灰拌匀回填夯实。

处理好的陷穴，其土层表面均应用石灰与土比例为 3∶7 的石灰土填筑夯实或铺填老黄土等不透水材料加以改善。石灰土厚度应按设计严格执行。如原设计本要求时，其厚度不宜小于 30 cm。并将流向陷穴的附近地面水引离，防止形成地表积水或水流集中产生冲刷。黄土陷穴的处理范围，应视具体情况而定，宜在路基填方或挖方边坡外，上侧 50 m，下侧 10～20 m。若陷穴倾向路基，虽在 50 m 以外，仍应作适当处理。对串珠状陷穴应彻底进行处治。

七、多雨潮湿地区路基施工

多雨潮湿地区进行路基施工时，应特别注意排水。机具停放地、库房、生活区域，都必须选在地势较高不易被水淹的地点，并有可靠的排水防洪设施，预防洪水造成危害。开工前场地准备工作应特别注意排除地面水。低洼地带沿用地两边应挖大断面的纵向排水沟并引向出水口。在纵向排水沟之间应挖掘横向排水沟并互相贯通疏于地表，以达到地面不积水。

多雨潮湿地区，原地面多为含水量过大的过湿土，含水量过大的潮湿土深度在 2 m 以内时，可挖去湿土，换填适用的干土或挖方石渣、天然砂砾等，并分层压实达到标准。挖去淤泥后将上层湿土翻松耙碎掺 5%～10%的生石灰粉压实，其层厚以能达到规定压实度为准，使之成为稳定土加固层。当有非风化大块岩石可利用时，在挖去软湿土后铺筑厚 50 cm 左右石块层，嵌填石渣后，用重型压路机碾压成型，再于其上填筑路堤。二级以下公路可采用抛填片石挤淤，整理碾压成型后填筑路堤。

用潮湿土填筑路堤时，碾压潮湿土填筑的路堤适宜的压路机型式、规格、填层的适宜厚度、所需碾压遍数和压实度，应通过试验确定。碾压完成后的路段，若不立即铺筑路面，且不需维持通车时，应在路床顶面铺盖一层碾压紧密的防水黏土层或沥青封闭层。

填料的天然稠度为 0.9～1.0 时，宜将土摊开翻拌晾晒，当含水量接近最佳含水量时即可碾压密实。填料的天然稠度在 0.5～0.9 时，宜在土中掺入生石灰等外掺剂拌和均匀后，分层填筑压实。多雨潮湿地区，土的含水量大，地下水位高，容易影响路基稳定。填方边坡宜用浆砌护坡防护。二级以下公路也需采取相应的防护措施。

路堤填筑每层表面宜做成 2%～4%的横坡以利排水。当天的填土，必须当日完成压实。路堤坡脚护坡道外，应设置加大断面的石砌边河，以降低地下水位。

路基压实标准见表 4-2。

表 4-2　路基压实标准

填挖类型		路面底面计起的深度范围/cm	压实度/%	
			高速公路、一级公路	二级及二级以下公路
路堤	上路床	0～30	—	≥95
	下路床	30～80	≥98	≥95
	上路堤	80～150	≥95	≥90
	下路堤	>150	≥90	≥90
路堑路床		0～30	—	≥95

注：①表列压实度见部颁《公路土工试验规程》轻型击实试验法为准；

②高速公路、一级公路路床土质强度，应按《公路土工试验规程》中的 5.1.5 条的标准执行，其他公路可参考该条规执行。

八、季节性冻融翻浆地区路基施工

冻融翻浆地区施工，必须贯彻以防为主，防治结合的原则。首先应搞好路基排水，保证路基填土高度和对压实的要求。高速公路、一级公路除考虑强度因素外，还需考虑冻胀对路基、路面的影响。施工前应对冻融翻浆地区进行详细的现场调查，按各段水文地质情况，做好场地排水、填料选择、料场规划等工作，并根据地区特点、翻浆类型、严重程度，按照因地制宜、就地取材和路基路面综合处理的原则提出处治方案。

翻浆防治可采用：

①换填土法：采用水稳性、冻稳性好、强度高的粗粒土换填路基上部；换填选料原则，冻胀时路面不致产生有害变形，冻融时路床承载力不致下降，换填厚度应控制在最大冻深的 70%～100%。

②隔离层法：深度应设在聚冰层以下和地下水以上适当处；隔离层宜高出地表水位 25 cm，有效厚度一般为 20 cm。为防淤塞，上下面宜设防淤层，亦可在上下面反铺草皮或土工织物防淤。隔离层材料可用碎石、砾石、粗砂、土工布等，上下面宜设 3%～4%拱度。

采用何种防淤层，应视道路等级而定。不透水隔离层可选 3 cm 厚含沥青 8%～10%的沥青土或6%～8%的沥青砂，或沥青油毡、塑料膜等。

③隔温层法：设置在路基上部或路面底基层处，以延缓和减小负气温的强度；材料可选择炉渣、矿渣、碎砖，厚度一般为 20～50 cm。

④降低水位法：在低于现有地下水位的两侧边沟底部位设置管沟或渗沟。

⑤土工布排水法：将过滤型土工布（也可用塑编布）直接铺在土基上，上面铺填 30～40 cm 砂砾层。

⑥改善路面结构法：如设置石灰底基层、二灰砂砾基层、水泥稳定基层、砂砾垫层等，厚度可根据计算确定。

不论路堤或路堑，在修筑路面结构层前，应用不小于 20 t 的压路机或等效碾压机械对路基进行检验（2～3 遍），发现软弹现象时应进行处理。

季节性冻融翻浆地区路基施工时，施工前应认真了解地形及水文地质情况，凡是可能危害路基强度和稳定性的地面水和地下水，均应采取有效的临时性或永久性措施，使水能迅速排出路基之外；路床面应保持良好的排水状态；从路堑到路堤必须修建过渡边沟并无阻塞现象；各层填土应有路拱，使表面无积水；施工后，各式沟、管、井、涵等能形成完整有效的排水系统。

路堤施工时，遇到水文地质不良和湿软地段，可视情况在地表铺填厚度不小于 30 cm 的砂砾，或作局部挖除换填处理。当路堤高度低于 20 cm 时（包括挖方土质路段）应翻松30～50 cm 并分层整形压实，其压实度为 93%～95%，高速公路、一级公路取高限，其他公路取低限。宜选用水稳性良好的土填筑路基；路基上部受冰冻影响部位，应选用水稳性和冻稳性均较好的粗粒土；冻土、非渗水性过湿土、腐殖土禁止用于填筑各层路堤；压实时的含水量应控制在最佳含水量±2 个百分点范围内。设置集中取土场，排水困难地段更宜集中取土。

各层表面碾压前应用平地机进行整平和修整路拱，切实控制松铺厚度以及填料的均匀性。压实后各层表面的平整度，用三米尺丈量，其间隙高度不宜大于 20 mm；成型后路床顶面强度按规定进行检查或用不小于 20 t 的压路机碾压检验有无“软弹”现象。

路堤高度应满足路基能全年处于干燥或中湿状态；修低路堤时，应根据具体情况采取相应技术措施。为使路基强度和稳定性满足设计要求，施工中各类冻融翻浆防治方法可综合选用。

路堑施工时，石方段超挖回填部位应选用符合要求的石渣，压实度不得低于 95%；禁止使用劣质开山料或覆盖土回填或找平；超挖部分不规则或不超过 8 cm 时，可用混凝土修补找平；整平层宜采用级配碎石或水泥稳定碎石、二灰稳定碎石类等半刚性材料。土质路堑或遇水崩解软化的风化泥质页岩等类路堑的路床压实度如不符合规定时，应翻松压实或根据土质情况，换填符合路床强度并满足压实度要求的足够厚度的好土，并予以压实，然后加强排水措施，如封闭路肩、浆砌边沟等。有裂隙水、层间水、潜水层、泉眼等路段，应分别采取切断、拦截、降低等措施，如加深边沟，设置渗沟、渗管、渗井等。

九、多年冻土地区路基施工

施工前应核查沿线冻土分布、类型、冻土上下限、冰层上限、地面水、地下水以及有无其他如热融（湖、塘）、冰丘、冰锥等不良地质路基地段情况。施工必须严格遵循保护冻土的原则，使路基施工后仍处于热学稳定状态。路基原则上均应采取路堤形式，尤其在厚冰发育地段，并尽可能避免零填或浅挖断面，以免造成严重热融沉陷等病害，弱融沉或不融沉的多年冻土地区，路基施工可按融化原则进行。

路基排水与加固除满足水力和土力条件外，还应考虑由于施工因素如排水系统修筑等引起的热力变化，不导致多年冻层上限的下降。填方路基的施工应符合以下要求。

①排水：当路基位于永久冻土的富冰冻土、饱冰冻土或含土冰层地段时，必须保持路基及周围的冻土处于冻结状态，排水系统与路基坡脚应保持足够距离；高含冰量冻土集中路段，严禁坡脚滞水、路侧积水，边坡应及时铺填草皮。在少冰与多冰冻土地段，也应避免施工时破坏土基热流平衡。排水沟与坡脚距离不应小于 2 m；沼泽湿地地段不应小于 8 m；饱冰冻土及含土冰层地段，应避免修建排水沟和截水沟，宜修建挡水炼（堰），距坡脚不应小于 6 m，若修建排水沟则不应小于 10 m。

②基底处理：填方基底为含冰过多的细粒土，且地下冰层不厚，可挖除并用渗水性土回填压实，再填路基。当基底为排水困难的低洼沼泽地段时，其底部应设置毛细水隔离层，其厚度宜在路堤沉落后至少高出水面 0.5 m，并在其上铺设反滤层；泥沼地段路堤基底生长塔头草时，可利用其做隔温层。上述地段路堤应预加沉落度，并在修筑路面结构之前，路基沉降基本趋于稳定。

③路基高度：应达到防止翻浆与不超过路基冻胀值要求的最小填土高度；按保持冻结原则施工的路段，应同时满足冻土上限不下降的要求。

④取土：宜设置集中取土场，富冰冻土、饱冰冻土及含土冰层路段，确需就近解决部分土源时，应在路基坡脚 10 m 以外取土；斜坡地表路堤，取土坑应设在上坡一侧。取土坑深度均不得超过当地多年冻土上限以上土层厚度的 80%，坑底应有坡度，积水应有出口，水能及时排出，同时取土坑的外露面，亦宜用草皮铺填。

⑤填料：应选用保温隔水性能均较好的细粒土。采用黏性土或透水性不良土填筑路堤时，要控制土的湿度，碾压时含水量不能超过最佳含水量的±2 个百分点。不得用冻土块或草皮层及沼泽地含草根的湿土填筑路基。通过热融湖（塘）路堤，水下部分必须用渗水良好的土填筑，并应高出最高水位 0.5 m。

⑥压实：压实检查应采用重型击实标准。成型后路床强度应符合设计要求，用不小于 20 t 的压路机或等效碾压机械进行碾压检验 2～3 遍，无轮迹和软弹现象。

⑦侧向保护：靠近基底部位有饱冰冻土层且有可能融化时，宜设保温护道和护脚。保温材料宜就地取材。用草皮时，草根应向上一层一层叠铺，最外一层应带泥，以便拍实形成保护层；沿线两侧 20 m 内植被和原生地貌应严加保护。

挖方路基施工时，地下水发育地段，路基边沟均应有防渗措施。路堑坡顶避免设置截水沟或排水沟，宜修挡水塘并与坡顶距离不小于 6 m。若必须修排水沟或截水沟，距挡水塘外的距离不应小于 4 m。

土质边坡加固铺砌厚度均应满足保温层要求。如用草皮铺砌，应水平叠砌，错缝嵌紧，缝隙用黏土或草皮填塞严密，连成整体。草皮要及时铺填。饱冰冻土、含土冰层地段路堑，为防止开挖后基底冻胀翻浆，可根据需要换填足够厚度的渗水性土。

路基处于冰锥、冰丘地段采用冻结、拦截、截水墙、保温渗沟排水等方法处理；热融湖（塘）地段的路堤水下部分应用渗水性土；松软基底两侧宜设反压护道；沼泽冻土地段路堤下部应设置隔离层和隔温层，并保护好两侧地表植被；水鼓丘较重路段，可在上游主流处设地下渗沟或将水引到一定距离外的地面积冰场。

十、岩溶地区路基施工

影响路基稳定的溶洞，不论采用何种方法处理，在施工中均不应堵塞溶洞水路。路基基底的岩溶泉或冒水，不论用何种方法排出，均应保证路床范围的土石方不受浸润；当修建高级或次高级路面时，应保证不因温差作用而使水汽上升，聚集在路面基层下。对路基上方岩溶泉或冒水，可采用排水沟将水引离路基，不宜堵塞；对路基基底的岩溶泉或冒水，宜设涵洞（管）将水排除；流量较大的暗洞及消水洞，可用桥涵跨越通过。

路堑边坡上危及路基稳定的干溶洞，可用干砌片石或浆砌片石堵塞。基底的溶洞，应采用桥涵通过；当为干溶洞且又不大时，可采用砂砾石、碎石、干、浆砌片石等回填密实。基底干溶洞的顶板太薄或顶板较破碎时，可采用加固或将顶板炸除之后，以桥涵跨越；干溶洞的顶板较为完整，有较大厚度时，可按路基设计规范给出的路基基底溶洞顶板安全厚度的公式，予以验算，并根据验算结果，确定处治方案。

当路基溶洞位于过沟附近，而且较深时，可采用钢筋混凝土板封闭，并应防止边沟水渗漏到溶洞内。为防止溶洞的沉陷或坍塌，以及处理岩溶水引起的病害，可视溶洞的具体情况分别采用洞内加固（如桩基加固、衬砌加固）、盖板加固、封闭加固（如锚喷加固）等方法。对影响路基稳定的人工坑洞（如煤洞、古墓、枯井、掏砂坑、防空洞等）查明后，参照岩溶处治方法进行处理。

十一、滑坡地段路基施工

对于滑坡的处治，应分析滑坡的外表地形、滑动面、滑坡体的构造、滑动体的土质及饱水情况，以了解滑坡体的形式和形成的原因，根据公路路基通过滑坡体的位置、水文、地质等条件，充分考虑路基稳定的施工措施。路基滑坡直接影响到公路路基稳定时，不论采用何种方法处理，都必须做好地表水及地下水的处理。对于滑坡顶面的地表水，应采取截水沟等措施处理，不让地表水流入滑动面内。必须在滑动面以外修筑 1～2 条环形截水沟；对于滑坡体下部的地下水源应截断或排出。在滑坡体未处治之前，禁止在滑坡体上增加荷载（如停放机械、堆放材料、弃土等）。

对于挖方路基上边坡发生的滑坡，应修筑一条或数条环形水沟，但最近一条必须离滑动裂缝面最少 5 m 以外，以截断流向滑动面的水流。截水沟可采用砂浆封面浆或砌片（块）石修筑，滑坡上面出现裂缝需填土进行夯实，避免地表水继续渗入，或结合地形，修建树枝形及相互平行的渗水沟与支撑渗沟，将地表水及渗水迅速排走。

当挖方路基上边坡发生的滑坡不大时，可采用刷方（台阶）减重、打桩或修建挡土墙进行处理以达到路基边坡稳定，采用打桩时，桩身必须深入到滑动面以下设计要求的深度；采用修建挡土墙时，挡土墙基础必须置于滑动面以下的硬岩层上。同时，宜修筑排水沟、暗沟（或渗沟）排出地下水。滑坡较大时，可修建挡土墙、钢筋混凝土锚固桩或预拉应力锚索等方法处理，不论采用何种方法处理，其基础都必须置于滑动面以下的硬岩层上或达到设计要求的深度。同时宜修筑深渗沟、排水涵洞（管）或集水井等排除地下水或修建地下截水墙截断地下水。

对于填方路堤发生的滑坡，可采用反压土方或修建挡土墙等方法处理。当滑坡较大时，或采用反压土方或修建挡土墙、钢筋混凝土锚固桩、预拉应力锚索等方法处理，修建构造物的基础必须置于滑动面以下的硬岩层上或达到设计要求的深度。

对于沿河路基发生的滑坡，可修建河流调治构造物（如堤坝、丁坝、稳定河床等）、挡土墙等方法处理，其构造物的基础必须置于河流冲刷线以下设计要求的深度或硬岩上。

滑坡表面处治可采用整平夯实山坡，填筑积水坑，堵塞裂隙或进行山坡绿化固定表土。

十二、崩坍岩堆地段路基施工

公路路基通过岩石容易崩坍地区，不论采用何种方法处治，都必须排除崩坍地段对路基造成损坏的潜在威胁或隐患。在崩坍地区进行公路路基施工，必须采取预防岩石坍落的安全措施，以保障施工中的安全。公路通过岩堆地区，应尽量避免扰动岩堆体，保持岩堆稳定，施工时不宜破坏原有的边坡率，同时应处理好岩堆地段的渗入水及地下水。

对于挖方边坡及原自然坡面岩石裂缝较多，岩石比较破碎，或由于雨水浸蚀容易引起风化，或由于冰冻作用而引起岩石剥落、破碎而容易发生崩坍的地段，施工中宜采用喷射水泥砂浆稳定，砂浆厚度宜为5～10 cm；在气候条件比较恶劣或寒冷地区，厚度应为10 cm以上；对于长而高或较陡的边坡，宜嵌入直径2～6 mm、间距100～200 mm的铁丝网（挂网）固定在边坡上，在1 m^2 内固定1至2处，然后再喷射水泥砂浆稳定，也可用浆砌片（块）石封面，厚度应为30 cm以上，并宜在2 m^2 内设置一处泄水孔。

对岩石裂缝较大，节理比较发育，容易产生崩坍危险的边坡，宜用混凝土块、片（块）石浆砌铺筑处理，厚度应为30～40 cm。在岩堆上部的挖方地段，如有塌落危险的危岩，用一般防护工程不能防止塌落时，应采用清除的办法处理（清除过程中，应做好安全防护措施，保障安全施工）或采用修筑防止落石工程如岩石加固（或锚固）工程、落石防护网、防护栅等进行防护。

在比较稳定的或厚度大的岩堆上修筑路基，应设置护面墙或挡土墙。当设置上挡土墙时，其高度应达到与原岩堆的边坡率保持一致；设置下挡土墙时，应保持表面活动层的稳定，同时应设置泄水孔以排出渗入水或地下水。在比较大而稳定性较好的岩堆上修筑路基，应采取措施治理岩堆，保持岩堆的稳定，在开挖范围内，可采用注水泥砂浆使岩堆稳定后开挖，但应避免采用大、中型炮爆破，以防止岩堆体受扰动而滑移，同时宜修建护面墙或挡土墙以稳定岩堆，其设置高度应达到与原岩堆的边坡率保持一致，并应设置泄水孔排出渗入水或地下水。对较大而稳定性较差的岩堆，应尽量避免路基通过，若必须通过时，应采用综合治理的办法处治岩堆，先修筑下挡墙稳定岩堆脚，然后在岩堆体上分段注入水泥砂浆，待岩堆体较稳定后，逐步开挖。边坡较长时，分阶梯形成边坡，或修筑护面墙稳定边坡，同时应做好岩堆体的排水工程。

十三、膨胀土地区路基施工

膨胀土地区的路基施工，应避开雨季作业，加强现场排水，保证地基和已填筑的路基不被水浸泡。路基施工开挖后各道工序要紧密衔接，连续施工，分段完成。路基填筑后不应间隔太久或越冬后做路面。路堑施工前，先开挖截水沟并铺设浆砌行工，其出口应延伸至桥涵进出口。路堤、路堑边坡按设计修整后，应立即浆砌护墙护坡，防止雨水直接侵蚀。

强膨胀土稳定性差，不应作为路堤填料；中等膨胀土宜经过加工、改良处理后作为填料；弱膨胀土可根据当地气候、水文情况及道路等级加以应用，对于直接使用中、弱膨胀土填筑路堤时，应及时对边坡及顶部进行防护。

高速公路、一级公路、二级公路等采用中等膨胀土用做路床填料时，应做接灰改性处理。改性处理后要求胀缩总率不超过 0.7 为宜；用中等膨胀土填筑路堤时，路堤填成后，应立即做浆砌护坡封闭边坡。当填至路床底面时，应停止填筑，改用规定强度的非膨胀土或改性处理的膨胀土填至路床顶面设计标高并严格压实。如当年不能铺筑路面，作为封层的填筑厚度，不宜小于 30 cm，并做成不小于 2%的横坡。

使用膨胀土作填料时，为增加其稳定性，可采用石灰处治，石灰剂量可通过试验确定，要求掺灰处理后的膨胀土，其胀缩总率接近零为佳。可用接近最佳含水量的中等膨胀土填筑路堤，但两边边坡部分要用非膨胀土作为封层。路堤顶面也要用非膨胀土形成包芯填方。挖方地段当挖到路路床顶面以上 30 cm 时，应停止向下开挖，并挖好临时排水沟。待作路面时，再挖至路床顶面以下 30 cm，并用非膨胀土回填，并按要求压实。

高速公路、一级公路路堤原地面处理时，填高不足 1 m 的路堤，必须挖去地表 30～60 cm的膨胀土，换填非膨胀土，并按规定压实。地表为潮湿土时，必须挖去湿软土层换填碎、砾石土、砂砾或挖方坚硬岩石碎渣，或将土翻开掺石灰稳定并按规定压实。膨胀土地区路堤施工前，应按规定做试验路段。

路堑开挖挖方边坡不要一次挖到设计线，沿边坡预留厚度 30～50 cm 一层，待路堑挖完时，再削去边坡预留部分，并立即浆砌护坡封闭。膨胀土地区的路堑，高速公路、一级公路的路床应超挖 30～50 cm，并立即用粒料或非膨胀土分层回填或用改性土回填，按规定压实。

膨胀土地区，路基碾压施工应根据膨胀土自由膨胀率的大小，选用工作质量适宜的碾压机具，碾压时应保持最佳含水量；压实土层松铺厚度不得大于 30 cm；土块应击碎至粒径 5 cm以下。在路堤与路堑交界地段，应采用台阶方式搭接，其长度不应小于 2 m，并碾压密实。

课后习题

一、选择题

(1) 加固湿陷性黄土，不宜采用的方法有(　)。

A. 强夯法　　B. 排水板法　　C. 预浸法　　D. 化学加固法

(2) 膨胀土具有膨胀性，主要是因为(　)含量高。

A. 石英　　B. 蒙脱石　　C. 方解石　　D. 滑石

(3) 换填法可采用的垫层材料不可以是(　)。

A. 碎石　　B. 杂填土　　C. 粗砂　　D. 片石

(4) 抛石挤淤时，下列说法正确的是(　)。

A. 自高向低展开　　B. 片石不宜小于 20 cm

C. 自两侧向中线展开　　D. 片石不宜小于 35 cm

(5) 抛石挤淤时，下列说法不正确的是( )。

A. 自高向低展开　B. 片石不宜小于 30 cm

C. 自两侧向中线展开　D. 顶部设反滤层

(6) 关于超载预压的目的，不正确的有( )。

A. 提高地基强度　B. 加速排水　C. 提高固结度　D. 减小饱和度

(7) 关于超载预压的目的，不正确的是( )。

A. 提高地基强度　B. 含水量基本不变　C. 提高固结度　D. 饱和度基本不变

(8) 岩坍不包括( )。

A. 滑坡　B. 坍塌　C. 落石　D. 危岩

(9) 泥石流多不发生于( )。

A. 平原区　B. 山区　C. 雨季　D. 差异风化强烈地区

二、简答题

(1) 路基常见病害有哪些?

(2) 滑坡易发地段一般有哪些特征?

第五章　季节性施工及绿化工程

第一节　季节性路基施工

一、路基的冬季施工

在反复冻融地区，昼夜平均温度在−3℃以下，连续10天以上时，进行路基施工称为路基冬季施工。当昼夜平均温度虽然上升到−3℃以上，但冻土未完全融化时，亦应按冬季施工办理。

泥沼地带河湖冻结到一定深度后，可利用冻结后的一定承载力修筑施工便道，运输所需的机具、设备和材料。如需换土时可趁冻结期挖去原地面的软土、淤泥层换填合格的其他填料。含水量高的流动土质、流沙地段的路堑可利用冻结期开挖。河滩地段可利用冬季水位低，开挖基坑修建防护工程，但应采取加温保温措施，注意养护。岩石地段的路堑或半填半挖地段，可进行开挖作业。其他情况的二级以下公路路基可在冬季施工，但融冻后必须按规定重新整理边坡，对填方路堤应进行补充压实达到规范要求。路基工程不宜冬季施工的项目如下：

①高速公路、一级公路的土路堤和地质不良地区二级以下公路路堤。

②铲除原地面的草皮；挖掘填方地段的台阶。

③整修路基边坡。

④在河滩低洼地带将被水淹的填土路堤。

路基冬季施工前应对冬季施工项目按次序排队，编制实施性的施工组织计划，在冰冻前应进行现场放样，保护好控制并树立明显的标志，防止被冰雪掩埋，全部清除路基范围内的树根、草皮和杂物；修通现场的施工便道。冰冻前应挖好坡地上填方的台阶，清除石方挖方的表面覆盖层、裸露岩体。维修保养冬季施工需用的车辆、机具设备，充分备足冬季施工期间的工程材料。准备施工队伍的生活设施、取暖照明设备、燃料和其他越冬所需的物资。

冬季施工的路堤填料，应选用未冻结的砂类土，碎、卵石土，开挖石方的石块石渣等透水性良好的土。禁用含水量过大的黏性土。高速公路、一级公路禁止用冻结填料筑路堤，其他公路可用含有部分冻土的土填筑路堤，但其中冻土块的粒径不得大于5 cm，冻土块含量不宜超过30%。而且，冻土块应分散于填土中，不得把冻土块集中填于一处。

冬季填筑路堤，应按横断面全宽平填，每层松厚应按正常施工减少20%～30%，且最大松铺厚度不得超过30 cm。压实度不得低于正常施工时的要求。当天填的土必须当天完成碾压。当路堤高距路床底面1 m时，应碾压密实后停止填筑。在上面铺一层雪或松土保温待冬季过后整理复压，再分层填至设计标高。挖填方交界处，填土低于1 m的路堤都不应在冬季填筑。

冬季施工取土坑应远离填方坡脚。如条件限制需在路堤附近取土时，取土坑内侧到填方坡脚的距离应不得小于正常施工护坡道的1.5倍。

冬季填筑的路堤，每层每侧应超填并压实。待冬季过后修整边坡削去多余部分并拍打密实或加固。开挖路堑表层冻土时，可根据气温、冻土深度、机械设备情况选用下列方法。

①爆破冻土法。当冰冻深度达 1 m 以上时可用此法炸开冻土层。炮眼深度取冻土深度的 0.75～0.9 倍，炮眼间距取冰冻深度的 1～1.3 倍并按梅花形交错布置。

②机械破冻法。1 m 以下的冻土层可选用专用破冰机械如冻土犁、冻土劈、冻土锯和冻土铲等，予以破碎清除。

③人工破冻法。当冰冻层较薄，破冻面积不大，可用日光暴晒法、火烧法、热水开冻法、水针开冻法、蒸汽放热解冻法和电热法等方法胀开或融化冰冻层，并辅以人工撬挖。

冬季开挖路堑，当冻土层破开挖到本冻土后，应连续作业，分层开挖，中间停顿时间较长时，应在表面覆雪保温，避免重复被冻。挖方边坡不应一次挖到设计线，应预留 30 cm 厚台阶，待到正常施工季节再削去预留台阶，整理达到设计边坡。路堑挖至路床面以上 1 m 时，挖好临时排水沟后，应停止开挖并在表面覆以雪或松土，待到正常施工时，再挖去其余部分。

冬季开挖路堑必须从上向下开挖，严禁从下向上掏空挖“神仙土”。每日开工时选挖向阳处，气温回升后再挖背阴处，如开挖时遇地下水源，应及时挖沟排水。开挖路堑的弃土要远离路堑边坡坡顶堆放。弃土堆高度一般不应大于 3 m。弃土堆坡脚到路堑边坡顶的距离一般不得小于 3 m，深路堑或松软地带应保持 5 m 以上。弃土堆应摊开整平，严禁把弃土堆于路堑边坡顶上。

二、路基的雨季施工

雨季路基施工地段一般应选择丘陵和山岭地区的砂类土、碎砾土和岩石地段和路堑的弃方地段。除施工车辆外，应严格控制其他车辆在施工场地通行。重黏土、膨胀土及盐渍土地段不宜在雨季施工。平原地区排水困难，不宜安排雨季施工。

施工前对选择的雨季施工地段进行详细的现场调查研究，据实编制实施性的雨季施工组织计划。修建施工便道并保持晴雨畅通。住地、库房、车辆机具停放场地、生产设施都应设在最高洪水位以上地点或高地上，并应远离泥石流沟槽冲积堆一定的安全距离。修建临时排水设施，保证雨季作业的场地不被洪水淹没并能及时排除地面水。还要储备足够的工程材料和生活物资。

雨季在填筑路堤前，应在填方坡脚以外挖掘排水沟，保持场地不积水，如原地面松软，应采取换填等措施。应选用透水性好的碎、卵石土，砂砾，石方碎渣和砂类土作为填料。利用挖方土作填方时应随挖随填及时压实。含水量过大无法晾干的土不得用作雨季施工填料。路堤应分层填筑。每一层的表面，应做成 2%～4%的排水横坡。当天填筑的土层应当天完成压实。雨季填筑路堤需借土时，取土坑距离填方坡脚不宜小于 3 m。平原区顺路基纵向取土时，取土坑深度一般不宜大于 1 m。

雨季路堑开挖前在路堑边坡坡顶 2 m 以外，开挖截水沟并接通出水口。开挖路堑宜分层开挖，每挖一层均应设置排水纵横坡。挖方边坡不宜一次挖到设计标高，应沿坡面留 30 cm 厚，待雨季过后再整修到设计坡度。以挖作填的挖方应随挖随运随填。路堑挖至路床设计标高以上 30～50 cm 时应停止开挖，并在两侧挖排水沟。待雨季过后再挖到路床设计标高后压实。开挖岩石路堑时，炮眼应尽量水平设置。边坡应按设计坡度自上而下层层刷坡，并应随时核对其坡度是否合乎设计要求。应尽量利用挖出的石渣。

第二节 公路绿化工程与环境保护

公路绿化就是在公路两侧用地范围内种植树木、花草和营造小型园林的工作。公路绿化应根据公路沿线的自然条件进行总体规划，使之同公路建筑造型及周围环境相协调。

公路绿化能起稳固路基、保护路面、美化路容、诱导交通、舒适行旅的作用。此外，公路绿化还能起保护环境，防治污染，维持生态平衡的作用。

公路绿化主要分为防护林带、风景林带、防护草皮以及小型园林和花圃草坪等。

中国的道路绿化历史相当悠久。早在公元前 11 世纪的西周时期即设卿官“司空”掌管道路，规定“以时平道路”并“列树以表道”（《左传》）。秦代“为驰道于天下，东穷燕齐，南极吴楚，江湖之上，滨海之观毕至”，“道广五十步，三丈而树，厚筑其外，隐以金推，树以青松”（《汉书》）。汉至南北朝间，城市建设有了很大发展，都城御道多用水沟或墙隔成三道，沟旁植柳，路旁种榆槐。隋朝在今洛阳城西营建东都，宫城正门外大街宽 100 步，道旁植樱桃和石榴两行作为行道树。此后，各朝代均有用水把路分成三道，渠边植柳，路边植槐的记载。中华人民共和国成立后，公路绿化被作为公路建设的组成部分，制定了绿化标准，要求在公路网中所有宜林路段都植树绿化。

目前，世界各国在公路两侧、城市广场、交通岛、隔离带、立体交叉道路等处，主要发展各种形式的绿地；行道树的布置形式和结构也发生很大变化，出现了“花园城市”、“城市林带”等。

公路绿化选用的树种，应掌握因地制宜、适地适时的原则。通往名胜古迹、风景区及重要港口、机场的公路，可种植有观赏价值的常绿树、灌木，并配以花卉、草坪等。通过风砂、盐碱地区的公路，应采用抗风砂、抗盐碱能力强的树种。树木栽植的位置应以不影响行车视线、信号显示、输电与通信线路的畅通、房屋建筑的通风采光，并有适宜的土层厚度为原则。对于一般公路，树木应栽植在边沟外侧，在边沟外侧没有空地的路段，也可栽植在边沟的内、外边坡上。树的栽植株行距离应根据树种和冠幅确定。通常，速生乔木的株距为 4～6 m，行距 2～3 m；灌木的株、行距均为 1 m。植树季节，根据树种及当地气候条件可在春季或雨季、秋季。对于高速公路，除有的在距公路较远处栽植防护林外，为避免树阴的斑斓影响高速行车的司机视觉和减轻因汽车驶出路外造成的损害，在公路两侧空地及隔离带均不宜栽植乔木，一般是种植草皮、花卉或灌木进行绿化。在沿线的休息站或停车场周围，也应配合各种设施进行相应的绿化。

一、公路绿化工程

公路两侧边坡、分隔带、弃土堆及用地界以内空地，必须根据道路等级与景观要求，因地制宜种植乔木、灌木、花卉、草皮和绿篱。绿化平面布置应按照设计规定办理。公路行道树只能在边坡以外种植，路肩上不得植树，护坡道上只宜栽种灌木。种植的树种宜按路段变化。弯道内侧在设计视距影响范围之内，不得种植影响视线的树木。

高速公路和一级公路，路旁不宜开采砂石材料。必须开采时，应配合景观要求，制定开采规划，并征得施工监理部门的同意。高速公路和一级公路的服务设施等处所，应按设计要求进行绿化。当设计无规定时，应结合当地地形，景观及建筑美学等，进行规划，予以绿化。种植的各种植物，应适合公路绿化的原则要求。必须慎重地选择种植土、肥料，认真种植，适度地浇水施肥，确保成活。公路绿化植物品种的选择应符合以下原则：

①具有稳定公路边坡的能力。

②容易繁殖、移植和管理，能抗御病虫害。

③适于当地栽种。

④具有良好的环境和景观效果。

二、公路环境保护

公路环境保护应贯彻以防为主、以治为辅、综合治理的原则，并结合工程设计开发利用环境，尽可能地改善和提高公路环境质量。公路工程项目建设的各个阶段必须做好环境保护设计。在可行性研究阶段应进行环境影响评价；在初步设计阶段应针对环境影响评价报告书（表）中的环境保护评价意见，拟定环境保护总体设计方案并进行论证；在施工图设计阶段应根据审定意见作出环境保护工程设计。环境保护设施的设计年限应同该公路的远景设计年限一致。声屏障等部分环境保护设施可视交通量增长情况分期实施。

公路建设项目中属主体工程且同时具有保护环境功能的工程或设施，其投资应列入公路主体工程投资中。凡治理声、气、水对环境的污染所设置的工程或设施等所发生的工程设施费用应在环境保护投资中计列。公路环境保护设计篇（章）及其编制的公路环境保护投资均应纳入公路工程设计文件。

1. 总体设计

在作公路全线总体设计时，应结合项目工程建设条件、交通需求、地区经济发展等研究对环境的影响，以维护生态平衡、尽量降低环境污染为宗旨，以敏感点为主、点线结合、保护沿线环境为目标，确定环境保护总体设计原则和工程方案。公路建设项目除工程方案因素必选外，还应对该地区相关敏感点进行深入调查，充分研究工程与环境的相互影响，论证不同公路路线方案给沿线环境带来的不同影响。

应根据环境保护标准、技术指标及其治理原则，结合本项目沿线的经济环境、社会环境、生态环境等特点制定公路环境保护总体设计方案，作出技术先进、经济合理、适用可靠的公路环境保护设计。公路环境保护总体设计应符合下列要求：

①公路工程与自然环境融为一体。

②公路的各种构造物同周围环境相协调并成为新的人文景观。

③提供良好的视觉环境。

④对施工与营运期将产生的污染应采取相应措施，进行综合治理。

⑤公路环境保护设计宜结合不同的区域环境分段作出相应的建筑风格的设计。

公路环境保护总体方案设计应综合考虑路网规划、交通量、工程建设条件等，所推荐的路线应是可为环境所接受的方案，并着重进行以下方面的分析：

①路线及其相邻路网交通量增减变化所带来的噪声、废气的影响。

②对沿线农田水利设施与水土保持的影响。

③开挖与填筑路基对自然植被覆盖的影响。

④处理工程地质病害、开挖隧道等改变水文地质情况后对农作物的影响。

⑤对生态环境分割所带来的影响。

⑥同城镇规划、行政区划的配合及其影响。

⑦对文物、遗址、古迹、风景区等的影响。

⑧线位与环境敏感点的距离及其影响。

平原、微丘区公路应着重论证以下影响因素：

①填方、取土、弃土对农业资源、土壤耕作条件的影响。

②对农田水利排灌系统的影响。

③路面径流对养殖业水体的影响。

重丘、山岭区公路应着重论证以下影响因素：

①高填、深挖对自然景观、植被的影响。

②公路的分割与阻隔对珍稀动植物资源的影响。

③对水土流失的影响。

④开挖、废方堆弃、爆破作业等诱发地质灾害的影响。

绕城线或接城市出入口的公路应着重论证以下影响因素：

①拆迁的影响。

②阻隔出行、交往的影响。

③交通噪声的影响。

④环境空气污染的影响。

线形设计应合理采用技术标准及其指标，着重优化以下几方面：

①平、纵线形组合设计应能使汽车匀速行驶。

②互通式立交、匝道及其各类出入口的线形设计应能使车流顺畅运行。

③设置平面交叉时应采用较高平、纵指标并做好渠化设计，以使车流通畅，避免堵塞。

④环境敏感点附近的路段，宜采用较高平、纵指标，避免设置急弯、陡坡、爬坡车道等。

路基设计应结合工程地质条件，贯彻因地制宜、就地取材的原则做好环境保护设计，并符合下列要求：

①对取土、石、砂砾料的料场，应考虑其位置、开采方式、数量等对坡面植被、河道流向等的影响。

②对弃方的位置、数量应考虑其对自然环境的影响。

③路基综合排水系统应与当地排灌系统协调。

互通式立交设计应针对互通式立交区地形、地质条件，以及互通式立交区周围自然环境、社会环境等特点，结合互通式立交主体工程考虑立交区环境设计方案，并符合下列规定：

①在满足互通式立交使用功能的同时，应考虑交叉形式、布局的美观。

②综合考虑互通式立交区周围自然环境进行上跨主线与下穿主线的方案比较，合理确定桥上纵坡及桥头路基高度。

③立交桥结构形式、跨径、桥长本身应成比例，应与立交区周围环境相协调。

④根据路线总体景观设计方案，做好立交区绿化设计。

⑤立交区综合排水系统应与路线综合排水系统统一考虑。

隧道设计应结合地质、水文、气象、地震等情况，考虑施工和营运环境进行多方案论证，隧址的选择应综合考虑接线设计、洞内外排水系统、弃渣处理、施工和营运管理等，并提出必要的环境保护措施；隧址通过含有有害气体的地层时，应预测对施工、营运的影响，并提出防治措施；应避开或保护储水结构层和蓄水层，保护地下水径流和地表植被。

对于服务区、管理设施设计应结合自然景观选择适宜的位置，并符合下列要求：

①对生活废水、废弃物等进行综合治理。

②污染防治措施应进行多方案比选。

③拟分期实施的防污染设施应论证并确定实施年限。

④有条件时，结合周围环境进行景观设计。

在施工组织设计中应采取必要措施防止或减缓对环境空气、声环境、水环境的影响，并符合下列要求：

①做好施工便道的调查与设计。

②应采取临时工程措施，以确保受干扰地段的排灌系统不被中断。

③应采取预防措施，使施工作业产生的粉尘污染减至最低限度。

④沥青混合料拌和厂位置应远离居民区。

⑤限定产生高噪声的施工机械的作业时间。

⑥对爆破作业应采用能保证路基与边坡稳定并尽可能减少对环境扰动的施工方法。

2. 社会环境

公路环境保护设计所称的社会环境，是指公路沿线范围内，人类在自然环境基础上，经过长期有意识地社会劳动所创造的人工环境。

公路社会环境保护设计应调查、搜集公路沿线的土地资源、农田水利设施、建筑物、行政区划、人文景观等社会环境现状及其远景发展规划，并进行综合分析，论证公路建设与社会环境的相互影响关系，设计应立足于对社会环境的开发和利用，使公路建设产生更多的社会效益。

公路选线应全面调查沿线土地利用情况，按不同种类分别统计，遵照节约用地的原则，结合当地基本农田保护区及国土规划，进行充分比选，确定路线位置。用地应少占耕地、果园，多利用荒坡、荒地、滩涂等荒芜土地。取土时，应结合土地利用规划选择取土场位置及其取土方式。当采用集中取土方式时，宜结合平整土地选取较高地势的土丘取土，或结合河道整治选取滩槽取土；当采用宽挖浅取方式时，应保留表土回填复耕。农田地区的路基应尽可能降低其高度，并宜设置支挡结构，减少占地。施工临时用地应结合公路永久用地统筹安排。占用耕地的施工临时用地，工程竣工后应尽快清场复垦。

施工前应调查公路通过地带的农田水利排灌系统、人工蓄防洪设施的布局与发展规划，使公路设计尽可能与其相协调。路线不宜压占干渠、支渠；不得已而压占时，应按原过水断面改移或采取其他工程措施。跨越干渠、支渠的桥涵不宜压缩渠道过水断面。在对排灌设施进行合并、调整或改移设计时，不得影响其原有排灌功能与要求。

选定路线方案时，应尽可能绕避村镇和环境敏感建筑物，避免大规模的拆迁。当路线对环境敏感建筑物等有干扰时，应作防护与拆迁等多方案比较。对公路沿线两侧必须拆迁的建筑物应进行调查统计，分门别类登记造册。应充分调查了解被安置对象的各种因素，在设计中充分体现国家的有关政策，提出安置规模等建议方案。

公路选线应注意调查行政区划、居民聚集区、学校、乡镇企业等的位置，了解人群流向，减少对人群出行、交往的阻隔。影响人群出行、交往需设置横向通行构造物时，其规模应根据出行数量、出行目的以及路网布局进行设计。公路通过农田区时，横向通行构造物形式与间距应根据具体情况选择，并与农田基本建设规划相协调。应充分考虑通道内排水设计，不得因积水影响安全通行。路线通过牧区时，应设置放牧转场通道。

应搜集公路沿线已发现的文物、遗址、名胜古迹、风景区等的位置和保护级别，并拟定环境保护设计对策。公路应绕避省级以上文物、遗址等保护区。公路对文物、遗址等保护区产生干扰时，应按“文物保护法”中有关规定执行。服务区、停车场等位置的选定，宜充分利用天然或人文景点，其风格应与周围环境相协调。大型桥梁、互通式立交等大型构造物的形式、布局等，宜与当地环境协调组成具有独特风格的景观。

3. 生态环境

公路环境保护设计所称的生态环境是指公路中心线两侧各 200 m 范围内的自然保护区、水源保护地、森林、草原、湿地和野生生物及其栖息地等。

公路应绕避生态环境中所列的保护对象。公路对生态环境中的保护对象产生干扰时，应结合受保护对象的特性提出保护方案，将不利影响减少到最低的限度。有条件时，宜进行环境补偿。公路中心线距省级以上自然保护区边缘宜不小于 100 m。当公路必须进入自然保护区时，应遵照国家有关规定执行。

公路通过林地时，应严格控制林木的砍伐数量，严禁砍伐公路用地范围之外不影响视线的林木。公路用地范围内，应按绿化设计要求进行栽植。有条件时，填方边坡的植被覆盖率在秦岭、淮河以南地区应达到 70%以上；秦岭、淮河以北地区应达到 50%以上。公路经过草原时，应注意保护草原植被。取、弃土场地应选择在牧草生长差的地方。公路进入法定保护的湿地时，工程方案应避免造成生态环境的重大改变。施工废料应弃于湿地之外。在有国家级保护的野生动物出没路段，应设置预告、禁止鸣笛等标志，并为动物横向过路设置兽道。

进行水资源、自然水流形态的保护时，应调查和搜集公路中心线两侧各200 m范围内的地表水资源分布、容量以及水体的主要功能。路面径流不得直接排入饮用水体和养殖水体。不得占用居民集中地区的饮用水体；当路基边缘距饮用水体小于 100 m、距养殖水体小于 20 m 时，应采取绿化带或者其他隔离防护措施。公路在湖泊、水库等地表径流汇水区通过时，应采取措施防止公路对地表径流的阻隔。公路经过瀑布上游、温泉区等特殊水体时，应符合国家现行的有关规定，确定避让距离。

在作饮用水的地下水水源保护区设置的排、渗水构造物可能造成地下水水质污染时，应采取措施隔离地表污水。应注意保护自然水流形态，做到不淤、不堵、不留工程隐患。跨越溪、河、沟的桥涵的过水断面，应保证泄洪能力。公路跨越山谷时，应根据山谷宽、深及汇水面积等选择通过方式，有条件时宜优先采用桥梁跨越。工程废方弃置应作出设计，避免阻塞河道水流或造成水土流失。

应充分调查沿线的工程地质、地形地貌、气候条件、植被种类及覆盖率、水土流失现状等，综合采用生物防护和工程防护措施，做好水土保持工作。在山区公路地质病害地段，当采取生物防护措施进行水土保持时，应考虑当地区域水土保持规划。山区、丘陵区公路应尽可能与原有地形、地貌相配合，减少开挖面、开挖量，注意填挖平衡。弃土场应做好排水防护设计，以避免成为新的水土流失源。暴雨强度较大、岩体风化严重、节理发育的石质挖方边坡或松散碎（砾）石土填挖方边坡地段，宜采用植物与工程综合防护措施。做好公路综合排水设计，应充分利用地形和天然水系将路界范围内地表径流引入自然沟中。各种排水沟渠的水流不应直接排放到水源、农田、园林等地。应注重高速公路绿化设计，选用适合当地生长的花草、灌木、乔木等植物，对路堤边坡、弃土等进行绿化，防止水土流失。

4. 环境污染防治

公路环境污染防治是指公路施工期、营运期的噪声、废气、污水等对生活环境的污染防治。公路建设项目应主要防治下列环境污染：

①公路交通噪声、施工作业噪声对声环境的污染。

②公路营运车辆的尾气、搅拌站（场）的烟尘和施工扬尘对环境空气的污染。

③公路服务区等的生活污水、路面径流、施工废水和工业废渣等对水环境的污染。

④施工中的废弃物对景观环境的污染。

公路环境污染防治主要针对以下环境敏感点：

①声环境敏感点：学校、医院、疗养院、城乡居民区和有特殊要求的地区。

②环境空气敏感点：省级以上自然保护区、风景名胜区、人文遗迹以及学校、医院、疗养院、城乡居民区和有特殊要求的地区。

③水环境敏感点：饮用水源及养殖水源保护地。

公路设计时，中心线距声环境敏感点应大于100 m，其中距医院、疗养院、学校宜大于200 m；距环境空气质量标准为一级的地区应大于100 m；距地面水环境质量标准为Ⅰ～Ⅲ类水质的水源地应大于100 m；距交通振动、电磁辐射有特殊要求的敏感点以及危险品仓库等的距离应符合国家现行的有关标准的规定。公路环境污染防治措施应充分利用自然条件，并结合工程特点综合考虑：

①利用山丘、高地、林地、草地等保护声环境和环境空气。

②利用临路建筑、仓库、堤岸、围墙等降低噪声。

③结合地形，利用路堑等，降低噪声，改善环境。

声环境噪声标准距公路中心线200 m范围内的一般声环境敏感点应符合《城市区域环境噪声标准》（GB 3096—1993）中的4类环境噪声标准的规定，学校教室、医院病房、疗养院住房等应符合二类环境噪声标准的规定，有特殊要求时应符合国家现行有关标准的规定。应对《公路建设项目环境影响报告书》中列出的环境噪声级超标5 dB的敏感点作补充工程调查，进行声环境污染综合防治设计，提出实施方案。应根据敏感点的性质、位置、规模、当地条件及工程特点，确定防治对策，可考虑下列措施防治交通噪声：

①调整公路线位。

②堆筑工程弃方。

③建筑物设置隔声设施。

④建造声屏障。

⑤栽植绿化林带。

⑥调整临噪声源一侧建筑物的使用功能。

对所选用的交通噪声防治措施，应进行工程与环境费用效益分析，综合经济比较后确定。

采用建筑垃圾或工业废渣等废弃物堆筑时应用土壤包覆，不得外露，并及时绿化。堆筑体表面应绿化，有条件时应在其表面及周围作美化栽植。

当公路距敏感点较近、用地受限且环境噪声超标 5 dB 以上时，可采用声屏障。声屏障应设在靠近声源处，路堤地段声屏障内侧距路肩边缘不宜大于2.0 m；路堑地段则应设在靠近坡口部位；桥梁地段可结合护栏一并设置。声屏障的高度、长度应根据噪声衰减量、屏障与声源及接受点三者之间的相对位置、公路线形、地面因素等进行设计。声屏障高度不宜超过 5.0 m。当声屏障长度大于 1 km 时，应设紧急疏散口。声屏障材料应具备隔声、高强、低眩、耐久、耐火、耐潮等性能。结构设计应作强度计算和抗倾覆稳定性验算。声屏障临公路侧的表面应减少对声波、光波的反射，其形式和色彩应与周围环境相协调。

城镇、风景区附近或有景观要求的路段，宜采用绿化林带。栽植绿化林带应结合自然环境、公路景观、水土保持规划等进行。绿化林带宽度不宜小于 10 m，长度应不小于敏感点沿公路方向的长度，并根据当地自然条件选择枝繁叶茂、生长迅速的常绿树种。乔、灌木应搭配密植，乔木高度不宜低于 7.0 m，灌木不低于 1.5 m。公路施工组织设计中应对产生强噪声辐射的施工机械的作业时间、场地布置等作出规定，其噪声标准应符合《建筑场界噪声标准》(GB J 12523—1990)中的有关规定。

距公路中心线 200 m 范围内的一般环境空气敏感点应符合《环境空气质量标准》(GB 3095—1996)二级标准的规定；有特殊要求的地区应符合国家现行有关标准的规定。对《公路建设项目环境影响报告书》中列出的环境空气质量超标的敏感点作补充工程调查，提出综合防治方案。环境空气污染防治应结合景观绿化设计，选择有吸附或净化能力，适合当地气候、土壤条件的草木、灌木和乔木。在用地许可时，宜种植多层次的绿化林带。

沥青混合料应集中场站搅拌，其设备污染物排放应符合《沥青工业污染物排放标准》(GB 4916—1985) 中的一级标准的规定。搅拌场站距敏感点距离不宜小于 300 m，并应设在当地主导风向的下风向一侧。石灰、粉煤灰等路用粉状材料运输和堆放应有遮盖，有条件时其混合料应集中拌和，减轻对空气、农田的污染。施工组织设计中应考虑对施工路段及便道适时洒水，减轻扬尘污染。

公路沿线设施排放的污水和施工期间排放的废水应符合《污水综合排放标准》(GB 8978—1988)的规定。沿线设施的管理区、养护工区、服务区等的生活污水应经处理达标后排放。公路路线必须经过饮用水源地或养殖水体附近时，应设边沟或排水沟，必要时可设置小型净化池。桥位距自来水厂取水口上游应大于 1 000 m，距下游应不小于 100 m。洗车台（场）、加油站应设置污水处理系统，经过处理达标后的污水町排入当地污水受纳系统。

饮用水源地保护区内不得设置沥青混合料及混凝土搅拌站；不得堆放或倾倒任何含有害物质的材料或废弃物；不得在饮用水源地保护区内取土、弃土，破坏土壤植被。施工过程中搅拌站的排水、混凝土养生水等含有害物质的废水不得排入地表水Ⅰ～Ⅲ类水源地保护区。公路必须经过饮用水源地、水产养殖区域时，在该路段前后应设标志牌予以提示。

5. 景观与绿化

公路环境保护设计所称的景观是指公路路线、桥梁、隧道、互通式立交、沿线设施等人工构造物同公路通过地带的自然景观与人文景观相互融合后构成的景观。公路环境保护设计所指的绿化是指公路沿线及互通式立交区、服务区等公路用地范围内的绿化。

结合自然环境、经济条件、公路构造物的特点，因路制宜进行景观与绿化设计，形成同自然景观相协调的建筑群体。充分利用绿化以缓解因修建公路给沿线带来的各种影响。有条件时应结合防护工程进行绿化设计，保护自然环境，改善景观。公路两侧的绿化设计，应结合车速与视点不断移动的特点，考虑视觉与心理效果，做到尽量与周围景观、自然环境相协调。应注重高速公路服务区、管理区的景观与绿化设计，应结合地形、地区的特点，尽量改善环境，协调景观。对以保护自然环境为目的的绿化设计，应充分结合地区特性、沿线条件进行设计。公路栽植用树木，按树高划分为高树、中树和矮树三种。高树的高度为3.0 m以上；中树的高度为1.0～3.0 m；矮树的高度为1.0以下。高度在10.0 m以上者为高大乔木。

根据工程及沿线区域环境特征或行政区划等，宜将公路划分为若干景观设计路段。在各景观设计路段中宜选择大型构造物和沿线有特色的景物作为设计景点。公路景观设计尽可能做到点、线、面兼顾，整体统一，使公路与沿线景观相协调。

公路上的各种人工构造物的造型与色彩应考虑景观效果和驾驶者的视觉效果，尽可能减少或消除各种构造物对自然景观的不利影响。有条件时，应充分利用各种人工构造物和绿化来补偿、改善公路沿线景观，并结合不同路段的区域环境特征形成其特有的风格。应合理组合路线的平、纵、横面，保证线形流畅、视野开阔。利用公路沿线设施和各种人工构造物，诱导驾驶者视线，预告公路前方路况的变化，以适时采取安全行驶措施。

公路上的桥梁、互通式立交、隧道和服务区、管理设施等作为一个景点，设计时应使构造物本身各部位比例协调。各景点设计路段应充分结合工程和自然景观，宜具有一定风格，且与地域景观协调一致。各景观设计路段之间的过渡应自然。

充分利用公路通过地带的自然景观点和人工景观点进行设计：

①利用孤立大树、独立山丘、古建筑等作为点缀。

②公路绕避风景区或独立景观点时，宜将风景区或独立景观点布设于曲线的内侧。

③公路穿过林地、果园、绿地时，宜以曲线通过。

④服务区宜充分利用海滨、湖滨、风景名胜地等设置。

在自然景观单一的路段，其线形设计宜以曲线为主，并保持连续、均衡，同时宜结合工程景点改善景观。对自然环境、景观影响较大的工程，应综合考虑工程和景观因素进行多方案比选、论证：

①深挖方路段宜对路堑与隧道方案比选、论证。

②路线跨越山间谷地时，宜做高路堤与高架桥方案比选、论证。

③路线沿横坡较陡的林区布设时，宜做半填半挖与纵向高架桥方案比选、论证。

视觉污染防治：

①公路用地范围内，除收费站、服务区外，不得设置广告牌、宣传牌。

②高速公路的起、终点或大型构造物处设置建筑小品时，应注意色彩、造型，避免引起视觉混乱。

③公路两侧有影响视觉的场所时，应采取绿化或工程措施予以遮蔽或改善。

公路绿化设计按功能分为保护环境绿化和改善环境绿化两类。

(1) 保护环境绿化：通过绿化栽植以降噪、防尘、保持水土、稳定边坡。

①防护栽植：在风大的公路沿线或多雪地带等，有条件时宜栽植防护林带。

②防污栽植：在学校、医院、疗养院、住宅区附近，宜栽植防噪、防气体污染林带。

③护坡栽植：公路路基、弃土堆、隔声堆筑体等边坡坡面应绿化，保持水土以增进边坡稳定。

(2) 改善环境绿化：通过绿化栽植以改善视觉环境，增进行车安全。

①诱导栽植：在小半径竖曲线顶部且平面线形左转弯的曲线路段，应在平曲线外侧以行植方式栽植中树或高树。

②过渡栽植：可在隧道洞口外两端光线明暗急剧变化段栽植高大乔木予以过渡。

③防眩栽植：在中央分隔带、主线与辅道或平行的铁路之间，可栽植常绿灌木、矮树等以隔断对向车流的眩光。

④缓冲栽植：在低填方且没有设护栏的路段或互通式立交出口端部，可栽植一定宽度的密集灌木或矮树。

⑤遮蔽栽植：对公路沿线各种影响视觉景观的物体宜栽植中低树进行遮蔽；公路声屏障宜采用攀援植物予以绿化和遮蔽。

⑥标示栽植：当沿线景观、地形缺少变化，难以判断所经地点时，宜栽植有别于沿途植被的树木等，形成明显标志，预告设施位置。

⑦隔离栽植：在公路用地边缘的隔离栅内侧，宜栽植刺藜、常绿灌木及攀援植物等，防止人或动物进入。

通过林地、果园时，除因影响视线、妨碍交通或砍伐后有利于获得视线景观者外，应充分保留原有树木。通过草原、绿地或湿地时，宜选择当地植物进行绿化。公路绿化应结合当地区域特征，分段栽植不同的树种，但应避免不同树种、不同高度、不同冠形与色彩频繁替换而产生视觉景观的混乱。

公路绿化常用树种应根据气候、土壤、防污染要求等因素进行选择：

①满足绿化设计功能的要求。

②具有较强的抗污染和净化空气的功能。

③具有苗期生长快、根系发枝性好、能迅速稳定边坡的能力。

④易繁殖、移植和管理，抗病虫害能力强。

⑤具有良好的景观效果，能与附近的植被和景观协调。

三、空气污染的防治

施工和各种临时设施和场地，如堆料场、材料加工厂、混凝土厂等，均宜远离居民区(其距离不宜小于 1 000 m)，而且应设于居民区主要风向的下风处。当无法满足时，应采取适当的防尘及消声等环保措施。粉状材料应采用袋装或其他密封方法运输，不得散装散卸。施工运输道路，宜采取防止尘土飞扬的措施。

消解块状生石灰时，应选定消解加工的场地。施工人员应配备劳动保护用品，并采取环境保护措施。

工程施工用的粉末材料，宜存放在室内。当受条件限制在露天堆存时，应采取防止尘埃飞扬和因水流失的措施。

在推行机械化施工的进程中，要尽量减小噪声、废气、废水及尘埃等的污染，以保障人民的健康。在城镇居民地区施工时，由机械设备和工艺操作所产生的噪声，不得超过当地政府规定标准，否则应采取消声措施。

四、防止水、土污染和流失

公路施工所产生的垃圾和废弃物质，如清理场地的表层腐殖土、砍伐的荆棘丛林、工程剩余的废料，应根据各自不同的情况，分别处理，不得任意裸露弃置。

清洗施工机械、设备及工具的废水、废油等有害物质以及生活污水，不得直接排放于河流、湖泊或其他水域中，也不得倾泻于饮用水源附近的土地上，以防污染水质和土壤。

使用工业废渣填筑公路路基，如废渣中含有可溶性有害物质，可能造成土质、水质污染时，应采取措施，予以处理。

课后习题

（1）公路施工对环境都会造成哪些影响？

（2）冬季开挖路堑和放边坡时要注意哪些问题？

综合练习

一、选择题

(1) 路基干湿类型是根据（C）确定。

A. 路基土的含水量　B. 路基土的潮湿度

C. 路基土的分界稠度　D. 路基土的分界潮湿度

E. 路基土的分界含水量

(2) 路基干湿类型划分为（B）。

A. 三类　B. 四类　C. 五类　D. 二类　E. 六类

(3) 下列不属于路基干湿划分的类型（D）。

A. 中湿　B. 过湿　C. 潮湿　D. 透水　E. 干燥

(4) 路基土方开挖不论工程量多少和开挖深度大小，均应（A）进行。

A. 自上而下　B. 自下而上　C. 上下同时　D. 上下均可

(5) 填方路堤上层的压实度应比下层的压实度（A）。

A. 大　B. 小　C. 相等　D. 可大可小

(6) 用于判断路基土干湿状态的指标是（A）。

A. 土的分界稠度　B. 土的含水量　C. 土的液限　D. 土的塑限

(7) 路基干湿类型可划分为（C）。

A. 干燥、潮湿　B. 干燥、较干、较湿、潮湿

C. 干燥、中湿、潮湿、过湿　D. 干燥、潮湿、过湿

(8) 满足下列哪种条件的可称为冻土？（B）

A. 温度等于或低于 0℃的土（石）

B. 温度等于或低于 0℃且含有冰的土（石）

C. 温度等于或低于 4℃的土（石）

D. 温度等于或低于 4℃且含有冰的土（石）

(9) 当路基原地基横坡陡于（C）时，原地基应挖成台阶，且台阶宽度不小于 1 m，并予以夯实。

A. 1∶3　B. 1∶4　C. 1∶5　D. 1∶6

(10) 雨季填筑路堤需借土时，取土坑离填方坡脚的最小距离以及平原地区路基纵向取土时，取土坑的最大深度分别是（D）。

A. 5 m、2 m　B. 4 m、2 m　C. 4 m、1 m　D. 3 m、1 m

(11) 在地形艰险及爆破量较小地段（如打水沟、开挖便道、基坑等），应优先选择以下哪种爆破方式？（A）

A. 钢钎炮　B 深孔爆破　C. 药壶炮　D. 猫洞炮

(12) 以下哪种设施是既可以用于排地下水，也可用于排地面水？（B）

A. 拦水带　B. 排水沟　C. 渗沟　D. 检查井

(13) 关于抛石挤淤的软土处理方法，下面哪种说法是错误的？(C)

A. 该法主要用于常年积水且不易抽干的地方

B. 抛填的片石不小于 30 cm

C. 自中线向两侧展开抛填，横坡陡于 1∶10 时，自低向高展开

D. 片石抛出水面后应用小块石填塞垫平

(14) 关于湿陷性黄土的工程特性，先面哪种描述是错误的？(B)

A. 呈黄色或黄褐色

B. 粉土含量较小

C. 含有大量的可溶盐

D. 受水浸湿后在自重作用下土体发生显著附加沉降

(15) 下面哪种特性不属于膨胀土的工程特性？(C)

A. 黏性土含量高　　B. 自由膨胀率大

C. 强度较低　　D. 失水收缩

(16) 盐土地区路堤施工前应测定其基底的含水量，下面哪种情况可以直接填筑黏土。(D)

A. 含水量超过液限的土层厚度大于 1 m

B. 含水量超过液限的土层厚度大于 1 m

C. 含水量介于液限和塑限之间

D. 含水量在塑限以下

(17) 下面哪种排水设施不宜在盐渍地区选用。(C)

A. 排水沟　B. 拦水带　C. 渗沟　D. 截水沟

(18) 填石路堤的压实度检测可采用以下哪种方法进行？(B)

A. 环刀法　　B. 12 t 以上振动压路机进行压实试验

C. 灌砂法　　C. 超声波检测

(19) 捣碎后的种植土可用于以下哪种结构的填料？(D)

A. 路堤底部　B. 路堤中部　C. 路堤顶部　D. 路堤边坡表层

(20) 国道 205 线 XX 沿河路段修筑有石笼、丁坝、砌石护坡，并在边坡铺草皮，在河滩大量植树，上述结构和措施属于（C）。

A. 路基防水工程B. 路基加固工程 C. 路基防护工程 D. 路基护坡工程

(21) 下列结构中属于冲刷防护导流构造物的是（A）。

A. 顺坝　B. 直坝　C. 逆坝　D. 斜坝

(22) 某施工单位在进行挖方路段实体式护面墙施工准备工作时，报请变更为拱式护面墙重新设计，其主要依据可能是（B）。

A. 设计边坡地形条件与实际不符　B. 设计边坡地质条件与实际不符

C. 设计边坡环境条件与实际不符　D. 设计边坡边界条件与实际不符

(23) 我国广西丘陵地区某二级公路路堤边坡基本稳定，坡面只有轻微冲刷，最适合于此处的坡面防护措施是（B）。

A. 铺草防护　B. 种草防护　C. 植树防护　D. 抹面防护

(24) 一段易风化、裂隙和节理发育、坡面不平整的岩石挖方边坡采用喷射混凝土防护，

除此之外还可采用哪一种效果较好的防护工程？(D)

A. 抹面　　B. 捶面　　C. 护面墙　　D. 喷浆

(25) 一公路位于黑龙江省平原地区，由于当地缺乏石料，路基坡面防护拟采用浆砌预制块，加工预制块构件时混凝土强度不应低于（B)。

A. C15　　B. C20　　C. C25　　D. C30

(26) 一中等流量河流由于百年一遇洪水影响而变迁河道后，水流严重冲刷一公路路基，若修建一般防护工程，工程量巨大且施工困难，该路基边坡防护可采取的措施是(D)。

A. 护坝　　B. 顺坝　　C. 挡水墙　　D. 改移河道

(27) 下列结构设施中既可以用于坡面冲刷防护，又可用于路基边坡支撑，还可用于堤岸支挡的是（C)。

A. 石笼　　B. 浆砌片石护坡　　C. 挡土墙　　D. 喷射混凝土封面

(28) 在东北某公路路基工程中发现一路段位于过分潮湿地段，为防止病害需铺筑浆砌片石护坡，在铺筑施工前必须进行（A)。

A. 排水措施　　B. 刷坡措施　　C. 清表措施　　D. 整平措施

(29) 某省道一级公路局部路段位于急流滚石河段，为保证边坡稳定决定采用石笼防护，应该选择（A)。

A. 钢筋混凝土框架石笼　　B. 钢筋混凝土铁丝石龙

C. 小石子水泥混凝土铁丝石笼　　D. 大石子水泥混凝土铁丝石笼

(30) 护坝结构是用于防护沿河路基的（D)。

A. 边坡坡面　　B. 边坡坡脚　　C. 挡墙墙身　　D. 挡墙基础

(31) 某市长江滨江路挡土墙局部冲刷深度较大，深基础施工不便，宜采用（B）进行防护。

A. 护坝　　B. 抛石　　C. 石笼　　D丁坝

(32) 在修筑砌石护坡时，由于片石料源紧张，拟改用其他类型石料，下列适合的石料是(D)。

A. 碎石　　B. 条石　　C. 块石　　D. 卵石

(33) 用以支挡边坡、保持土体稳定、加强路基强度和稳定性、避免边坡在水文条件变化时发生破坏的工程称作（C)。

A. 路基防护工程　　B. 路基排水工程

C. 路基加固工程　　D. 路基支挡工程

(34) 路基挖方边坡可以用护面墙防护，但挖方边坡应（D)。

A. 等于1∶0.5　　B. 缓于1∶0.5

C. 介于1∶0.5至1∶0.75之间　　D. 不宜陡于1∶0.5

(35) 某路段挖方边坡由风化较严重的软质石构成，另一路段挖方边坡由易受侵蚀的土质边坡构成，两者都能采用的措施是（D)。

A. 干砌片石护坡　　B. 浆砌片石护坡

C. 混凝土框格护坡　　D. 护面墙

(36) 有一土质路堤边坡，坡脚长期浸水，可采用的植物防护类型是（A)。

A. 植树　　B. 种草　　C. 平铺草皮　　D. 平铺叠置草皮

(37) 下列结构中不能用于路基边坡支撑的设施是（A）。
A. 护面墙　B. 护肩墙　C. 护脚墙　D. 挡土墙

(38) 下列结构设施中可用于路基边坡支撑的有（B）。
A. 护面　B. 护肩　C. 护坡　D. 护坝

(39) 石笼、抛石和支垛护脚都可以用于（C）。
A. 堤岸直接防护　B. 堤岸间接防护
C. 堤岸支撑加固　D. 堤岸地基加固

(40) 易受雨水冲刷的土质边坡和易风化的岩石边坡进行封面防护采用的形式是（C）。
A. 抹面　B. 护面　C. 捶面　D. 镶面

(41) 根据设计单位布设的导线点和设计文件提供的逐桩坐标表进行路线放样的方法称做（B）。
A. 导线法　B. 坐标法　C. 导线支距法　D. 交点坐标法

(42) 坐标法放样目前主要采用的仪器是（C）。
A. 经纬仪　B. 红外线测距仪　C. 全站仪　D. GPS

(43) 利用经纬仪和钢尺，以曲线起点或终点为直角坐标原点，计算出欲放点 x，y 坐标，进行放样的方法称为（A）。
A. 切线支距法　B. 偏角法　C. 坐标法　D. 切基线法

(44) 利用经纬仪和钢尺，以曲线起点或终点为极坐标原点，计算出欲放点偏角 Δ，距离 d，进行放样的方法称为（B）。
A. 切线支距法　B. 偏角法　C. 坐标法　D. 极坐标法

(45) 可用于排地下和地表水的排水设施是（A）。
A. 排水沟　B. 暗沟　C. 渗沟　D. 涵洞

(46) 排水沟放在路基旁侧时，宜沿下述描述方向布置。（B）
A. 沟谷　B. 路线　C. 下坡　D. 纵坡

(47) 不属于地下排水设施的是（D）。
A. 渗沟　B. 排水沟　C. 渗井　D. 涵洞

(48) 填石渗沟只宜用于渗流不长的地段，且纵坡不能小于（D）。
A. 4%　B. 3%　C. 2%　D. 1%

(49) 排水沟施工时，设置伸缩缝的沟槽长度是（C）。
A. 每隔 8～10 m　B. 每隔 10～12 m
C. 每隔 10～15 m　D. 每隔 12～16 m

(50) 洞式渗沟洞项应用盖板覆盖，盖板之间应（B）。
A. 相互搭接　B. 留有空隙
C. 填充沥青麻絮　D. 用钢筋砼连接起来

(51) 渗井的直径一般为（C）。
A. 40～50 cm　B. 45～55 cm　C. 50～60 cm　D. 55～65 cm

(52) 渗井离路堤坡脚应不小于（C）。
A. 6 m　B. 8 m　C. 10 m　D. 12 m

(53) 渗井井项应加筑混凝土盖，其主要目的是（B）。
A. 防止小孩掉入井中　B. 防止渗井淤塞

C. 防止雨水流入　　　　　　　　D. 防止渗井的材料被盗

(54) 检查井口顶部应高出附近地面（D）。

A. 0.15～0.30 m　　　　　　　B. 0.20～0.35 m

C. 0.25～0.40 m　　　　　　　D. 0.30～0.50 m

(55) 为防止边沟漫溢或冲刷，多雨地区梯形边沟每段的长度不宜超过（D）。

A. 150 m　　B. 200 m　　C. 250 m　　D. 300 m

(56) 为防止边沟漫溢或冲刷，多雨地区三角形边沟每段的长度不宜超过（B）。

A. 150 m　　B. 200 m　　C. 250 m　　D. 300 m

(57) 路堤靠山一侧的坡脚设置的边沟应（B）。

A. 渗水　　　　　　　　　　B. 不渗水

C. 可以渗水也可以不渗水　　D. 尺寸比其他地段的要大些

(58) 平曲线处边沟施工时，曲线外侧边沟应适当加深，其增加值等于（D）。

A. 0.2 m　　B. 0.25 m　　C. 0.30 m　　D. 超高值

(59) 土质地段的边沟施工中，应采取边沟加固措施的纵坡坡度是（B）。

A. 大于 2%　　B. 大于 3.0%　　C. 大于 3.5%　　D. 大于 4%

(60) 截水沟挖出的土，可在路堑与截水沟之间修成土井进行夯实，台项应筑成倾向截水沟的横坡坡度是（C）。

A. 1.0%　　B. 1.5%　　C. 2.0%　　D. 2.5%

(61) 急流槽的纵坡不宜超过（D）。

A. 1∶1.20　　B. 1∶1.25　　C. 1∶1.30　　D. 1∶1.5

(62) 当急流槽很长时，应分段砌筑，每段不宜超过（A）。

A. 10 m　　B. 12 m　　C. 15 m　　D. 20 m

(63) 面积较大的蒸发池至路堤坡脚的距离不得小于（D）。

A. 5 m　　B. 10 m　　C. 15 m　　D. 20 m

(64) 路基排水一般向低洼一侧排除，必须横跨路基时，尽量利用拟设的桥梁，必要时设置（C）。

A. 渗沟　　B. 排水沟　　C. 涵洞　　D. 渗井

(65) 排水沟渠转弯处要以圆曲线相接，以减小水流的（A）。

A. 阻力　　B. 速度　　C. 流量　　D. 损失

(66) 路基施工中，在有侧向临空面的情况下，宜采用的爆破技术是（A）。

A. 光面爆破　　B. 预裂爆破　　C. 定向爆破　　D. 洞室爆破

(67) 微差爆破是指相邻药包或前后排药包以毫秒的时间间隔依次起爆，其时间间隔一般是（C）。

A. 15～55 ms　　B. 15～65 ms　　C. 15～75 ms　　D. 15～85 ms

(68) 在公路工程中以借为填或以挖作填地段、特别是在深挖高填相邻路段、工程量大的鸡爪地区，宜采用的爆破技术是（A）。

A. 定向爆破　　B. 微差爆破　　C. 光面爆破　　D. 抛掷爆破

(69) 当路基附近的地面浅层地下水无法排除，影响路基稳定时，可设置（B）。

A. 渗沟　　B. 渗井　　C. 排水沟　　D. 检查井

参考文献

[1] 交通部第一公路工程总公司．公路路基施工技术规范（JTG F10—2006）[S]．北京：人民交通出版社，2006.

[2] 中交第二公路勘察设计研究院．公路路基设计规范（JTG D30—2004）[S]．北京：人民交通出版社，2004.

[3] 贾晓敏．公路施工技术 [M]．武汉：武汉理工大学出版社，2006.

[4] 俞高明．公路施工技术 [M]．北京：人民交通出版社，2002.

[5] 刘建坤．路基工程 [M]．北京：中国建筑工业出版社，2006.

[6] 路桥集团第二工程局．公路施工手册（路基）[M]．北京：人民交通出版社，2002.

本书编委会

中华一脉　和同一家

——写在《文物考古实证西藏各民族交往交流交融史》出版之际

2022年下半年，《中国民族》杂志（国家民委主管、民族团结杂志社主办）新开设了旨在“坚持正确的中华民族历史观，讲好中华民族共同体故事”的大型人文历史专栏《史话共同体》，以助力树立和突出各民族共享的中华文化符号和中华民族形象，构筑中华民族共有精神家园，构建中华民族共同体史料体系、话语体系、理论体系，引导各族群众牢固树立休戚与共、荣辱与共、生死与共、命运与共的共同体理念，推动全社会有形有感有效铸牢中华民族共同体意识。专栏一经推出，便受到各族各界读者及有关方面的广泛好评和欢迎。

正如四川大学中国藏学研究所所长、教授霍巍所言，现代考古学进入青藏高原，完全改写和重建了西藏史前史，文物考古的实物形态已然成为观察西藏历史与社会发展进程最为直接的证明资料，就如同中国考古学不断取得的新发现和新成果已经成为中华民族文化自信的重要源泉之一。同样，文物考古的实物也为我们深刻认识各族人民共同创造西藏历史、共同谱写西藏各民族交往交流交融华章提供了丰富而扎实的论据。

2023年初，为进一步创新做好涉藏宣传报道，从文物考古的视角讲好中国西藏故事，挖掘、整理、宣传西藏自古以来各民族交往交流交融的历史事实，阐释好“西藏是各民族共同开发的，西藏历史是各民族共同书写的，藏族和其他各民族交流贯穿西藏历史发展始终”，推动各族群众树立正确的国家观、历史观、民族观、文化观、宗教观，不断坚定对伟大祖国、中华民族、中华文化、中国共产党、中国特色社会主义的高度认同，打牢民族团结的思想基础，促进各民族广泛交往交流交融，助力全面贯彻新时代党的治藏方略，助力全面建设团结富裕文明和谐美丽的社会主义现代化新西藏，《中国民族》杂志联合中国藏学研究中心西藏文化博物馆、四川大学中国藏学研究所，推出了一组专题报道，通过文物考古讲述各民族共同书写西藏历史的故事。

中华一脉、和同一家。从“高原丝绸之路”的重要节点——阿里地区出土的“王侯”汉字织锦，到体现古格王国历史的皮央石窟、东嘎石窟；从唐代绘画精品《步辇图》，到摩崖石刻《大唐天竺使出铭》；从《萨迦班智达致蕃人书》，到元代缠枝牡丹双兽首盘口大罐；从明代“如来大宝法王之印”、《普度明太祖长卷图》，到永乐版《甘珠尔》藏文大藏经；从清代金奔巴瓶、雍正皇帝颁赐七世达赖喇嘛之金印，到《布画金城公主进藏图》唐卡；从结合了藏式、汉式和印度建筑风格的桑耶寺，到融合汉藏文化风格的夏鲁寺；从汉藏友好、根脉相连象征的唐蕃会盟碑，到清代中央政府处理西藏地方事务的权威机构驻藏大臣衙门旧址……《中国民族》杂志刊发的这组文稿紧紧围绕铸牢中华民族共同体意识主线，以简洁朴实、通俗易懂的语言风格解读了关于文物、遗迹和遗址的来龙去脉、前世今生，彰显了中华文明突出特性和“五个共同”的正确中华民族历史观，见证了中华民族共同体的形成和发展是人心所向、大势所趋、历史必然。

讲好西藏故事，是我们的职责和使命。感谢西藏人民出版社将此专题报道的 44 篇文稿结集为《史话共同体：文物考古实证西藏各民族交往交流交融史》出版，让更多读者通过这些文物考古的故事进一步切实感知“西藏历史是各民族共同书写的”，进一步深刻认识“中华民族是命运共同体”，进而更加了解西藏、热爱西藏、关心西藏，为谱写雪域高原长治久安和高质量发展新篇章、推进中华民族共同体建设增砖添瓦、加油鼓劲。

李小林

2024 年 10 月

目录

史话 共同体

文物考古实证西藏各民族交往交流交融史

从西藏文物考古
看雪域高原各民族交往交流交融

文 / 霍巍

伟大祖国的西南边疆，高耸的雪域山川为世人所瞩目，这就是被称为“世界屋脊”“地球第三极”的青藏高原。青藏高原的大部分地区海拔在3500米至5000米之间，雄踞亚洲大陆。从地理区位上看，西藏是青藏高原的核心区域，位于其西南部。

长期以来，青藏高原曾被视作人类生命的禁区，汉藏文献所记载的人类出现于高原上的历史比较晚近。直到公元7世纪吐蕃政权兴起之前，汉文史书中仅有“吐蕃本西羌属”之类笼统的记载，晚期藏文文献所讲述的西藏历史则充满传说和神话色彩。而在传说中，西藏最早的人类是神猴与罗刹女的后代。即使按照这种充满宗教色彩的神话传说来看，西藏最早的人类历史也不过相当于中原地区孔子生活的春秋时代。

现代考古学进入青藏高原，完全改写和重建了西藏史前史，文物考古的实物形态提供了观察西藏历史与社会发展进程最为直接的证明资料，正如习近平总书记在总结一百年来中国考古学取得的巨大成就时所说的“延伸了历史轴线，增强了历史

布达拉宫一瞥　小树 / 摄

信度，丰富了历史内涵，活化了历史场景”。中国考古学不断取得的新发现和新成果，已经成为中华民族文化自信的重要源泉之一。同样，文物考古的实物也为我们深刻认识各族人民共同创造西藏历史、共同谱写西藏各民族交往交流交融华章提供了丰富而扎实的论据。

高原各古代民族之间的交往交流交融始于史前时代

迄今为止，经过几代考古工作者的不懈努力，一部青藏高原的人类史、文化史和文明史的基本框架已经形成，利用考古资料大体上可以勾勒出西藏史前史的轮廓。

从最早的旧石器时代开始，距今约 10 多万年至 5 万年，人类已经从不同的方向和路线，按照不同的生存方式和步骤踏上青藏高原，以打制石器为主从事采集和狩猎活动。从藏北高原的尼阿底遗址，到川西高原东部的四川稻城皮洛遗址，再到西藏西部的夏达错遗址，在这些近年来新发现的高原旧石器时代的遗存当中，均显示出文化的多元性特征。其中既有过去曾被认为是起源于西方的莫斯特手斧系统的标本，也有华北旧石器、南方旧石器时代工艺。虽然目前对于这些早期踏上高原的人群是通过何种途径、以何种方式进入高原的还有待进一步探索，但其与东亚地区、中国北方和南方旧石器文化之间的密切联系已经可以得到证实。

进入到距今约 5000 年以后，西藏昌都卡若遗址、小恩达遗址以及山南昌果沟遗址、拉萨曲贡遗址等一系列新石器时代重要遗址的发现，更加清晰地揭示出高原各民族在加速文明发展步伐的同时，也与周边考古学文化之间发生了更为密切的联系。上述考古遗址中既能反映出高原古代民族自身的文化特点，同时又出现了与黄河、长江上中游地区史前新石器时代文化若干相似的文化因素。例如，卡若遗址中出土的农作物为粟类，遗址为半地穴式的红烧土房屋，流行彩陶花纹，陶器的造型等，均与黄河上中游地区的原始文化具有很强的可比性。卡若遗址和小恩达遗址陶器的纹饰以刻划纹为主，与金沙江流域的云南白羊村、元谋大墩子文化陶器装饰手法相似。尤其是在卡若陶器中发现的一种具有鲜明特征的双体兽形陶罐，更是在黄河上游及川西北、滇西北史前文化中均可见到。这些文化因素与黄河、长江上游的史前文化，都保持着相同的发展节律和相似的“文化基因”。早期踏上并定居高原的人群，在物种的选择、培育、传播等各个方面也都发挥出极大的聪明才智。从引进少水抗旱能力极强的粟作，到更大范围传播和种植大麦品种之一的青稞，他们在高寒条件下最终确立了以青稞为主，辅以豌豆、小麦等的农作物体系。

进入到文明时代以后，西藏考古大体可以分为“早期金属时代”（约相当于文献记载的公元7世纪以前西藏“小邦”时期）和唐代吐蕃政权统治时期（公元7至9世纪）两个发展阶段。“早期金属时代”西藏的考古学遗存，主要有石丘墓（包括石棺葬）、洞室墓、大石遗迹以及出现大量动物形纹饰的古代岩画等。近年来新出土的阿里故如甲木墓地、曲踏墓地、桑达隆果墓地均属于这个时期。这些考古遗存与我国北方草原、西南山地等古代民族的考古学文化之间，有着密切的联系。不少学者研究指出，这一时期青藏高原流行的石丘墓、大石遗迹以及动物形纹饰都具有北方草原文化的特征。从欧亚草原经过中亚而达中国的北部和西部，自远古时代开始，就是众多游牧民族生活、迁徙、融合的历史舞台。而我国北方从商代晚期开始至汉晋时代，也曾经有过众多北方草原地带的古代游牧民族如羌、匈奴、鲜卑等均分布和活跃于青藏高原周边地区。因此，西藏这一时期的考古学文化也实证了当时在青藏高原的各民族与这些古代游牧民族之间曾经有过广泛的交往交流交融。从考古资料可以看出，西藏古代文明在其发生和发展的历史进程中，一方面不断形成自身独特的高原文化传统，同时又与周边地区的各民族之间保持着密切联系。一些后来形成为西藏地区文明内核的文化因素，其中也包含了我国北方草原、西南山地等地区古代文化的丰富养分，是在与这些文化相互吸收和融合的过程中孕育而成的。从目前可以观察到的西藏自史前至吐蕃时代考古学文化的发展轨迹中，我们既可以感受到来自中原、北方、西南等周边区域对西藏所产生的持续不断的吸引力和影响力，反之同样能感受到西藏地区文化在自身发展过程中对于这些周边区域越来越强的向心力。正是在这两种力量的交互作用之下，西藏古代文明发展的轨迹始终围绕祖国内陆地区旋转，而不是朝着其他方向。

科学的考古证据为我们提供了一个无可否认的事实，即从旧石器时代直到新石器时代以至其后各个历史时期，西藏的文化都与祖国内地有着千丝万缕的紧密联系，其发展轨迹始终朝着东向发展，其“文化底色”从一开始便打上了浓厚的东方印记。考古学是一门实证科学，属于自然科学和人文科学的交叉学科，它的学科特性超越了传统文本书写的偏见与片面。正是用实物组成的证据链向世界展示出前所未有的西藏人类史、文化史和文明史的新篇章，令人信服地向全世界讲述了西藏自古以来就是伟大祖国不可分割的一部分、高原各古代民族共同创造了西藏历史和西藏文化的中国故事。

唐代吐蕃高原各族人民
共同铸就了“高原丝绸之路”

公元 7 世纪前后，西藏地区各分散的古代部族如女国、苏毗、大小羊同等逐渐为不断强盛的吐蕃所融合，最终形成统一的吐蕃政权。吐蕃赞普松赞干布将王城从山南迁到如今的拉萨（古称逻些），并创立了文字、城堡和地方性政权，通过与大唐和亲、向大唐朝贡，借鉴中原和周边民族的文明成就形成各种制度文化，进入到有史可载的西藏历史时期，揭开了西藏文明史的新篇章。

近年来发现的吐蕃时代的各类考古遗存，包括地上文物与地下文物两大类别，重要的有古藏文金石铭刻、古藏文写卷、木牍、寺院建筑、墓葬、石窟、金银器、丝织品、佛教造像与绘画作品等不同的门类，极大地补充了既往吐蕃社会史和吐蕃文化史研究资料的不足。通过对这些考古实物的研究，我们可以从中发现，如今藏族文化的许多主体因素，如藏文文字、宗教信仰、艺术传统、生活习俗、礼仪制度等，在吐蕃时代便开始形成，并对后世产生了深远影响。更为重要的是，从考古实物材料中还可以提供吐蕃上层在思想文化和制度构建过程中，深受唐朝礼制文化影响的大量物证。例如，吐蕃陵墓（俗称藏王墓）取法于汉唐中原陵墓制度，陵墓形制以四方形或梯形的封土形制为贵，可视为汉唐以来中原地区帝王陵墓“方上”之制的直接翻版。藏王墓中设置石碑、石狮等陵园附属建筑，形成与地下陵墓相辅相成的陵园地面标志的做法，也是受到汉唐陵墓制度的影响。而至今矗立于拉萨大昭寺门前的唐蕃会盟碑、桑耶寺前的兴佛证盟碑，以及藏王墓园中发现的墓前石碑等，均具有龟形碑座，这种立碑刻字并使用龟形碑座的做法，无疑也是当时由中原地区传入的。这些丰富的考古实物，以大量文献所未曾记载的细节，真实反映了高原各民族不断融入中华民族共同体的历史进程。

吐蕃地域辽阔，成为与东亚、中亚和南亚各国相毗邻的唐代最为强大的地方政权。考古发现充分证明，西藏并非是隔绝于世的“文化孤岛”，从人类踏上这片神奇的雪域高原伊始，就始终与外界有着密切联系。史前时代粟、青稞、小麦等物种在高原的培植与传播，牦牛、山羊等适应高原自然条件动物的驯化，早期金属器的冶炼等一系列重大的学术问题，都不能避开青藏高原。目前国际学术界对于通过青藏高原沟通西亚、中亚、南亚和东亚地区文化传播路线的关注度，正在日益升温。

从青藏高原自身所处的地理位置而论，它西北接新疆，与传统的陆上丝绸之路相联系；东连四川、云南，与这一区域内的西南丝绸之路和藏羌彝民族走廊等相接；西南和南面与印度、尼泊尔、不丹、克什米尔等南亚国家及地区相毗邻，在河谷峻岭之间有若干条自然通道相通。青藏高原虽然自然条件高寒恶劣，但却从来不能阻隔高原上各古代民族与外界交往交流交融的脚步。他们利用高原上无数“山结”“水脉”之间形成的若干条主要干道和民间小道，充满智慧地选择不同季节，避开风雪严寒，充分利用地形地势和水草分布特点，一直维系着这些通道的畅通，并不断对此进行开拓、改进和完善。直到如今，在青藏高原形成的主要交通干道，其大体走向、重要关隘、出境口岸等都很大程度上与这些传统的古道相重叠。因此，我们将这些在高原上形成的古代交通路网统称为“高原丝绸之路”。

考古发现的《大唐天竺使出铭》，是迄今为止发现的第一例中印交通、蕃尼交通路线上唐代使节王玄策奉大唐朝廷之命出使天竺（今印度）的摩崖碑刻，为印证、补充、完善文献史料所记述的中印交通路线和文化交流史提供了重要考古实物。青藏高原出土的吐蕃时代大量金银器、丝绸、马具、黄金面具、珍宝装饰等，既有东亚大唐文化的特点，也吸收了同时期波斯萨珊、粟特系统和欧亚草原文化的艺术风格与造型，再现了汉唐高原丝绸之路上各国使节、商旅、高僧、军士、工匠们经由此地频繁往来中原地区的历史场景。在可以直接为高原丝绸之路提供有力佐证的考古文物当中，既有与“丝绸之路”这个概念直接相关的大量汉晋唐时期的丝绸残片，也有欧亚大陆和海上贸易中常见的宝石、珠玉、黄金面具等装饰品的组件。吐蕃墓葬出土金银器中的器型有不少系仿制中亚地区波斯萨珊王朝和粟特系统的金银器，还有最能体现欧亚草原文化特色的大量装饰在金银器上的有翼神兽、大角动物、马与骑手等纹饰图案。此外，近年来考古发现的位于西藏边境地区的古藏文题刻、佛教碑铭、铜钟、佛寺建筑等遗存，也都同吐蕃时期与中原地区以及中亚、南亚等的交通线路有关。

高原丝绸之路的开通，进一步密切了青藏高原与祖国各地区的经济文化交流与联系，成为输送中原文明进藏的“主动脉血管”。西藏考古的新出土文物表明，在堪称“汉唐盛世”的中国历史进程中最为重要的发展阶段，通过高原丝绸之路，源源不断地将中原地区先进的精神文明、物质文明成果输送到了青藏高原，极大地促进了当地生产力发展和社会进步。汉晋时期的茶叶、丝绸等具有标志性意义的中原地区物产被高原古代部族视为珍贵之物。唐代文成公主、金城公主进藏从中原地区带到吐蕃社会的文书、宗教礼仪、生产工具、工艺技术、物种等，影响深远，这些也都与高原丝绸之路的开通有着密切关系。

高原丝绸之路对于唐代吐蕃社会进步和吐蕃文化形成发展起到了特殊的促进作用。唐代吐蕃之所以很快得以跨越其早期文化发展阶段，与它通过高原丝绸之路迅速融入到当时最为重要、发达的亚洲文明体系当中密不可分，从而加速了吐蕃社会由低级向高级、从落后向先进的发展进程。正如学者多杰才旦所论：“通过丝路吐蕃道，青藏高原腹地的古老文化得以传播，周邻的文化还以吐蕃为中介而相互交流。吐蕃文化所明显带有的多元化特点和多样性特征，是吐蕃借鉴吸收先进文化的明证”。尤其需要指出的是，在这个历史进程中，与来自其他文明的影响相比较，为吐蕃社会和吐蕃文化打上了深刻烙印和“文化底色”的，主要是来自唐代中原地区的先进文化，而不是其他文化。吐蕃融入中华民族共同体、中华民族大家庭，推动中华民族多元一体格局的形成发展，是历史长期积淀的结果，更是包括吐蕃先民在内的西藏各族人民经历漫长岁月的历史抉择。

高原丝绸之路始终是青藏高原文化融入到中华文明体系强有力的联结纽带。唐代吐蕃在哲学、宗教与思想观念等各方面都深受中原文化的影响，吐蕃地方政权建立之始便在文化心理、文化认同和文化选择上都具有明显的倾向性。在这个客观事实的背后，更是映射出吐蕃文化在深层脉理上与唐代中原文化之间的趋同性、相融性和同质性，这是与吐蕃同其他国家、地区之间发生的文化交流往来有着本质性区别之处。而之所以产生这一结果，又是与其通过高原丝绸之路始终保持着高原各族人民与祖国各地区各民族血脉相连的紧密联系，以及内地源源不断地为其提供着“血液”“养分”直接相关的。

西藏文物考古
彰显历朝历代中央政府对西藏地方的有效管理

元、明、清各朝代，中央政府均对西藏地方实施了更加直接有效的行政管辖和治理，从政治、经济、文化、宗教等各方面采取了一系列行之有效的得力举措，也给后世留存了大量重要的文物古迹。

吐蕃地方政权分裂之后，宋、五代时期西北地区深受吐蕃文化和中原文化影响的各民族，在文化上并未中断与西藏本土和中原之间的交流联系。随着新的朝代、民族格局的转换与形成，这种交流和联系反而通过更为广泛的区域间的民族融合、佛教传播、茶马贸易等多种形式得到基层化、世俗化、同质化的演进发展，深刻影响了元、明两代西藏地方与中原王朝关系基本格局的形成。元代西藏地方与中央政府之间一个最为重要的变化，是西藏从原来分裂割据的混乱局面，再度走向以政教合一为特征的整合和稳定，并纳入中央政府直接行政管辖之下。而在这个过程中，西藏的僧俗庄园经济迅速发展，各藏传佛教派别都通过积极寻求中央政府的支持扶助来加强自身力量，特别是通过佛教文化这个纽带来加强西藏与祖国内地之间的交流与联系，从而使得西藏地方的政治一统与经济发展、佛教文化的兴盛繁荣都达到了前所未有的新高度，这在文物考古方面也遗留下了大量的证据。如元统领释教大元国师之印龙钮玉印、元大元帝师统领诸国僧尼中兴释教之印龙钮玉印、明永乐皇帝封授五世噶玛巴活佛大宝法王白玉印等，都体现出元、明时期中央政府治藏方略的文化特色。

明、清朝代建立之后，均采取了尊崇藏传佛教的基本政策，在汉、满、藏、蒙古等民族关系以及西藏地方与中央政府的关系问题上都更加强化了宗教和政治并行的治藏方略。尤其是清代通过由中央政府册封达赖、班禅等藏传活佛转世制度，由中央政府确定其在西藏的地位。通过这些举措，西藏地方政权与明、清两朝中央政府的管辖隶属关系更加明确。从中央到地方、在僧俗不同层面，汉藏关系都进入到一个新的发展阶段。这个时期遗留下来的重要文物包括册封达赖的金瓶、金册、金印等，以及流传于民间的多民族文化交融的文物。此外，明、清时期以来，汉藏关系史上一个新的发展动向和趋势，即汉藏间的双向文化交流也迅速发展，在清代更是达到高潮，无论从建筑、器用、装饰艺术等各方面都有大量史迹可寻。如著名的清代金奔巴瓶、达赖喇嘛金印、青花莲托八宝纹盉壶、册封十一世达赖喇嘛金册等一批重要文物，无不彰显出这一特色。

综上所述，西藏文物考古以其独特方式无可辩驳地向世人宣示着西藏是各民族共同开发的，西藏历史是各民族共同书写的，藏族和其他各民族交流贯穿西藏历史发展始终这一历史事实，具有极其重要的历史价值和现实意义。通过对西藏历史文物、文化遗存进行深度发掘、生动呈现，可以深入研究阐释其所昭示的中华民族共同体发展路向和中华民族多元一体演进格局，从而进一步增强历史自觉、坚定文化自信，坚持正确的中华民族历史观，助力全面贯彻新时代党的治藏方略，谱写雪域高原长治久安和高质量发展新篇章，不断推进中华民族共同体建设。

（作者为四川大学中国藏学研究所所长、教授）

印证西藏远古先民与周边地区的密切交往

——朱墨彩绘双体陶罐管见

文 / 沈红宇

出土于西藏昌都卡若遗址的朱墨彩绘双体陶罐因其悠久的历史、精美的制作工艺、独特的造型艺术，以及作为西藏地方文化的早期代表而成为西藏博物馆馆标和镇馆之宝。

朱墨彩绘双体陶罐为夹细砂黄陶，口径 11.3 厘米、底径 8.4 厘米，高 19 厘米，侈口呈喇叭状。其腹部为袋形双体，好像两只小兽相向而立，颈部和肩部的一对带孔器钮巧妙形象地表现了动物的耳朵和尾巴。双体的纹饰各不相同，一体以双勾三角折线纹为主，线外饰彩；另一体以双勾菱形纹为主，纹内外施彩；双肩各以剔刺装饰的双带纹作装饰。因为该文物由两件完全相同的袋形陶罐连接而成，且表面饰以大量刻划纹和朱、墨两色彩绘，故被称为“朱墨彩绘双体陶罐”。它距今大约 4000~5000 年，代表着当时卡若文化的最高制陶水平，体现了卡若先民高超的器物造型能力，属于新石器时代西藏陶器的点睛之作。

陶器的制作和使用是新石器时代的重要标志。卡若遗址作为西藏首次发掘的规

卡若朱墨彩绘双体陶罐

模较大的新石器时代晚期遗址，占地10000多平方米，出土大型石器约7000件，此外还有骨器、陶片、陶器、动物骨骼、大量谷物以及简单的房屋建筑等，被公认为西藏地区三大原始文化遗址之一。

从出土看，在青藏高原的新石器时代晚期，尽管当时陶器的制作工艺和烧制水平普遍不太高，器形大多不太规整，但纹饰却非常丰富，通常饰以三角折线纹，再附加堆纹、粗细绳纹、抹刷纹、剔刺纹、压印纹、蓖纹、叶纹等。这些陶器一般用于日常盛水、储存食物等。

为什么这一时期会出现如此造型奇特、工艺精湛的双体陶罐？它究竟有何用途？据专家考证，在生产力水平极端低下的史前时代，这件陶罐并非古人的日常生活用品，而是供奉于神坛之上，作为祭祀和庆典之用的礼器。在原始社会，先民们已经产生了通过施行巫术来与自然神灵沟通的宗教观念。人类学家、宗教学家弗雷泽在《金枝》一书中提到，人们出于对自然万物的恐惧和崇拜而实施巫术，试图通过祭祀活动联通自然万物，进而获取丰收、免去灾祸。这件双体陶罐，正是蛮荒时代人与“神”沟通的媒介，是卡若人精神的依托，有着浓厚的原始宗教色彩，对原始先民具有特殊的宗教意义。

事实上，朱墨彩绘双体陶罐不仅体现了新石器时期卡若人精湛的制陶工艺及其社会发展水平，也从一个侧面印证了西藏远古先民与周边地区的人们保持着密切往来交流。

作为新石器时期代表性文化，卡若遗址具有浓厚的地方色彩，出土的陶器虽然与中原地区新石器时期的三足器、圈足器有所不同，但与我国西南、西北等地区新石器时期遗址所出土的陶器却有一致之处。比如，同为新石器时代晚期的马家窑文化出土了凹背直刀石，这种造型的器物在卡若文化遗址里也曾被挖掘出土。再比如，这件卡若双体陶罐上的菱形图案以朱色和墨色区别开来，朱墨两色的搭配有着强烈的视觉冲击力，多见于马家窑文化中晚期。可见，卡若文化背景下的双体陶罐，是多元文化互动结出的艺术果实，原始时期的卡若地区与周边地区已保持着文化上的交流互动。

四川大学教授霍巍在《昌都卡若：西藏史前社会研究的新起点》一文中提出，卡若遗址首次以丰富的实物资料揭示出西藏高原史前人类社会的真实面貌，将西藏的远古历史提前到距今约5000年前左右，促使人们以新的眼光和视角来重新审视西藏古代历史。“昌都卡若遗址的科学考古发掘，是西藏历史上的一件具有划时代意义的重大事件，它从此奠定了西藏原始社会研究的新起点，揭开了以真实可信的实物资料来‘书写’西藏远古历史的新篇章。”

因此，作为西藏博物馆的镇馆之宝，朱墨彩绘双体陶罐当之无愧!

（作者为中国藏学研究中心西藏文化博物馆副研究馆员）

各民族文化、东西方文化交流互鉴的体现

——故如甲木黄金面具管见

文 / 沈红宇

相信大家对于黄金面具应该都不陌生，世界各国的考古发现都有它的踪影。比如，埃及的图坦卡蒙黄金面具，我国四川广汉三星堆遗址的黄金面具和河南郑州商文化遗址的金覆面等，都是其中的典型代表。而西藏阿里故如甲木寺出土的这件黄金面具，则有助于我们了解神秘古老的象雄文明。

古人尤其是王侯贵族的入殓仪式非常讲究，但使用黄金覆面仍然罕见。据中国社会科学院考古研究所研究员仝涛介绍，故如甲木寺黄金面具的功能主要是“美化逝者”。那么，这件在刚出土时差点被当成金灿灿的糖纸片扔掉的黄金面具到底长什么样呢?

这副面具呈正方形，长 4.5 厘米、宽 4.3 厘米、厚 0.1 厘米，由金片压制而成。正面用红、黑、白三色颜料绘出人物面部，红色线条勾勒出面部轮廓线、上下眼睑、鼻部轮廓、鼻梁、鼻翼等细节，嘴部的轮廓较细，嘴中用白色打底并以黑线条勾画出牙齿。双目为黑色，呈大睁状。下巴上画出 3 根粗硬胡须，中间一根垂直向下，

故如甲木黄金面具

对称的两根分别先向下后折向两侧。面具周边均匀分布 8 个小圆孔，用以将其缝缀在较软质地的材料上。

阿里地区札达县的曲踏墓地也曾于 2009 年、2013 年先后出土两件黄金面具，它们虽形态各异，但年代应该都在公元 2 左右世纪的古象雄时期。据文献记载，这个阶段活跃于西藏西部的主要部族就是象雄，即唐代以来汉文史书中记载的大、小羊同。而从地理范围来看，出土黄金面具主要分布在以象泉河上游为中心的喜马拉雅中、西段地区。象泉河在藏西四大外流河中是年均流量最大的河，该流域内由于海拔较低，自然资源较为丰富，容易形成人类生活的聚居点，进而发展成为地域文化的中心，是象雄王国都城穹隆银城所在地。至今，象泉河流域仍是藏西人口分布最为密集、经济文化相对发达的地区。

至于这些黄金面具的用途，汉文文献《通典·边防六》中有如下记载："大羊同，东接吐蕃，西接小羊同，北直于阗，东西千余里，胜兵八九万人。其人辫发毡裘，畜牧为业。地多风雪，冰厚丈余。所出物产，颇同蕃俗。无文字，但刻木结绳而已。刑法严峻。其酋豪死，抉去其脑，实以珠玉，剖其五脏，易以黄金，假造金鼻银齿，以人为殉，卜以吉辰，藏诸岩穴，他人莫知其所……其王姓姜葛，有四大臣分掌国事。古未通，大唐贞观十五年，遣一使来朝。"文中的"假造金鼻银齿"，可能指的就是黄金面具之类的器物。西藏自治区文物保护研究所所长李林辉通过对有关古代象雄的文献记载和考古发现墓地用大量动物殉葬的现象分析后认为，黄金面具除美化逝者之外，还有一定的宗教功能，它与西藏原始宗教苯教祭祀习俗密切相关。

黄金面具虽然遥指神秘的象雄文明，但它们并不是孤立存在的，在制作时往往采用丝绸和黄金面具相结合的方式，在周边钻有小圆孔，用以通过丝线固定在其他材料上。尤其是札达县曲踏墓地出土的黄金面具背面衬有多层丝织物，并残留有打结的系带。此外，冠部背面的丝织物还用薄木片加固，通过直径约 0.2 厘米的系带与丝织物缝制在一起。这种制作方法充分体现了起源于欧亚地区的金属面具传统与我国新疆、中原地区丝绸覆面传统的结合，生动反映了它既与欧亚地区黄金面具为同一丧葬传统背景下的产物，也深受丝绸之路东段我国新疆、中原地区覆面习俗的影响，具有东西方文化交流互鉴的痕迹。

（作者为中国藏学研究中心西藏文化博物馆副研究馆员）

连结西藏西部与中原地区的纽带

——“王侯”汉字织锦管见

文 / 王俨思

在西藏博物馆“雪域长歌——西藏历史与文化”展厅中，陈列着一件带有“王侯”两个汉字纹饰的织锦。

这件汉字织锦是偶然被发现的。2005 年，阿里地区噶尔县门士乡故如甲木寺僧人在门前的一座墓葬洞穴里收集到一些木棺碎片、丝织品、铜器等珍贵文物。2012 年，相关部门又对这处墓葬进行考古发掘，并在邻近地区发现 3 座古墓，合称为“故如甲木墓地”，引起了国内外学者与社会各界的广泛关注。根据碳 14 年代测定，该墓地的年代为公元 2~3 世纪，即我国古代的汉晋时期。

出土“王侯”汉字织锦的墓葬为故如甲木墓地 M1 号墓，有学者认为其东边 1.5 公里处的卡尔东城址就是象雄王国都城穹隆银城的所在地。但也有学者认为十几公里外的札达县曲龙古城址才是穹隆银城，而卡尔东城址可能只是不同时期的象雄都城或陪都。但不可否认的是，与故如甲木墓地基本为同一时期的卡尔东城确为象雄国的一处重要据点。因此，可以推断两者的关系十分密切，故如甲木墓地埋葬的人或许就是卡尔东城的居民。

故如甲木M1号墓葬还出土了陶器、铁器、铜器、金器、银器、木器和丝织品等，其中许多物品属于高档奢侈品，数量和种类等级明显高于其他三座墓葬，墓主人可能是某位象雄贵族。

"王侯"汉字织锦为一件殓具，发现的时候包裹于墓主人的头部。织锦呈长方形，长44厘米、宽25厘米，底为藏青色，纹饰为黄褐色，自下而上为3层循环图案。最下层为连续的波形纹饰，其上部为一组对鸟纹，中部似乎为一侧首展翅的鸟纹，下部有一铜钱形纹饰，其他纹饰仍难以辨认，每个黄褐色波形内则为一几何形镂空纹饰。而立柱状纹饰将织锦的第二层图案均匀分割为数个单元，每单元中间有一树状纹饰，上下两头皆有一铜钱。树两侧对称分布成对的朱雀和白虎，单元四角对称分布成对的青龙和玄武，在单元左侧顶部朱雀的身旁可见隶书汉字"王侯"，对面为"王侯"的镜像反字。织锦的最上层以中层的树状纹饰为对称轴，两侧是背对而

西藏阿里故如甲木墓地出土"王侯"文字织锦

新疆尉犁营盘墓地出土“王侯”文字织锦

立的有翼虎形神兽，尾部有一个三足带盖圆鼎，旁边为隶书汉字“宜”。

织锦由彩色丝线织成，是丝织物中最贵重的一种，一般采用两组或两组以上的经线和纬线交织而成。此件织锦为蚕丝织成的平纹经锦，织物密度为 27 × 15 根 / 平方厘米。在相同面积的织锦中，重叠的丝线根数越多，经纬线紧密度越高，织锦的质量和织造难度也就越大。汉代时，陈留郡襄邑（今河南睢县）和蜀郡天府（今四川成都）都是织锦生产的重地，长沙马王堆、江陵凤凰山等汉墓中也出土了多件织锦，体现了中原和江南地区织锦技术的成就。而当时的西藏阿里地区，无论是自然环境还是技术都不具备生产此类织锦的条件，那么这件织锦从何而来呢？

提到带有汉字的织锦，许多人可能会想到那件大名鼎鼎的出土于新疆尼雅遗址的“五星出东方利中国”汉代织锦护臂。因地处丝绸之路且气候干燥，新疆地区的墓葬中出土了大量保存完好的丝织品。其中，吐鲁番阿斯塔那沮渠封戴墓地出土的禽兽纹锦、尉犁营盘墓地出土的“王侯”纹锦与阿里地区出土的“王侯”汉字织锦十分相似。有学者认为，从装饰艺术风格上来看，故如甲木墓“王侯”汉字织锦与新疆地区出土的同时期丝织品一致，它可能是从新疆输入的。但当时只有中原地区才有这样复杂的织造工艺，因此新疆地区仅为织锦输入阿里地区的中转站，其源头应该在中原。另有一些学者认为，带有“王侯”汉字的织物是中原官服作坊制作并赐予边疆地区各族首领的信物。

通过实地考察和史料记载可知，阿里高原周围的群山之间有许多河谷和山口为人们前往其他地区提供了可能。由阿里经狮泉河通道、羌塘高原通道等，翻越重重高山即可抵达新疆南疆的叶城、和田、民丰等丝绸之路重镇，与来自各地的人们进行贸易和文化交流。

因此，根据现有线索，关于“王侯”汉字织锦的来历，可以想象出这样的路线：由中原的官服织造作坊完成后，被赐予边疆地区前来觐见皇帝的首领，从都城长安出发，一路向西，继而在新疆向南通过河谷和山口，最终来到阿里地区的卡尔东城内，被一位身份尊贵的象雄贵族所使用。总之，这件“王侯”汉字织锦展现了汉晋时期宏大的交流网络，是反映早期西藏西部与中原地区交往互动的重要考古实证。

（作者为中国藏学研究中心西藏文化博物馆助理馆员）

一幅传世名画的背后
——唐代《步辇图》管见

文 / 高墨函

《步辇图》属于我国十大传世名画之一，据传为唐代著名画家阎立本创作，绢本，设色，纵 38.5 厘米、横 129 厘米，现收藏于北京故宫博物院。该画作以吐蕃赞普松赞干布与文成公主联姻的重大历史事件为题材，描绘了前来请婚的吐蕃使臣禄东赞觐见唐太宗的场景。

从构图来看，以画卷中轴线为界，左边三位男士依次站立，排列有序。吐蕃使臣禄东赞居中，身材瘦削，细长鼻、络腮胡，表情谦和，身着红地团窠立鸟联珠纹和立驼团纹饰圆领衣袍，系蹀躞腰带，正拱手朝见唐太宗。在他前后分别是引礼官和翻译，没有任何装饰，面部表情和身体姿态略显拘谨。画面右边则以唐太宗为焦点，身边簇拥着九位宫女，配有屏风扇、旌旗等装饰物。唐太宗端坐步辇之上，身着赭色常服，面目俊朗，目光深邃，神情庄重，充分展现出盛唐君主的风范与威仪。宫女们衣带飘飘、华盖迎风招展，都有意刻画了一种安详、平和的景象。这种左右布局，尤其使得官员的谨小慎微、诚惶诚恐与宫女们的神情自若、仪态万方形成了鲜明对

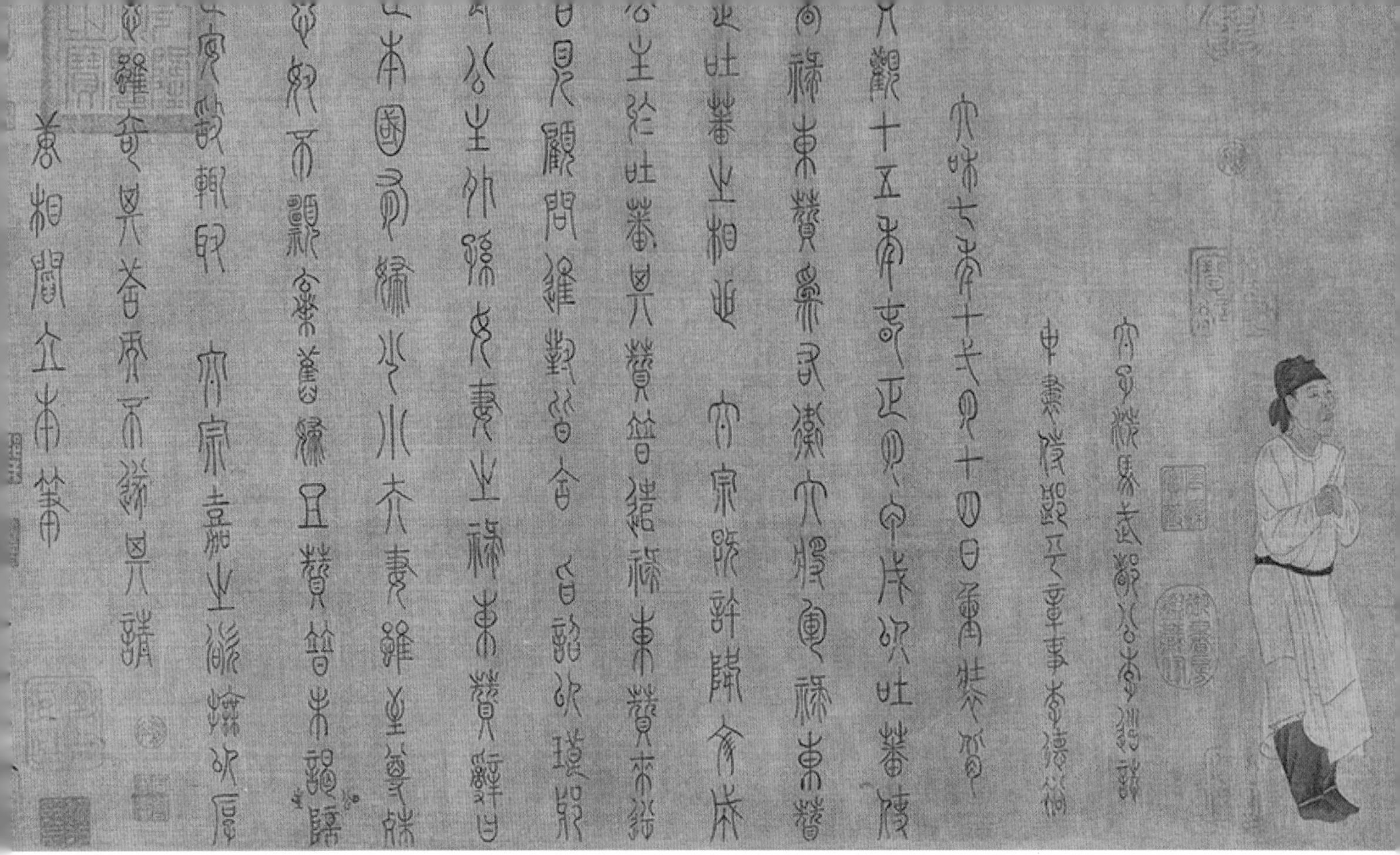

《步辇图》（局部）

比，一张一弛、一刚一柔，和谐有序。

这幅珍贵的《步辇图》上还有宋高宗赵构御笔楷书“步辇图”三字，有唐代文学家李德裕、南宋诗人李道的篆书题名，以及北宋书法家章伯益所撰写的吐蕃使臣入唐请婚的故事。

据文献记载，7 世纪初松赞干布建立强大的吐蕃地方政权后，积极发展与周边地区的睦邻友好关系，先后同尼婆罗（今尼泊尔）、唐王朝联姻，分别迎娶了赤尊公主和文成公主。贞观十四年（公元 640 年），松赞干布派出以大相禄东赞为首的请婚使臣一行来到长安向唐朝求婚。由于前来求婚的使团较多，唐太宗决定先通过比赛选出智力超群之人。经过几轮婚试，最终禄东赞脱颖而出，获得了唐太宗的褒奖，并下诏将文成公主嫁与松赞干布。为迎娶公主，松赞干布特地在拉萨的红山之上修建了 3 座九层楼宇的宫殿，取名“布达拉宫”。相传，彼时红山内外围城三重，松赞干布和文成公主的宫殿之间有一道银铜合制的桥相连。至今，布达拉宫里还留

存着二人结婚时的遗址以及他们的塑像。

唐太宗对这次和亲很重视，特派江夏王李道宗主婚并护送公主入藏，还准备了丰厚的嫁妆。据藏文史书《王统世系明鉴》等记载，文成公主入藏前，皇帝宴请吐蕃使臣，并赏赐了大量珍宝、绫罗、衣饰等物品和马、骡、骆驼等驮畜。入藏时有25位侍女、1个乐队和许多工匠随行，文成公主还带去了佛经360部，黄金宝鞍、碧玉马镫、八鸟绸、奇香木等奇珍异宝600种，工艺类书籍60种、医方100种、卜算书籍300种，以及医疗器械、医学论著和食品烹制书籍多种，甚至还有蔓菁等蔬菜种子。

文成公主在西藏生活了40年，至今西藏人民还尊称她为“汉地公主”。她悉心体察当地民情，提出各种切实可行的方案，凭借自己的知识和见地协助松赞干布治理这个地域广阔、民风古朴的地方，使吐蕃在政治、经济、军事、文化等方面都有了突飞猛进的发展，成为唐王朝西部的有力屏障。文成公主逝世后，当地民众在“萨噶达瓦”期间也会专门举办活动纪念她。此外，每逢藏历十月十五日文成公主的诞辰日，大家都会穿上节日盛装专程到寺院祈祷祝福。

历史上，文成公主在推动唐蕃友好关系发展、促进吐蕃经济社会繁荣、加强汉藏文化交流等方面都作出了突出贡献。在西藏人民心目中她是汉藏民族友好的化身，甚至被奉为神明。与此同时，文成公主与松赞干布的和亲开辟了汉藏关系的新纪元，为维护中华民族多元一体格局、巩固发展统一多民族国家起到了重要作用。作为记录与见证这一重大历史事件的图像资料，《步辇图》的重要意义不言而喻。

（作者为中国藏学研究中心西藏文化博物馆馆员）

它廓清了历史上许多悬而未决的问题

——《大唐天竺使出铭》管见

文 / 祝铭

1990 年 6 月，由西藏自治区文管会与四川大学考古工作者组成的文物普查小分队在西藏吉隆县境内发现了一块题为《大唐天竺使出铭》的唐代初年摩崖石碑。这一重要考古发现，对于研究早期唐与吐蕃的关系、中印古代交通等问题提供了新的史料。

这块石碑发现于吉隆县城以北约 4.5 公里外的阿瓦呷英山口，其北面为进入吉隆山地的古道入口，南面则可直通中尼边境重镇吉隆。石碑所在地海拔高度为 4130 米，是西藏境内现存海拔最高的一处碑刻。

这块距今已有 1400 年的唐代碑铭，是在崖面上修凿出的一块平整崖壁上铭刻而成，宽 81.5 厘米，下端因修筑水渠被破坏，残高 53 厘米。石碑正中的上方额题篆刻阳文“大唐天竺使出铭”字迹清晰可辨；下方碑文调查时仅存阴刻楷书共 24 行，满行估计原有 30~40 字左右，上端无缺字，下端破坏比较严重，现残存 220 余字。

经考古工作者释读碑文，此碑系唐显庆三年（公元 658 年）所刻，碑文记载了

《大唐天竺使出铭》拓片

唐代使节王玄策与刘嘉宾、贺守一等人历经艰难险阻出使天竺，经小羊同等地路过吉隆，于此勒石记功的情形。根据石碑文字的一些片段推测，这批使节是沿着贞观二十二年王玄策、李义表出使天竺的故道而行，经吉隆出境至尼泊尔，最终抵达印度。

这是迄今为止在西藏高原发现的汉文石碑中年代最早的一通唐碑，比著名的《唐蕃会盟碑》（公元823年）要早165年。唐显庆三年，正值吐蕃政权首领松赞干布去世不久大臣禄东赞辅佐朝政之际。从碑中所载大唐使节可自中原穿过吐蕃腹心地带直抵其西南边界的情况来看，当时的唐蕃关系虽处在复杂的历史环境中，但和睦友好仍然是主流。这为研究早期唐蕃关系史提供了重要史料。

吉隆唐碑中所提到的王玄策，是唐代出使印度的官方使节，也是一个传奇人物。他曾3次（也有人认为是4次）由唐王朝派遣经吐蕃出使印度。其中最为精彩的一幕是《新唐书·西域传》“天竺国”中所记：“（贞观）二十二年（公元648年），遣右卫率府长史王玄策使其国，以蒋师仁为副；未至，尸罗逸多死，国人乱，其臣那伏帝阿罗那顺自立，发兵拒玄策。时从骑才数十，战不胜，皆殁。遂剽诸国货物。玄策挺身奔吐蕃西鄙，檄召邻国兵，吐蕃以兵千人来，泥婆罗以七千骑来，玄策部分进战茶镈和罗城，三日破之。”

从这段史料中，我们不但可以看到当时唐王朝与吐蕃、泥婆罗（即今尼泊尔）之间的三方关系，也可以看到王玄策的英勇机智，还能够从中推测他作为唐朝官方使节去往北天竺的路线，应当是利用了当时开通的吐蕃至泥婆罗道，方能“奔吐蕃西鄙”召来吐蕃与泥婆罗兵平息天竺国内的叛乱，这也从一个侧面反映出吐蕃和唐王朝在当时的友好关系。

这通唐碑也是目前发现的唯一有关唐代中印交通及王玄策出使天竺事件的文字实物史料，对于廓清历史上许多悬而未决的问题有着重要意义。例如有关由长安去印度的路线，《新唐书》《旧唐书》《大唐西域记》及唐朝的许多史料中均未提到由吐蕃至泥婆罗达天竺的具体经由之路。

此外，《大唐天竺使出铭》对于研究古代中印交通的开通与变化发展，无疑也是宝贵的实地材料。在有关王玄策出使天竺的路线、时间、随行人员、外交目的等一系列学术问题上，过去学术界长期争论不休。随着这通石碑的考古发现，可望取得新的研究进展。

吉隆为西藏古史记载里芒域贡塘王朝的统治中心，历史上为吐蕃南界的重要关隘。据藏文史料记载，早在松赞干布时期，吐蕃政权与南亚尼泊尔、印度之间的往来交流主要也是通过这条通道。考古调查表明，吉隆在吐蕃时期已经成为吐蕃西南地区政治、经济、文化的一处重要据点，藏文文献《西藏王臣记》还记载了唐文成公主曾在此修建镇边古寺降真朱不拉康。根据对文成公主生卒年代的考订，显庆三年王玄策等最后一次出使天竺时，文成公主尚应在世。因此王玄策等人在吉隆山口建立碑铭，勒石记功，绝非偶然。这不仅反映出古代吉隆山口所具有的重要历史地位，也是自古以来汉藏人民携手开发建设祖国边疆的有力历史实证。

（作者为四川大学考古文博学院博士）

维护国家团结统一的重要文献
——《萨迦班智达致蕃人书》管见

文 / 尕玛看着

作为西藏重要历史文物，《萨迦班智达致蕃人书》全称《具吉祥萨迦班智达致乌思藏纳里速各地诸善知识大德及诸主书》，是一份维护国家团结统一的重要文献。

公元 9 世纪吐蕃政权崩溃以后，西藏社会长期处于分裂割据的状态，直至 13 世纪蒙古部落崛起并相继征服了西夏、金和南宋。当时蒙古大汗窝阔台的次子阔端作为西路军的首领由陕西入四川，占领成都后于 1237 年率军北上，驻扎凉州（今甘肃武威）谋划进藏。

约在 1239 年，阔端派其部将多达那波带领一支军队前往西藏。多达那波到达后通过多种途径接触到当地各部族和各教派的上层人士，对当时的西藏社会有了大致了解。回到凉州后，多达那波向阔端报告说："……边远吐蕃之地，僧伽组织以噶当派为大，通情赏面以达隆法王最善，威仪庄严以止贡寺京俄为最，佛法造诣以萨迦班智达最高……"于是，阔端果断决定迎请佛法造诣最高宗教首领的萨迦班智达·贡噶坚赞，"吾为报答父母天地之恩，今需一善引正道之上师，为此思虑之时，

恰有汝在。故，望不辞长途劳顿，即刻前来。”同时阔端又指出：“若论年迈，昔日佛陀可为利益诸有情而施舍自身肉体，如此万生万世，与之如何？……故，望汝以教法为旨、众生为重，即刻前来。”

收到阔端这封言辞恳切又具有感召力的召请信后，高瞻远瞩的萨迦班智达以维护团结统一的远见卓识和高尚的爱国情怀，欣然应邀前往凉州。他先遣侄子八思巴和恰那多吉等人先行奔赴，其本人则到拉萨与僧俗各界上层人士充分商议，后于1246年途经青海抵达凉州。

1247年1月，阔端和萨迦班智达在凉州举行了具有历史意义的会见，史称“凉州会盟”。此番会盟时，“阔端甚喜，谈论了许多教法和地方风俗民情”，佛法也“得到王的敬信”。萨迦班智达作为西藏地方代表，与其进行了一系列磋商谈判活动，并就关键性问题达成共识，最终颁布了《萨迦班智达致蕃人书》，后被完整收录在藏文文献《萨迦世系史》里。

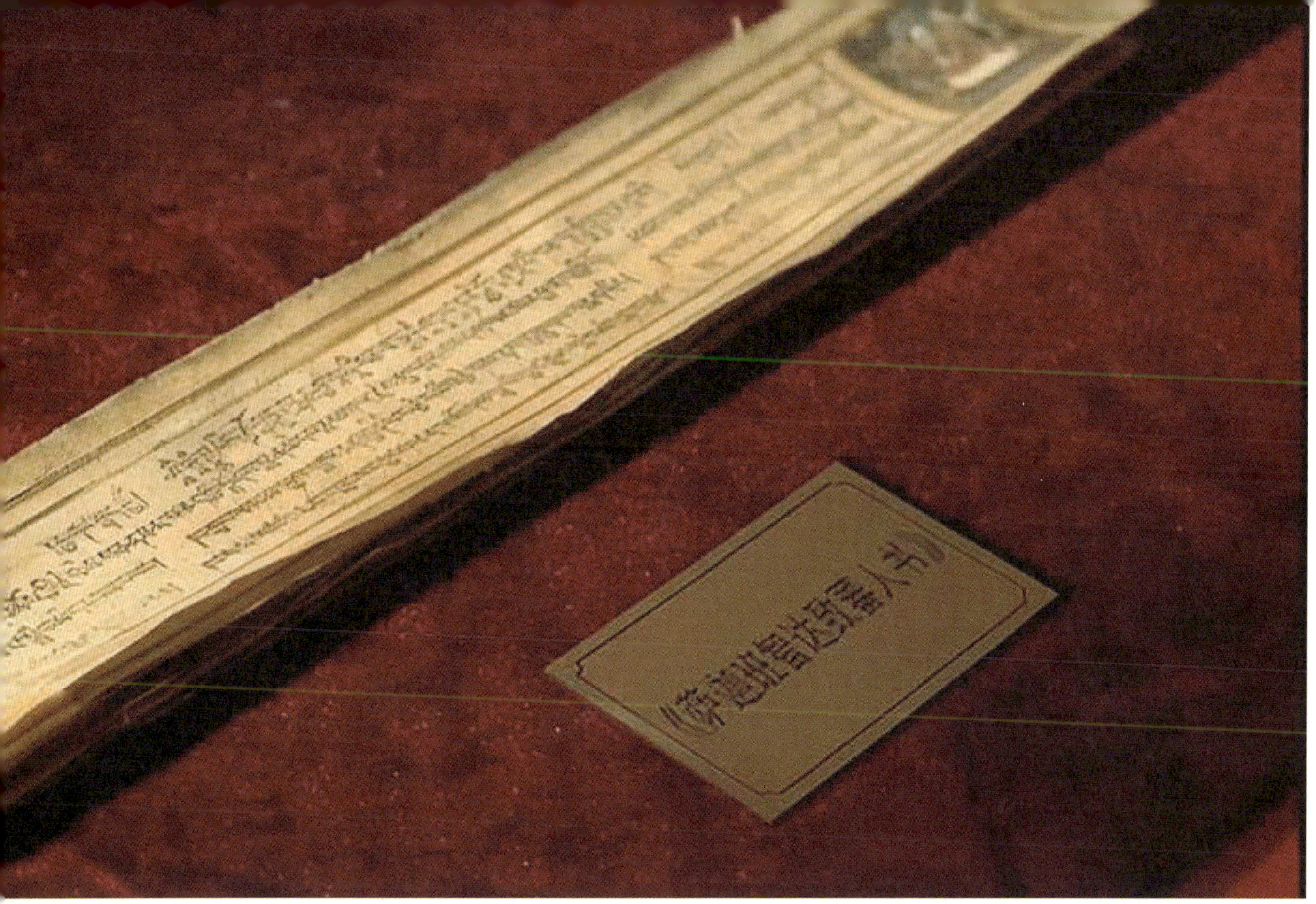

《萨迦班智达致蕃人书》展陈

《萨迦班智达致蕃人书》作为凉州会盟的成果，主要是告诫西藏各地政教首领顺应时代潮流、接受中央政府直接管辖。在当时错综复杂的历史环境下，萨迦班智达洞察形势、权衡利弊，在书信中将阔端描绘为尊崇佛法的“汗王菩萨”，指出他会保护藏传佛教，从而打消了西藏各地政教首领的顾虑。西藏各教派僧俗民众收到《萨迦班智达致蕃人书》后，纷纷响应，予以支持。

因此，这份文献为元代中央政府实现对西藏地方的直接有效管辖和治理奠定了基础，维护了国家团结统一和社会安宁。这一正确、有效的涉藏治理政策，后来被元世祖忽必烈继续沿用，明、清两代和民国政府所沿袭的治藏策略也据此奠定。

《萨迦班智达致蕃人书》的颁布，促使西藏地区结束了长达 400 多年的分裂割据局面，是西藏地方与中央政府关系发展史上的一个重大转折，对我国统一多民族国家、中华民族多元一体格局的巩固发展具有重要意义。

（作者为中国藏学研究中心西藏文化博物馆助理馆员）

致力于民族团结和国家统一大业的帝师

——元代八思巴肖像唐卡管见

文 / 尕玛看着

唐卡是藏族美术中独具风格的绘画形式之一，内容多以神佛人物为主。其品种多样，根据工艺制作形式可分为布画、刺绣、织锦、缂丝和贴花；根据不同底色可分为彩唐、赤唐、金唐、黑唐等；根据不同风格可分为尼泊尔画派、齐乌岗巴画派、勉塘画派、钦孜画派、噶赤画派等。西藏博物馆收藏有大量精品唐卡，其中的元代八思巴肖像唐卡，就是一件历史悠久、底蕴厚重的艺术珍品。

元代八思巴肖像唐卡长 270 厘米、宽 148 厘米，质地为绢布，约完成于公元 13 世纪。此幅唐卡的主色调是红色，背景为深蓝色，中央主尊绘制的是八思巴，国字形脸，平头黑发，细眉大眼、双目凝重，鼻梁隆正、口唇红润，神态庄严肃穆。画面中的八思巴身着黄色团花的三法衣，右臂袒露，右手当胸结说法印，左手置于脐前结禅定印，赤足跏趺安坐于仰覆莲花月亮宝座之上，背后有靠垫。主尊四周满绘萨迦派的师徒传承，人物众多，神态各异。整体构图严谨、绘制考究，极为珍贵。

元代时期，全国实现空前的大一统，西藏地方逐步走向安定，藏传佛教艺术迅

元代八思巴肖像唐卡

速发展，佛教绘画活动日趋成熟，进一步推动了画师在空间地域上的不断流动，促使了地方性画师群体的成熟和早期本土绘画流派的出现。

元代八思巴肖像唐卡就是在这种背景下诞生的，它不仅继承了原有的尼泊尔绘画艺术风格，而且为适应社会的发展进行了本土化调整。这种调整是在保留了东印度艺术的图像、构图及装饰基础之上的细微变化，其中最明显的即在本应是佛或者菩萨的构图位置，替换为西藏各教派的上师。这在藏传佛教绘画中是比较独特的现象。

八思巴（1235~1280 年），本名罗追坚赞。“八思巴”是人们对他的尊称，藏语意为“圣者”或“无上之人”，出身于西藏萨迦派世家，是萨迦五祖之一。1245 年，10 岁的八思巴随同叔叔萨迦班智达·贡噶坚赞远赴凉州（今甘肃武威），途中出家。1251 年，萨迦班智达在幻化寺圆寂，年仅 17 岁的八思巴成为幻化寺第二任住持，继承萨迦教派首领之位，因通晓五明，又称“班智达”。1260 年，八思巴被元世祖忽必烈封为“国师”，受封玉印，统领天下释教，由此有了全国佛教首领的地位。1268 年，八思巴受命创制八思巴蒙古新字，次年由元朝廷下诏颁行全国。1270 年，八思巴又被授予“帝师”尊号，封号全称为“普天之下大地之上西天佛子化身佛陀创制文字护持国政精通五明班智达八思巴帝师”，又称“大宝法王”。由此可见元朝廷对八思巴的推崇，并赋予了他很高的地位。1277 年，举行曲弥法会，以巩固西藏地区行政体制及萨迦派地位。1280 年，八思巴圆寂，享年 46 岁，被追谥为“皇天之下一人之上开教宣文辅治大圣至德普觉真智佑国如意大宝法王西天佛子大元帝师”。

八思巴毕其一生追随元世祖忽必烈左右，致力于维护民族团结和国家统一大业，开创了政教合一的萨迦地方政权，并首次将藏传佛教传播到中原地区，总管全国佛教事务，为藏传佛教兴旺发展、保持西藏地方社会政治局势稳定、促进西藏地区与中原各民族交往交流交融作出了杰出贡献。这幅八思巴肖像唐卡，不仅仅是西藏与周边地区文化艺术融合的结晶，更是国家统一、民族团结的见证物，具有极高的历史文化价值。

（作者为中国藏学研究中心西藏文化博物馆助理馆员）

中央政府直接管辖西藏地方的力证

——元代“统领释教大元国师之印”管见

文 / 展丽丹

元代，为了巩固和加强西藏地方与中央政府的隶属关系，朝廷曾授予西藏主要僧俗首领以各种头衔、名号，并颁赐给西藏地方政权数量众多的印章。如今在西藏博物馆的展厅中，就陈列着一枚弥足珍贵的元代印章传世品——“统领释教大元国师之印”龙钮玉印。这枚印章，是中央政府直接管辖西藏地方的重要历史见证，实证了西藏自古以来就是祖国神圣领土不可分割的一部分。

该印为青玉质，质地细腻温润，印文为八思巴文所书“统领释教大元国师之印”。印面长 12.4 厘米、宽 12.1 厘米、高 11. 4 厘米，重 3.27 千克。其上部为龙形钮，钮上雕一对玉龙，二龙躯体相反，头部位于左右两端，龙身及尾部弯曲成 S 形。二龙中间有孔，可系丝绶。龙头突出，头上双角，眉骨凸起，龙眼明显，鼻部上翘，鼻上刻如意云纹，张口露齿，胡须垂足，足为五爪。龙纹均呈卧状、弓身，采用重刀深雕的手法，以粗犷豪放的风格把两条龙刻画得栩栩如生、惟妙惟肖，立体感很强，给人一种神圣威严和气势冲天之感。

“统领释教大元国师之印”的印体

“统领释教大元国师之印”的印面

龙钮，是指印章顶部雕刻成龙纹的古印。龙自古就是四灵之首，为至高的祥瑞，后来成为历朝历代皇权的象征。古印主要分为官印、私印两种，从秦朝开始历朝历代都有明确的官印使用规制，以示使用者地位和官职高低。

美丽的玉石，在古代不仅代表地位、财富，同样还有高贵吉祥的寓意，深受王公贵族的追捧和喜爱。关于玉印的使用，在元朝有了更加严格的等级要求。《新元史》

记载："一品、二品用玉，三品至五品用金；皇太后、皇后皆玉宝，皇太子金宝。"由此可见，上述这枚元代龙钮玉印的级别非同一般。

释教，亦佛教。统领释教就是指统率、领导佛教的人。自两汉时期开始，佛教在我国经过长期的传播与发展，逐步形成了具有中国特色的三大主要佛教派别：汉传佛教、藏传佛教和南传佛教。

佛教传入青藏高原后，与西藏本土宗教苯教以及传统文化相融合，形成了藏传佛教。公元 7 世纪，吐蕃政权的赞普松赞干布迎娶尼泊尔赤尊公主、唐朝文成公主，佛教从尼泊尔和中原地区传入，吐蕃王室逐渐信仰佛教。由于王朝大力倡导、支持，吐蕃地区的佛教信仰广泛普及起来。但到了吐蕃政权瓦解时，西藏各地处于分裂割据状态，佛教受到很大冲击。直至公元 10 世纪末期以后，西藏分立的地方势力与各新兴的佛教上层僧侣结合，佛教重新兴起，并形成宁玛派、噶当派、萨迦派、噶举派、格鲁派等几大藏传佛教派别。

萨迦派是藏传佛教的重要教派之一。"萨迦"藏语意为"灰白色的土地"，因该派寺院围墙涂有象征文殊、观音和金刚手"三怙主"菩萨的红、白、蓝三色条，也俗称"花教"。其教派首领出自萨迦昆氏家族，其中的萨迦第四祖萨班·贡噶坚赞（1182~1251 年）、萨迦第五祖八思巴（1235~1280 年）以及恰那多吉（1239~1267 年）等，都对维护祖国统一、促进民族团结作出过重要贡献。

国师，也是元朝时期封授藏传佛教僧人的官衔。元朝官衔以"帝师"为首，还下设"国师""大国师""灌顶国师"等众多名号。

自元代始，西藏地方正式纳入中央政府直接行政管辖，而在此过程中萨迦派发挥了不可或缺的重要作用。因此，元朝廷颁赐西藏地方首领的官印大多出自萨迦派；从八思巴开始，历任统领释教大元国师的官印也都是由元朝皇帝亲自颁赐的。这件流传于世的元代"统领释教大元国师之印"龙钮玉印，就是那段宏阔历史的重要印证之一。

（作者为中国藏学研究中心西藏文化博物馆馆员）

集中央政府权力象征与民族文化交融于一体

——元代“大元帝师统领诸国僧尼中兴释教之印”管见

文 / 杨鸿蛟

“大元帝师统领诸国僧尼中兴释教之印”龙钮玉印是一枚元成宗赐给第五任帝师扎巴俄色（1246~1303 年）的印信。该印章为白玉质地，附双龙钮，高 8.1 厘米，方形印面，边长 9.6 厘米，系红色印绶，印文为阳刻八思巴篆字，四行十六字，系“大元帝师统领诸国僧尼中兴释教之印”藏语音译，现藏西藏博物馆。

此印无论材质还是双龙钮形制，均具有极高的规格。

从材质上来看，我国早期的印章主要以玉制作，取“君子佩玉”之意。至秦汉，只有皇帝才能用玉制印。到了元代，玉印开始颁赐给一品、二品官吏。而同时为表示对西藏地方僧俗首领的尊崇，朝廷颁赐给西藏的诸多官印均为玉印，例如国师印、帝师印、白兰王印等，这一制度此后又被明代所承袭。

从印钮上来看，印钮不仅具有穿孔系绢便于携带和使用的功用，同时也是区分持印者权力、职别、地位和品级的特别标志。此龙钮玉印采用了双蟠龙钮，二龙盘卧，且玉质温润细腻、刀工洗练，体现了持印者至高的权势。

“大元帝师统领诸国僧尼中兴释教之印”的印面

“大元帝师统领诸国僧尼中兴释教之印”的印体

那么，为何此印具有如此高的规格？

这要从受封者帝师扎巴俄色的身份说起。

自元世祖忽必烈时始设，从第一任八思巴受封至最后一位喃迦巴藏卜，元代共任命过 14 位帝师，皆出自藏传佛教萨迦派。

此件龙钮玉印的受封者扎巴俄色，是元代的第五任帝师。他同样出自藏传佛教萨迦派，与八思巴所属的昆氏家族关系密切。作为八思巴三部弟子中的康赛传承的主要人物，他担任过八思巴的却本（掌管宗教祭祀事务的侍从）。关于他被任命为帝师的情形，据藏文文献《萨迦世系史》记载：八思巴逝世后，由于畏惧皇帝降罪，萨迦派无人敢赴朝廷报丧，扎巴俄色便自告奋勇前往，后来被任命为帝师、赐玉印。而对于这方玉印的封赐，《元史·释老传》中有更为详细的记述。扎巴俄色于元贞元年（1295 年）获赐双龙盘钮白玉印，大德七年（1303 年）圆寂，享年 58 岁。

据著名八思巴文字研究专家照那斯图统计，共有 14 件存世藏文法旨钤有“大元帝师统领诸国僧尼中兴释教之印”，是 1286~1358 年间给 6 位帝师先后颁发的。除一件存于广东南华禅寺外，其余都保存在西藏。

此方龙钮玉印的印面文字，并非中原地区常见的官印九叠篆，而是元朝国字八思巴字篆体。八思巴文字创制之前，元朝印信一般是杂用畏兀儿字（史称“蒙古畏兀字”，亦称“古回鹘文”）和汉文。八思巴文字为拼音文字，书体分正体、楷体、篆体，书写规整，故又称“方块字”，可译写蒙古文、汉文、藏文等多种文字。此方玉印即为藏语译音。

“大元帝师统领诸国僧尼中兴释教之印”龙钮玉印的珍贵之处，不仅在于它作为元代中央政府直接管辖西藏地方的象征物，实现“帝师之命，与诏敕并行于西土”的效用，也体现于其将汉、藏、蒙古等民族文化有机融于一体，将源自藏文的八思巴文字与中原地区印章形制及宋代汉字九叠篆书体风格容纳于方寸之间，成为当时各民族文化交流融合的生动见证。

（作者为中国藏学研究中心西藏文化博物馆副研究馆员）

美轮美奂、价值高昂的青花瓷器

——元代缠枝牡丹双兽首盘口大罐管见

文 / 王偲思

在我国古代陶瓷藏品中，有一种瓷器曾在拍卖会上创下中国艺术品的价格奇迹，因其特殊的原料、稀有的存世数量被收藏者所追捧，博物馆也纷纷将它们奉为镇馆之宝，这就是美轮美奂、别具一格的元代青花瓷器。

在西藏布达拉宫众多珍藏中，就有这样一件元代青花大罐——缠枝牡丹双兽首盘口大罐。这件大罐器型硕大端庄、胎体浑厚，器身满绘花纹，上有盘口、下接束颈，肩部贴塑双兽首耳，下腹部渐收，属于元青花大罐两种常见形制之一。仔细观察会发现，在大罐的肩部和腹部连接处有明显凸起的接痕，这是因为元青花瓷器一般器型较大，当时的制作工艺还不能一次拉坯成型，所以采用了上下分开制作再粘合的方法。其两侧贴塑的双兽首耳形象生动，怒目怪张、獠牙外呲，下部还有长长的胡须，兽口两侧有孔贯穿。参照同类型的元青花大罐来看，兽首上或曾衔环。此外，在一些保存完好的同类瓷器上可以看到，罐的口沿上方是有盖的，但因不易保存，这件大罐兽首上的衔环与罐盖均已丢失。

元代缠枝牡丹双兽首盘口大罐

了解完器型，再看器身的纹饰。元青花瓷器的纹饰一般较为繁密，且自上到下分为多层，每层纹饰之间以双弦纹隔开，使纹饰丰富但不杂乱。布达拉宫藏的这件大罐则自上而下共有 7 层纹饰，每一层都值得细细欣赏和解读。

在大罐最上方的口沿处和腹部下各绘有一圈卷草纹。这是一种植物枝茎作连续波卷状的纹饰，源于魏晋南北朝时期的忍冬纹，但此时卷草纹更规范细致，通常作为辅助纹饰，在元、明、清三代都非常流行。口沿处卷草纹之下，绘有一圈缠枝纹，这是一种元青花瓷器中常见的植物纹饰，既可以在瓷器口沿处作为边饰，也可作为肩、腹部的主体纹饰。纹饰的枝叶多为波形，呈连续缠绕状，具有延绵不绝、生生不息等美好寓意，因此也被称为“万寿藤”。

在大罐的颈部和最下层的胫部，皆绘有一圈看起来略显抽象的莲瓣纹。这种莲瓣纹是元代青花瓷器中最具代表性的纹饰，又被称为“八大码”。关于这一称呼的来历有两种说法，一种认为元代青花瓷器的底部常画8个莲瓣，且码放整齐，故俗称“八大码”；另一种认为这是一种从佛教中演化而来的纹饰，梵文中的莲花即称“巴达码”。这件大罐的莲瓣纹呈方折形，顶部有尖，莲瓣的轮廓用一粗一细两种线条勾勒，每个莲瓣之间并不相连，大小和间隔相等，整体形制十分规整。研究者认为，这种莲瓣纹的流行是受元代统治阶层崇佛尊佛和净土莲社之风在民间兴起的影响。此外，在早期的藏传佛教造像中，佛像底部多有莲台，元代青花瓷器中的莲瓣纹也有可能是受到了莲台形象的影响。

大罐颈部为朝下的覆莲花瓣，莲瓣内绘有杂宝纹。杂宝纹是一种起源于宋代、流行于元明清时期的吉祥纹饰，常作为瓷器上的辅助装饰出现。与佛教中的八吉祥纹略有不同，杂宝纹中的宝物形象较多，且无定式，此罐上绘有法轮、火珠、火焰、灵芝等纹饰，每两个宝物之间配有一花草形纹饰。大罐胫部则为朝上的仰莲花瓣，莲瓣内绘有云头纹，云尖朝下，云尾内卷，底部为一宝珠。

大罐肩部绘有一圈凤穿牡丹纹，牡丹的茎叶呈藤蔓状，花茎线条舒展流畅。花叶间穿插两对凤凰，身体上的羽毛呈鱼鳞状，身姿优美舒展，在造型上相互呼应。

大罐腹部绘有缠枝牡丹团纹，所描绘的牡丹有两种不同的形制，一种为牡丹的侧视图，花瓣底部纤细，呈怒放状；一种为牡丹的俯视图，花瓣结构紧凑。这些牡丹团纹注重色彩深浅对比变化，显得更加生动立体。

那么，这样一件存世量稀少、价值高昂的青花瓷器是在哪里制作完成，又是如何来到布达拉宫的呢?

据目前的考古发掘来看，在江西景德镇的落马桥窑址、湖田窑址中都发现了元代青花瓷器残片和烧造青花瓷器的原料，这里可能就是当时生产青花瓷器的主要窑址，布达拉宫藏有的这件器物很可能也产于此。瓷器在吐蕃时期随着茶叶等众多物产一起由中原地区传入西藏，但当时西藏社会对瓷器的使用并不广泛。到了元代，中央政府在西藏地方建立行政区划、清查户口、设立驿站、驻扎军队、征兵征税、审理案件等，正式将其纳入中央政府的直接管辖。自此之后西藏地区与中原地区的交流往来更加密切，瓷器也日益成为藏族人民最喜欢的生活用具之一。据统计，目前西藏收藏有上万件古代瓷器，来源主要为元代以后中央政府对西藏高僧和寺院的赏赐、西藏僧俗上层的定制以及中原与西藏的民间贸易等。这件元代缠枝牡丹双兽首盘口大罐极有可能是元代中央政府赐予西藏高僧或寺院的器物，最后流传到布达拉宫被永久珍藏。

（作者为中国藏学研究中心西藏文化博物馆助理馆员）

中原地区和雪域高原血脉相连的见证

——明代大慈法王像缂丝唐卡管见

文／展丽丹

大慈法王像缂丝唐卡出自明代，采用中原地区传统缂丝工艺织造而成，表现的是当时藏传佛教格鲁派重要上师、汉藏交流史上的重要人物——大慈法王释迦也失。唐卡纵 109 厘米、横 64 厘米，现藏于西藏罗布林卡，为国家一级文物。释迦也失（1354~1435 年）系，格鲁派创始人宗喀巴的八大弟子之一，曾于永乐十三年（1415 年）与宣德九年（1434 年）两次赴京觐见明朝皇帝。“大慈法王”便是明朝中央政府对其授予的封号。

唐卡画面上，释迦也失造型生动、传神写实，头戴金边五佛宝冠，头部后有佛光，身披黄地云龙纹法衣，双手结说法印，同持二茎莲花，分托金刚杵和金刚铃，双腿结跏趺端坐于龙头宝座上。其头部上方缂织蓝色勾边祥云及红色宝盖，所坐龙头宝座织缠枝纹坐垫，龙头宝座前织脚踏，身右侧高几上织有印盒、香炉、香合等器物。在画面左上方，织有明宣德皇帝敕封大慈法王的汉、藏两种文字封号，汉文题记为“万行妙明真如上胜清净般若弘照普应辅国显教至善大慈法王西天正觉如来自在大圆通

大慈法王像缂丝唐卡

佛”，即“大慈法王”。右上方则织有明宣德皇帝赐大慈法王法轮金印的红色印文“至善大慈法王之印”。正下方还织有一段题记，记载此幅唐卡由大慈法王的弟子灌顶国师阿木葛和国师索南喜饶二人出资、由明朝宫廷内府施造，与此同时还施造了时轮金刚、胜乐金刚、喜金刚、大威德金刚和大轮金刚手等缂丝唐卡。

这幅大慈法王像缂丝唐卡采用通经断纬的缂丝工艺织造而成，格调高雅，色彩丰富，制作精良，为明代宫廷织绣精品，具有极高的艺术价值与史料价值。缂丝，又称“刻丝”，所织之物具有雕琢镂刻之感，是我国的一种古老传统技艺。缂丝遵循细经粗纬、白经彩纬等原则，按照画稿纹样要求，在缂织机上将经线与纬线进行分块分段缂织。因其工艺复杂繁琐，素有“一寸缂丝一寸金”“织中之圣”的说法。

这幅唐卡以黑色为主，同时运用红、蓝、黄等多种颜色构成了主色调。画面中，大慈法王正面坐姿，面貌尊贵，衣冠整肃，形象威严。其艺术特色及造型与明朝时期的诸多皇帝肖像画相似，如中国国家博物馆藏《元武宗海山画像》《明太祖朱元璋正形像》，台北故宫博物馆藏《明太宗坐像》《明世宗坐像》等，都具有“神圣化”“等级化”的特点。

此外，在唐卡上出现的黄色云龙纹服饰与蓝色龙头宝座等元素，也体现了明朝中央政府对于释迦也失这位藏传佛教首领的极高礼遇。大慈法王端坐的蓝色龙头宝座坐面宽广、雕饰繁复，靠背与扶手共饰 4 个龙首，龙首张口衔挂穗状瓔珞，尽显皇家风范。

明朝的治藏举措与以往各朝代皆有所不同，主要采取“多封众建”政策，先后赐封西藏地方各政教首领与各教派首领“五大教王”“三大法王”等封号。其中，“五大教王”为阐化王、阐教王、护教王、赞善王、辅教王，“三大法王”为噶玛噶举派大宝法王得银协巴、萨迦派大乘法王昆泽思巴、格鲁派大慈法王释迦也失。这项治藏政策不仅促进了藏传佛教各个教派的发展、平衡，也加强了中央政府对西藏地方的直接行政管辖。

据史料记载，释迦也失一生两次进京觐见。第一次是明永乐十二年（1414 年），作为宗喀巴弟子的释迦也失奉旨进京朝见永乐皇帝。赴京期间，他积极传播藏传佛教格鲁派佛法，建立起格鲁派与中央政府的密切关系。不久后，永乐皇帝封释迦也失为“妙觉圆通慧慈普应辅国显教灌顶弘善西天佛子大国师”，并赐印诰。明永乐十四年（1416 年），释迦也失返回西藏，永乐皇帝赏赐了大量佛像、经书、法器、金银器、丝帛以及永乐版藏文《甘珠尔》等物。此后，释迦也失在拉萨北郊倡建著名的格鲁派寺庙——色拉寺，将皇帝赐赏之物悉数藏于寺内，保存至今。

明宣德九年（1434 年），释迦也失第二次奉旨进京，继续弘扬佛法。宣宗皇帝赐法轮金印与“大慈法王”封号。第二年，81 岁的释迦也失圆寂于返藏途中，皇帝下旨为其在青海卓摩喀（今民和县境内）建造弘化寺以示纪念。根据这幅唐卡下方的藏文题记，可推断其正是织造于这一时期（1434~1443 年）。龙头宝座、脚踏、高几、印盒、香合和香炉等宫廷的赏赐品与明代皇帝封赐“大慈法王”的名号及“至善大慈法王之印”的印文等内容，被工匠巧妙地组织在画面中，折射出设计者对于明朝廷这份恩宠的彰显心态。

大慈法王释迦也失的一生，在维护西藏地方同中央政府的隶属关系、促进汉藏民族团结等方面，都作出了重要贡献。可以说，这幅珍贵的唐卡不仅仅是汉藏文化艺术融合的结晶，更是中原地区和雪域高原血脉相连的历史物证。

（作者为中国藏学研究中心西藏文化博物馆馆员）

皇帝望其“尽速前来”的大宝法王

——明代“如来大宝法王之印”、《普度明太祖长卷图》管见

文 / 王辰　张丽

明永乐五年（1407年），明成祖将白玉龙钮“如来大宝法王之印”、《普度明太祖长卷图》赐予西藏噶玛噶举派黑帽系五世活佛却贝桑布，并封其为“万行具足十方最胜圆觉妙智慧善普应佑国演教如来大宝法王西天大善自在佛”（简称“如来大宝法王”），命他“领天下释教”，并赐印、诰及金、银、袈裟、器皿等大量物品。由于封号中的“如来”二字，对应藏语译音为“得银协巴”，因此“得银协巴”便成为对五世活佛却贝桑布的常用称呼。

这枚“如来大宝法王之印”边长12.8厘米、高8.3厘米，现藏于西藏博物馆。此印为白玉琢造，双龙钮，印文字体为九叠篆体。其玉质洁白、晶莹细腻，雕刻的双龙栩栩如生，为玉印之精品。

“大宝法王”这一封号最早源于元代，元朝帝师八思巴被晋封为“大宝法王”，成为历史上第一位受此封号的藏传佛教高僧。明永乐年间明成祖将此封号赐予得银协巴，足见对这位藏传佛教噶玛噶举派活佛的重视。此后，“大宝法王”封号便一

“如来大宝法王之印”侧面

直被历辈噶玛巴承袭。

《普度明太祖长卷图》则记录了得银协巴在南京灵谷寺举行普度大斋法会，为去世的明太祖朱元璋和孝慈高皇后马氏荐福超度的场景。这幅长卷图采用绢本设色彩绘，长 4968 厘米、宽 66 厘米，又称《噶玛巴为明太祖荐福图》《普度大斋连环长卷》，现藏于西藏博物馆。

得银协巴于明洪武十七年（1384 年）出生于今西藏工布江达，4 岁时父母带他拜见了噶玛噶举派红帽系二世活佛喀觉旺波。喀觉旺波认定得银协巴是噶玛噶举派黑帽系四世活佛若必多吉的转世灵童，并开始教他学习藏文和各种典籍。得银协巴 7 岁出家受沙弥戒，取法名却贝桑布。由于天资聪慧，再加上学习十分刻苦，他很快便在大小五明以及显密教法上达到很高造诣。19 岁受比丘戒后，严守戒律、乐善好施的得银协巴一边勤于修行一边讲经说法，在当时的西藏享有盛名，因而受到朝廷的重视。

永乐元年（1403 年），明成祖朱棣为进一步密切与西藏地方政教势力的关系，加强对西藏地方的管辖，遂以为明太祖朱元璋夫妇荐福为名，派遣宦官侯显、僧人智光等携带礼品和诏书专程赴藏，召请在西藏地区声望高、影响力大的得银协巴前往南京。明成祖在迎请他进京的诏书中这样写道：

"尚师卿（指得银协巴）通达如来深奥教法，使西方一切有情均沾利益，一切生灵均皈依敬奉，犹如世尊现身世间。若尚师未得方便智慧功德之殊胜成就，焉能为一切群生作如是之广大利益？朕往日居北方时，即闻尚师令名，亟思一晤。……卿以修得佛法甚深成就故，与佛心无二，望秉此慈心，来此中土以弘扬世尊教法；

《普度明太祖长卷图》局部

朕当轸念邦国利乐，依从往日心愿，随奉尚师。尚师务必莅临。先帝安邦经国于中土，于世尊教法，先前即怀敬信。……愿尚师以慈悯喜乐为怀，尽速前来为要。”

当侯显等人来到西藏时，得银协巴正在噶玛、类乌齐等地传法，同时调解纠纷、安抚民心，深得信众欢迎。得知皇帝遣臣已到楚布寺，他便赶回迎接圣旨。派人率先赴京向皇帝献上佛像等物谢恩后，得银协巴本人于永乐三年（1405 年）从楚布寺启程，于第二年 12 月抵达南京。

得银协巴到达南京后，受到朝廷的隆重接待和民众的欢迎。其间，他设坛讲经说法，还在宫中为皇帝以及大臣们灌顶。永乐五年（1407 年）二月初五，他奉命在南京城外灵谷寺建普度大斋，荐福太祖高皇帝、孝慈高皇后，法事活动进行了 14 天。据传，此次荐福活动非常圆满，明成祖十分高兴，便命令画工将其场景详细描绘下来，共计 49 幅，形成近 50 米的《普度明太祖长卷图》。其内容按照时间顺序，逐日描绘荐福时出现的各种祥瑞景象，或彩云缭绕、豪光映照，或罗汉、仙人降临。此外，长卷另含当时明成祖赐封得银协巴及其前往五台山后灵谷寺再现种种祥瑞情景，并附 22 段图注，由汉文、回回文、畏兀儿文、藏文与蒙古文 5 种文字写成。整幅长卷画面结构严谨、笔触细腻，人物、景物描绘栩栩如生、美轮美奂，具有重要的历史意义和艺术价值，是目前西藏保存最大型、最完整的绘画精品，也是明代各民族交往交流交融的生动见证。

永乐六年（1408 年），得银协巴向明成祖提出辞归，并于两年多后回到西藏楚布寺。他广收门徒，游方教化，凭借高超的学问和皇帝赐予的“大宝法王”封号，进一步扩大了噶玛噶举派的影响力。可惜的是，他于永乐十三年（1415 年）圆寂，年仅 32 岁。

《普度明太祖长卷图》被得银协巴带回西藏后，一直收藏在噶玛噶举派的主寺——楚布寺。20 世纪 60 年代，这件旷世之宝被西藏自治区文物管理委员会保管收藏。直至上世纪末，西藏博物馆建成开放，《普度明太祖长卷图》以及明成祖赏赐给得银协巴的金刚黑帽、玉印、永乐版贝叶经和宗教法器等终于得以公开展出。2014 年，在西藏博物馆举行的评选活动中，《普度明太祖长卷图》获“观众最喜爱的文物”殊荣。

得银协巴短暂的一生，有一年半时间是在祖国内地度过的，他也是明朝历史上与皇帝接触时间较长的一位藏传佛教首领。在他之后，明成祖还先后迎请了萨迦派的昆泽思巴和格鲁派的释迦也失进京，分别封他们为“大乘法王”和“大慈法王”，这就是前文所述明朝历史上著名的“三大法王”。

得银协巴的进京觐见，对于明朝中央政府施行“多封众建”政策、促进西藏地方的发展稳定都起到了积极作用。明朝廷和受封的藏传佛教首领之间的频繁往来，则进一步促进了汉藏等各民族交往交流交融。

（作者分别为中国藏学研究中心西藏文化博物馆副研究馆员、六级职员）

中央政府主持刊刻印行的藏传佛教经典

——明永乐版《甘珠尔》藏文大藏经管见

文 / 高墨函

“甘珠尔”为藏语音译，意为“佛语部”，即“释迦牟尼语录的译文”，也是《藏文大藏经》的组成部分。公元 7 世纪，吞弥·桑布扎创制了藏文文字。至 9 世纪中叶朗达玛灭佛的 200 余年之间，先后涌现出吞弥·桑布扎等 50 多位藏族译师。他们与印度等地的班智达一起将大量佛典从梵文、汉文及邬仗衍那文等译成藏文，编写了《旁塘目录》《丹噶目录》《青浦目录》。10 世纪末至 15 世纪中叶，西藏地区 100 多位大译师和阿底峡、真扎·热呼拉等来自印度、尼泊尔等地的 70 多位班智达一起，又翻译了大量的佛经和论典。藏文大藏经的文献由此形成。14 世纪初，纳塘寺学者迥丹日热的弟子降格巴希，从祖国内地集得物资，整理并抄录成最早的《甘珠尔》和《丹珠尔》。至此，规模宏大的藏文《大藏经》问世。

明永乐八年（1410 年），永乐版《甘珠尔》由藏传佛教噶玛噶举派第五世噶玛巴活佛得银协巴根据《甘珠尔》古写本编纂而成，在南京刊刻，并用朱砂印刷。它的刊刻以及后来在多地的流通，使西藏地区首次拥有了藏文大藏经的刻版，推动了

明永乐八年刻版朱砂印《甘珠尔》

明永乐八年刻版朱砂印《甘珠尔》书影

藏传佛教的传播。

明成祖朱棣即位后，延续了明太祖朱元璋制定的管辖治理西藏政策并同西藏各教派首领保持密切联系。即位当年，明成祖即“遣司礼监少监侯显赍书、币往乌斯藏征尚师哈立麻”。此时的“尚师哈立麻”便是噶玛噶举派黑帽系第五世活佛得银协巴。史载，朱棣尚为燕王时，就听说过哈立麻“道行卓异”“善幻化”，十分想拜见上师，但未能成行。藏文文献《贤者喜宴》中记载了明使侯显奉命带去的诏书内容，从中可以看出明成祖对得银协巴的尊重和信任，希望他能早日来京弘扬佛法，也希望他能够为明太祖皇帝和皇后设斋荐福。

得银协巴应诏抵达南京后，明成祖率文武百官以汉式新年礼仪为其接风。在南京期间，除了率众僧诵经传法、在宫中设坛为皇帝以及臣僚们授无量灌顶外，得银协巴另一项重要功绩是建议刊刻《甘珠尔》。当时，明成祖派侯显等人再次入藏，将此次刊刻参校的古写本蔡巴《甘珠尔》带回京城，并命得银协巴任永乐版《甘珠尔》刻本总纂和刊样印施。

《甘珠尔》刊刻完成后朱印数套，分别赠与噶举派、萨迦派和五台山寺庙及宗喀巴、释迦也失等人，现存世仅 3 套：西藏色拉寺藏一套（103 函），由明成祖赐予宗喀巴的弟子释迦也失。布达拉宫馆藏一套（106 函），由明成祖赐予萨迦派首

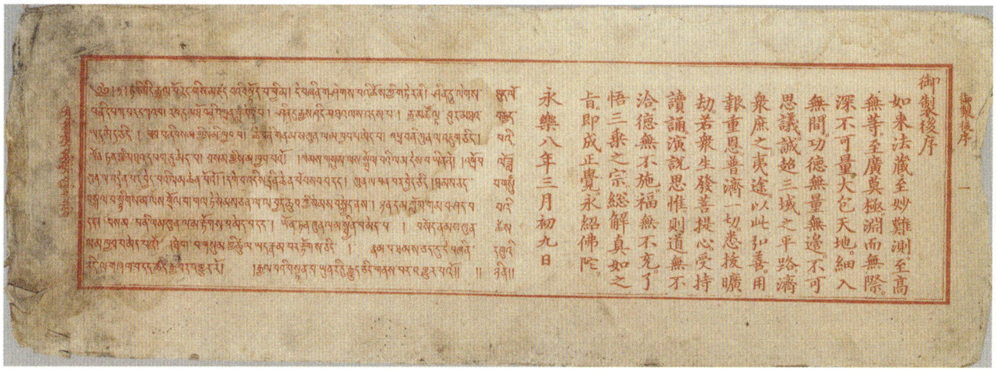

明永乐八年刻版朱砂印《甘珠尔》之明成祖撰《御制后序》

领贡噶扎西（原藏于日喀则萨迦寺，后移贮于布达拉宫）。20世纪初，甘肃拉卜楞寺也曾发现一套永乐版《甘珠尔》，共有108函。相较于前两套，这套更为完整全面。

永乐版《甘珠尔》每一函均有明成祖所作的《大明皇帝御制藏经赞》和《御制后序》，汉文、藏文一式两份。御制赞文中写到“朕抚临大统，仰承鸿基，念皇考、皇妣生育之恩、垂绪之德，劬劳莫报，乃遣使往西土取藏经之文，刊梓印施，以资为荐扬之典”，证明它的底本确为明朝使者带回南京的，并阐述了明成祖礼请得银协巴入京及刊刻《甘珠尔》的目的。正是出于政治等方面的考虑，明成祖才以蔡巴《甘珠尔》为蓝本，并作“赞”及“序”，刻版印行，颁给西藏各主要宗教派系首领的，此举进一步加强了中央政府对西藏地方的管辖治理，意义十分重大。

至今，永乐版《甘珠尔》仍是现存最早的、较为精善的《甘珠尔》之一，在藏文文献和藏传佛教研究等领域均具有重要的学术价值。

（作者为中国藏学研究中心西藏文化博物馆馆员）

明代朝廷授予达赖喇嘛系统的这个封号

——“朵儿只唱”图记管见

文 / 张荣德

“朵儿只唱”图记是一枚明代象牙图章，方形印面，配以狮钮，高6.1厘米、边长5.2厘米，原收藏于西藏罗布林卡，现收藏于西藏博物馆。“朵儿只唱”，藏语意为“金刚持”，又译作“多吉锵”。图章印背有汉文款识，左侧为“钦赐朵儿只唱图记”，右侧为“大明万历戊子年制”，即公元1588年制。据《明神宗实录》记载，万历十五年（1587年）十月，“番僧答赖准升‘朵儿只唱’名号，仍给敕命、图书”。“朵儿只唱”即为达赖的名号，由明朝廷颁赐给第三世达赖喇嘛索南嘉措（1543~1588年）。

明代治藏政策的核心多被概括为“多封众建、因俗以治”，藏传佛教格鲁派建立以后即与明朝廷接上了联系，该派首领释迦也失曾入京朝觐，并先后获封“西天佛子”“大慈法王”封号。在宗喀巴和释迦也失之后，格鲁派久未出现可以统领教派的人物，明朝廷与其上层人物之间的交往有所减弱。直到16世纪时，先后担任过扎什伦布寺、哲蚌寺和色拉寺堪布的第二世达赖喇嘛根敦嘉措成为格鲁派的实际首领。1542年，根敦嘉措圆寂后，格鲁派开始寻访他的转世灵童。经查验并报请西藏地方政府后，格鲁派认定1543年出生于拉萨西北堆龙地方的一位幼童为转世灵童，并于1547年将其迎往哲蚌寺的甘丹颇章坐床，取法名“索南嘉措”。而明朝中央政府对作为格鲁派著名活佛转世系统达赖喇嘛的敕封，正是从三世达赖喇嘛开始的。

在转牧青海的蒙古土默特部首领、顺义王俺答汗的两次遣使邀请下，索南嘉措于明万历五年（1577年）十一月自哲蚌寺启程，第二年五月抵达青海湖边与俺答汗会见，获赠“圣识一切瓦齐尔达喇达赖喇嘛”尊号——“圣”即“圣人”；“识一切”是“遍知一切”的意思，指在显宗方面取得最高成就之人；“瓦齐尔达喇”为梵文音译，有“金刚持”之意，是对密宗方面最高成就者的尊称；“达赖”蒙古语意为“大海”，“喇嘛”是藏语“上师”的意思，故这个尊号指代显宗和密宗两方面都取得最高成就、超凡入圣而学问渊博犹如大海一样的上师。

事实上，俺答汗与达赖喇嘛发生联系有各自的政治目的。达赖喇嘛希望以此获得支持自己的政治力量，以促进自身教派的发展，而俺答汗也想依靠达赖喇嘛的宗教影响来扩大自己的势力，同时稳固自己在青海藏传佛教信众中的地位，于是二者互赠封号。显然，顺义王赠予的名号若想有更高的权威，就必须得到中央政府的承认，故顺义王代达赖喇嘛向明朝廷求赐封号，于是才有了这一枚赐给索南嘉措的“朵儿只唱”印。

索南嘉措到达青海后，明朝廷也在1578年命甘肃巡抚侯东莱差人前往与其取

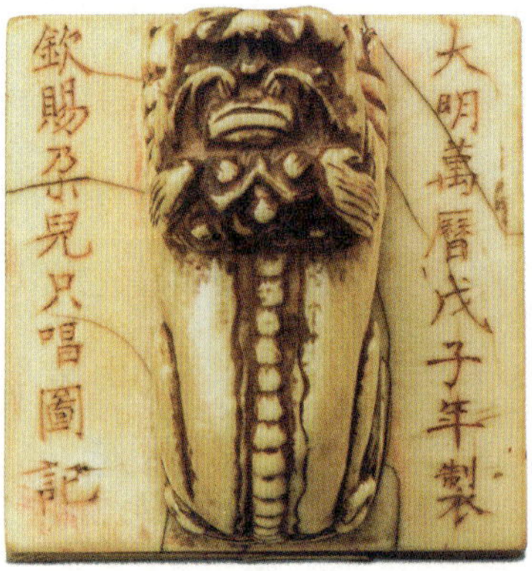

“朵儿只唱”印章之印背

“朵儿只唱”印章印面

“朵儿只唱”印章之印体与印背

得联系。索南嘉措于当年冬天应邀去到甘州（今甘肃武威），下榻在八思巴曾经住过的幻化寺。其间除了同俟东莱会晤外，他还给宰辅张居正写了一封信，托其向朝廷致意，并为皇帝和大臣昼夜念经，“祝赞天下太平”。这封书信的译文收录在《张文忠公全集》中，信中索南嘉措对皇帝很是尊崇，还表明自己要向朝廷贡马，请求按照前例给予赏赐。

通过这次会晤和信件，索南嘉措与明朝廷正式建立起了联系。他还根据皇帝的旨意劝说俺答汗从青海返回蒙古驻牧。俺答汗回到蒙古后于1582年病故，索南嘉措又应邀去蒙古为其祈祷。在蒙古期间，明神宗派出官员专门敕封给索南嘉措“朵儿只唱”的封号，并邀请他赴京觐见。遗憾的是，索南嘉措在准备启程之时圆寂了。

“朵儿只唱”图记作为明代朝廷授予达赖喇嘛系统的名号，见证了早期达赖喇嘛传承系统与中央政府之间久远而密切的政治关系，时至今日仍然具有重要的历史价值和政治意义。

（作者为中国藏学研究中心西藏文化博物馆副研究馆员）

清代治藏政策的一项重要制度

——金奔巴瓶管见

文 / 张中亚

现藏于西藏拉萨大昭寺的清代金奔巴瓶为纯金质地，重约 80 两（约合 3 千克），底座直径 14.4 厘米、瓶身最大直径 21 厘米，高 34 厘米。其形制仿藏式奔巴瓶，由盖、身及签筒构成。签筒内配 5 支云头纹象牙签，签长 5.8 厘米、宽 2 厘米、厚 0.6 厘米，用于书写候选灵童名字及出生地。金奔巴瓶面有阳刻如意云、梵文“十相自在”，盖顶嵌有白玉、蜜蜡、珊瑚、青金石，瓶口装饰如意云纹与藏式三宝珠，体现了汉藏文化的完美融合。北京雍和宫收藏的另一套金奔巴瓶和象牙签，形制也与大昭寺所藏相同。

“奔巴”为藏语“瓶”的音译。据史料记载，上述两只金奔巴瓶是 1792 年由清乾隆帝亲自设计、清宫造办处工匠精心制作而成的。其间，前后经历数次御览、修改，从样式、花纹、装饰、选材，乾隆帝均给予详细指示，充分体现了朝廷对其的重视程度。金瓶和象牙签最初供于大昭寺释迦牟尼佛像前，1798 年由八世达赖喇嘛迎请至布达拉宫殊胜三界殿供奉，主要用于西藏地区各大活佛转世灵童的掣签。

供奉于雍和宫法轮殿的金瓶和象牙签，主要用于西藏地区以外包括蒙古各部和驻京各大呼图克图转世灵童的掣签。

活佛转世是藏传佛教独有的一种传承方式，前世活佛圆寂后，通过寻找转世灵童来继承前世法统，有别于师徒传承和家族传承。公元 13 世纪末，活佛转世在藏传佛教噶玛噶举派内部产生。自活佛转世制度产生以来，藏传佛教各教派为了各自利益，建立了大大小小数以千计的活佛转世系统。其中，把活佛转世制度发展得最为完备、使活佛转世成为最重要传承方式的是格鲁派。但到了公元 18 世纪末，活佛转世暴露出不少问题，有些还影响到了西藏社会的稳定。

为整顿活佛转世制度中出现的各种乱象，“去转生一族之私，合内外蒙古之愿”“安藏辑藩，定国家清平之基于永久”，1793 年，清朝廷在平定廓尔喀入侵后，制定并颁布了《钦定藏内善后章程二十九条》。其中第一条规定：建立金瓶掣签制度，达赖喇嘛和班禅额尔德尼等大活佛的转世灵童须由金瓶掣签认定。

金瓶掣签制度吸收和借鉴了“食团问卜”传统认定灵童的方式，一经颁布就得到西藏政教首领达赖喇嘛、班禅额尔德尼以及各呼图克图和广大僧众的衷心拥护。八世达赖喇嘛向全藏颁发《水牛年文告》，认为这是皇帝“施无上恩惠，且弘扬黄教，慈爱西藏人民，恩德无边”，“从现在起仍然依旧例选定（转世灵童）的，如果出现，必将严惩”。

遵照《钦定藏内善后章程二十九条》规定，西藏地方政府陆续完成《西藏活佛名册》，将藏传佛教活佛划分为两种等级：大活佛和其他活佛。大活佛须在理藩院建档，向中央政府奏报，其转世采用金瓶掣签制度；其他活佛由地方政府管理。根据理藩院资料，蒙藏地区在该院注册的大活佛，含达赖喇嘛和班禅额尔德尼在内，共约 160 位。

那么，如何寻找转世灵童呢？藏传佛教活佛转世制度有一套固定的流程，一般包括寻访、认定和坐床。

寻访灵童需经过 4 个主要步骤，遵循藏传佛教传统的宗教仪轨进行。以达赖喇嘛为例，首先，要查验前世达赖喇嘛生前的言谈举止、预兆及圆寂时的遗嘱、圆寂

清代金奔巴瓶

签牌

后的征兆，组织寻访人员。其次，根据征兆请大活佛占卜打卦，请护法神降神，观看圣湖显影等。这些步骤可不分先后交叉进行，亦可同时进行，再将这些结果与前面的种种征兆结合，确定灵童出生的方向和地点特征。第三，确定方位后，派出寻访小组分头寻找灵异幼童，当然这些幼童都是在前世达赖喇嘛圆寂后才出生的。其间，要对候选的幼童进行查验，一般是观察幼童的言谈举止、体形、五官及出生地所显示的征兆，还要注意了解、分析幼童投胎时的奇特事项。第四，寻访小组出示若干前世达赖喇嘛的遗物混以其他杂物，让幼童辨认真伪，以此断定幼童是否为转世之身。待寻访结束后，将寻访到的3至5位候选幼童统一带至拉萨，进入认定阶段。

认定灵童即政治批准。金瓶掣签制度产生之前，传统认定转世灵童的方式是在佛祖或菩萨像前采取“食团问卜”的神断方式，即摇糌粑丸确定一名转世灵童。通过把候选灵童的名号写在纸条上并以糌粑成团，放在碗中摇晃后抽取。这种方式与金瓶掣签原理相同，被抽中的概率是一样的，只不过清乾隆帝借鉴了传统方式并加以改造，使其法律化、固定化。金瓶掣签制度最初只寻找一位候选灵童，把一支有字签和一支无字签同时放入瓶内来抽取，抽到无字的则需要重新寻找，最终掣定后上报中央政府批准或册封，并举行坐床典礼。从五世达赖喇嘛之后，历任达赖喇嘛的认定均经中央政府批准。

坐床典礼一般有三个程序，即向灵童宣布皇帝批复；请高僧大德给转世灵童剃度，起法号；举行坐床仪式。举办坐床典礼，皇帝一般会派钦差大臣入藏或命驻藏大臣主持，宣读批复诏书，看视达赖喇嘛坐床，并颁发金册金印及其他礼物。如此一来，灵童便正式继承前世法统。坐床之后，达赖喇嘛要感恩皇帝册封。

1793 年以后，蒙藏地区凡是理藩院在册的大活佛都陆续按清朝廷之规定，通过金瓶掣签确定各自的转世灵童。免予金瓶掣签的前提是必须经中央政府特许批准，其他任何人均无权决定。

实际上，金瓶掣签是清朝治藏方略的一项根本制度，它符合西藏的宗教传统和人民意愿，体现了中央政府的关心与重视，亦赋予了活佛转世制度的合法性，得到了西藏僧俗百姓一致拥护，并延用至今。

（作者为中国藏学研究中心西藏文化博物馆副研究馆员）

中央政府有效管理西藏地方的代表性物证

——清代雍正皇帝颁赐七世达赖喇嘛之金印管见

文 / 张中亚

清雍正帝颁赐七世达赖喇嘛的金印为纯金铸造，尺寸为 11.35 厘米 ×11.35 厘米 ×10.3 厘米，云头纹钮，印文为汉、藏、满、蒙古 4 种文字，刻有“西天大善自在佛所领天下释教普通瓦赤喇呾喇达赖喇嘛之印”字样，现藏于西藏博物馆。历史上，清朝廷曾先后封授五世、七世、八世达赖喇嘛金印，但目前仅有这枚金印存世，因而弥足珍贵，是中央政府封授达赖系统、有效行使主权的代表性物证。

“西天大善自在佛所领天下释教普通瓦赤喇呾喇达赖喇嘛”这一封号最早是顺治帝册封五世达赖喇嘛的。“西天大善自在佛所领天下释教”基本沿用明代封噶玛噶举派大宝法王的封号“万行具足十方最胜圆觉妙智慧善普应佑国演教如来大宝法王西天大善自在佛领天下释教”的后半段，但不同的是增加了一个“所”字，“所领天下释教”应该解释为达赖喇嘛所统领藏传佛教信众。“普通”应为“普遍通晓”之意，即通晓藏传佛教显密二宗。“瓦赤喇呾喇”是梵文“金刚持”的音译。“达赖”，蒙古语译为“大海”；“喇嘛”，藏语为“上师”之意。故该封号可释意为：

西方修善萨道统领信奉藏传佛教信众、显宗和密宗两方面都取得最高成就、超凡入圣而学问渊博犹如大海一样的上师。

这一封号意义深远。清朝廷通过册封，进一步加强了中央政府对藏传佛教地区的最高直接治理权。五世达赖喇嘛接受册封，更加表明了对中央政府的尊崇和归附。

达赖系统受朝廷封授始于明代万历时期。1587 年，万历皇帝封三世达赖喇嘛索南嘉措为“朵儿只唱”，并赐印。1616 年，万历皇帝又封四世达赖喇嘛云丹嘉措以“普持金刚佛”的封号和印信。

1652 年五世达赖喇嘛主动入京朝觐，受到朝廷封赏，被封为“西天大善自在佛所领天下释教普通瓦赤喇呾喇达赖喇嘛”，并获赐金印、金册，这也是清代皇帝赐给达赖系统的首对印册。五世达赖喇嘛很快启用了这枚金印，后来为使用方便他又仿制了一枚同款木钮铁印。如今，这枚铁印同样是西藏博物馆的馆藏精品。

五世、七世达赖喇嘛金印印文略有不同——五世达赖喇嘛之印为汉、藏、满三种文字书写，刻“西天大善自在佛所领天下释教普通瓦赤喇呾喇达赖喇嘛之印”。

1705 年，西藏地方统治集团发生内讧，掌权的拉藏汗废六世达赖喇嘛仓央嘉措，并拥立益希嘉措为六世达赖喇嘛。后来，仓央嘉措圆寂于北上途中，拉萨三大寺上

颁赐七世达赖喇嘛金印印体

颁赐七世达赖喇嘛金印印面

层根据其生前诗歌“白鹤假我翼，翱翔在云宇；我将不远去，迨理塘就还”，于四川理塘寻访到格桑嘉措为其转世灵童，并得到青海蒙古部落势力的支持，迎请至塔尔寺予以保护。直至准噶尔部策妄阿拉布坦袭杀拉藏汗，企图控制西藏，1720年清康熙帝派兵驱逐准噶尔部，护送格桑嘉措至拉萨，册封为“弘法觉众第六辈达赖喇嘛”，作为五世达赖喇嘛的真正转世而不是七世达赖喇嘛。1780年，乾隆帝会见六世班禅额尔德尼时，才顺应民愿，认定格桑嘉措作为七世达赖喇嘛。

1723年雍正帝继位之初，改封格桑嘉措为“西天大善自在佛所领天下释教普通瓦赤喇呾喇达赖喇嘛”，并赐印、册，依前五世达赖喇嘛之赐封。此时，西藏地方政治形势已经发生改变，雍正帝有意恢复达赖喇嘛的地位，使中央政府与西藏地方的隶属关系更为紧密，同时更好地安抚蒙藏各部，以改政局之乱。此后，清朝廷逐步废除蒙古王公统治西藏的制度，进一步强化了对西藏地方的直接管理，并建立噶伦制，由首席噶伦总理西藏政务。但在经历了噶伦内讧和珠尔墨特那木扎勒之乱后，1751年清朝廷颁布《酌定西藏善后章程十三条》，再次改革西藏地方体制，废除郡王独理专擅西藏政务的制度，从此由驻藏大臣与达赖喇嘛共同管理西藏事务。1757年，七世达赖喇嘛在布达拉宫圆寂，乾隆帝闻讯即刻派三世章嘉活佛入藏，办理达赖喇嘛转世灵童的寻访，并任命第穆活佛担任摄政，代理达赖喇嘛的职权。

七世达赖喇嘛时期，是清代治藏方略的成熟期，进一步有效实现了中央政府对西藏地方的直接管理。逐渐赋予达赖喇嘛部分实权，令其得以参与领导西藏噶厦地方政府机构，协助驻藏大臣管理西藏事务并接受驻藏大臣的监督——这一体制，自1751年形成一直延续到1959年西藏民主改革才落下帷幕。

（作者为中国藏学研究中心西藏文化博物馆副研究馆员）

体现治藏稳藏政策的册命金文

——清代道光皇帝册封十一世达赖喇嘛之金册管见

文 / 张中亚

道光皇帝册封十一世达赖喇嘛之金册（局部）

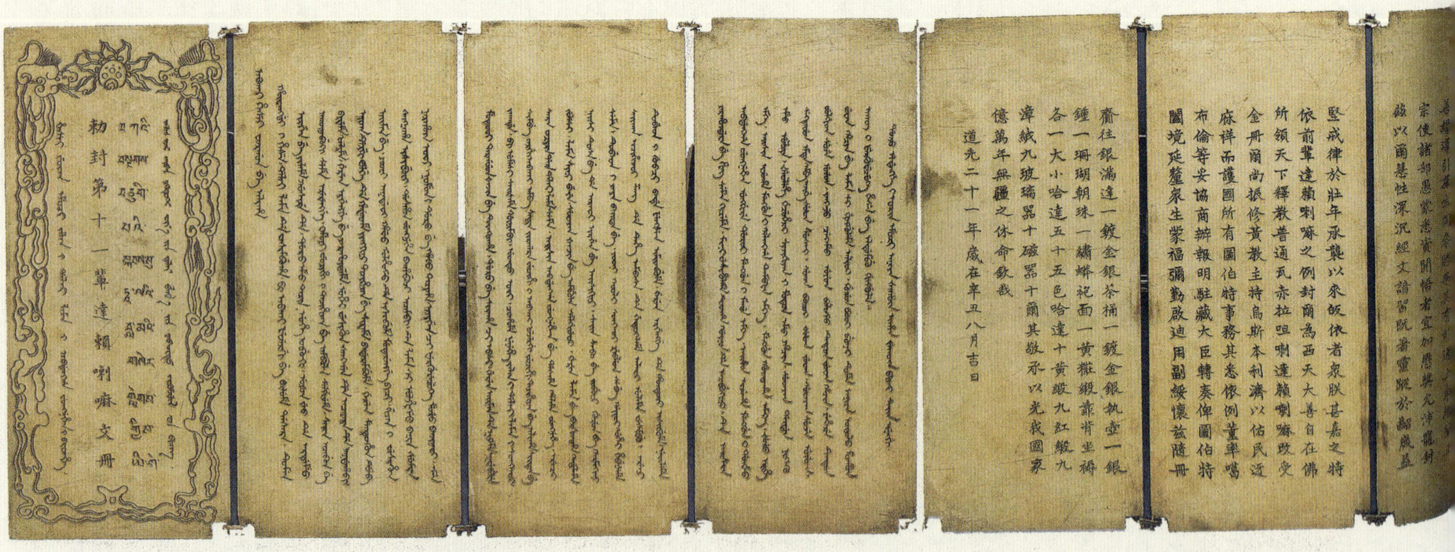

现藏于北京民族文化宫的十一世达赖喇嘛之金册，系1841年由清道光帝所赐，纯金铸造，封册每片长23厘米、宽10厘米、厚0.4厘米，共13片。相邻两片上、下边用铜锔缀连，可折可展，开阖如书帙。金册从左至右，依次为封面、满文、汉文、藏文、蒙古文书写的文字各3片。封面边刻二龙戏珠，面书“敕封第十一辈达赖喇嘛文册”。金册的汉文部分共333字，字依数分行，以“奉天承运，皇帝制曰”启，册文按例首述皇帝权威，因达赖有功，应施以恩宠，进而给予封赏。

“册命”之礼起于西周，在西周青铜器铭文中有不少“册命金文”。《朱子语类》记载：“册命之礼，始于汉武封三王，后遂不废。自古有此礼，至武帝始复之耳。郊祀宗庙，太子皆有玉册，皇后用金册，宰相贵妃皆用竹册……此礼，唐以来皆用之。”

到了明清时期，这一册封制度更趋完善。皇帝授藩属、诸侯、宗族、妃嫔与功臣等以封爵，皆举行一定的册封仪式，连同册文、玺印一并授给被册封人。

此次朝廷“改受金册”，并未颁授金印。《十一世达赖喇嘛传》记载“准许为政教事务使用以前的达赖喇嘛的印鉴”，即按照惯例启用前世达赖喇嘛的印章。册文强调的重点在于“所有图伯特事务，其悉依例，董率噶布伦等妥协商办，报明驻藏大臣转奏”，清道光帝明令达赖喇嘛遵之，强调了驻藏大臣领导西藏地方政府、管辖噶伦和所有僧俗官员，明确了驻藏大臣作为西藏地方最高行政长官的法律地位。

驻藏大臣制度始于雍正时期，是清代治藏稳藏的必然结果。驻藏大臣与达赖喇嘛、班禅额尔德尼的社会、政治地位平等，集行政人事权、宗教监管权、军权、司法权、外事权、财税权于一身。驻藏大臣的设立，在一定程度上保证了清朝法制的统一，强化了中央政府对西藏地方的有效统治。驻藏大臣在履行朝廷所赋予使命的过程中，客观上起到了加强和发展中央与地方关系、促进各民族交往交流交融、安定社会秩序、发展经济生产、巩固祖国边防、抵御外敌入侵的作用，有效地维护了国家统一和领土完整。

清道光十七年（1837 年）年九月，十世达赖喇嘛圆寂，皇帝诏令驻藏大臣和摄政策墨林呼图克图负责寻访其转世灵童。经多方寻访，寻访到 4 名幼童，其中西藏、四川各两名。七世班禅等出示达赖喇嘛所留之物，由 4 名幼童辨认真假，皆辨认无误。道光二十年（1840 年）十二月九日，驻藏大臣孟保等奏报请求进行金瓶掣签。第二年五月二十五日，孟保主持在布达拉宫举行金瓶掣签仪式，由七世班禅为转世灵童剃度，取法名凯珠嘉措。道光帝下旨批准，派遣成都副都统席孟格、五世章嘉呼图克图等赴藏与孟保一道看视十一世达赖喇嘛坐床，赐银一万两作为坐床典礼的经费，希冀达赖喇嘛感戴皇恩、勤于学习、弘扬黄教、安居百姓、勿要怠惰。

如今，我们所看到的这件十一世达赖喇嘛金册，正是此次由特派官员携带入藏的。道光二十六年（1846 年）初，已满 8 岁的十一世达赖喇嘛拜七世班禅为师，在大昭寺受沙弥戒。咸丰五年（1855 年）初，按照诏命，十一世达赖喇嘛亲政。但其命运多舛，亲政不到一年，于同年十二月十五日在布达拉宫圆寂，年仅 18 岁。此后，咸丰帝命热振呼图克图担任摄政。

当时，驻藏大臣携西藏僧俗上层遵从诏令，遵循藏传佛教活佛转世的历史定制，在十一世达赖喇嘛的寻访、查验、掣签、认定、坐床、亲政等程序及达赖喇嘛圆寂后任命摄政的过程中，加强对格鲁派的管理，使西藏地方宗教上层更加积极配合驻藏大臣忠实地遵行清朝廷在西藏地方的诸项统治政策。这也体现了清代对活佛转世制度的加强。中央政府直接介入藏传佛教大活佛的转世，革除昔日活佛转世中存在的弊端，防止西藏地方贵族权力的集中，对藏传佛教的有序发展及西藏地方的稳定意义重大。

（作者为中国藏学研究中心西藏文化博物馆副研究馆员）

它承载着中原文化与皇家审美特质

——清代珐琅彩三足香炉管见

文 / 沈红宇

在 2020 年 5 月 18 日世界博物馆日的宣传活动中，西藏罗布林卡以视频解说的方式向公众介绍了 3 件具有代表性的明清时期馆藏文物精品，其中一件即为清代珐琅彩三足香炉。

香炉为焚香器具，具有吉祥、长寿和镇邪之意。此件珐琅彩香炉高 38 厘米，制作于清代晚期，整体器型仿照古代青铜器鼎，为典型的圆形鼎式三足香炉，弯足、双耳、狮钮盖。这一造型产生于仿古风气浓厚的宋代，自诞生起便颇受欢迎，是仿古造型香炉中最为流行的样式。

明清时期，香炉常与花瓶和烛台等一起组成“五供”，摆放于佛像与祭祀牌位前，并被作为供器之首居于“五供”正中。这个香炉的炉盖采用了镂空雕塑技艺，以前后两片如意云头形为主体框架，云头上装饰着适形的缠枝莲纹，其余部分镂空，密布鎏金蝙蝠与如意云纹，香烟从镂空处袅袅升起。在古代中国，如意云头与蝙蝠均被视为祥瑞形象，“蝠”与“福”同音，寓意福气、福报，经常被运用到珐琅器

清代珐琅彩三足香炉

物装饰中。香炉盖上装饰着通体鎏金狮钮，狮子蹲立，前足踏于系带绣球之上，为传统的狮滚绣球题材，灵动精巧。在中华文化传统观念中，狮子具有镇凶压邪的作用，狮钮盖寓意“事事如意”。

此香炉炉身呈球形，通体以黄色为地，肩部装饰一圈覆式莲瓣纹样，腹部前后各有一条蓝色身五爪回首行云龙纹。器物底部饰海水纹，其余间饰缠枝莲花纹，这类纹是珐琅器中最具代表性的纹饰。其口沿处有对称冲耳，似两翼向上延展，与炉身之间以圆形方孔钱衔接；三足为弯曲圆柱形，上部饰以鎏金衔柱的狮面。

这个香炉采用了掐丝珐琅工艺，就是在已经铸造好的金属胎表面按设计好的花样、纹饰描出纹路，再将金属丝、金属片焊接在纹样上制成掐丝，最后经过点蓝、焙烧、镀金、打磨等工序后成型。

就现存实物来看，明代初年的掐丝珐琅僧帽壶是已知西藏地区传世珐琅器中年代最早的一件，现藏于西藏博物馆。就文献来看，掐丝珐琅传入西藏的最早记录应是清代雍正皇帝给七世达赖喇嘛格桑嘉措（1708~1757 年）的赏赐。文献记载雍正十二年（1734 年）曾制作“珐琅满达二份、珐琅轮杵三份及赏喇嘛用的铜胎珐琅奔巴壶一件、掐丝珐琅海灯一件、珐琅海灯一件、珐琅靶碗一件、珐琅拉古里碗一对”，说明此时清朝廷已经在生产珐琅工艺的藏传佛教供器，并将其赏赐给西藏地方上层人物了。

清代朝廷的珐琅器物制作主要由内务府造办处下属的珐琅作承担，珐琅作在康熙、雍正、乾隆三朝几经改制，并于乾隆时期规模空前。乾隆年间，由于皇帝个人对珐琅器物的喜好，直接推动了珐琅工艺的发展。乾隆帝不仅十分关注珐琅的制作，甚至参与其中，直接从器型、图案、颜色等方面给予设计。在这一时期，中央政府颁赐给西藏地方上层的珐琅制品，无论品类还是数量上都超越了前朝。如乾隆二十七年（1762 年）清廷颁赐八世达赖喇嘛强白嘉措（1758~1804 年）坐床典礼的礼单中即包括八吉祥、宝瓶、海棠花式碟、海灯、大瓶、大碗、茶筒、观音瓶等在内的近 30 件珐琅器具，种类、数量都远远超过其他工艺品。此外，光绪二十一年（1895 年）六月初九日和十五日的两次敕谕中都提及颁赏达赖喇嘛以珐琅香炉等物件。

（作者为中国藏学研究中心西藏文化博物馆副研究馆员）

政治意义和艺术价值并重的礼物

——清代莲托八吉祥纹青花盉壶管见

文／杨鸿蛟

很多人看到清代莲托八吉祥纹青花盉壶这件器物时，都一时难以准确地说出它的名称。它并非如今常见的壶的造型，而是仿造自古代青铜酒水器“盉”，敞口带盖，腹部圆鼓，曲柄直流，下承四柱足，因此被称为“盉壶”。又因其通体饰以藏传佛教莲托八吉祥为主的青花纹饰，被命名为“莲托八吉祥纹青花盉壶”。同样式的瓷器存世有多件，散见各地，但藏于西藏博物馆的此件莲托八吉祥纹青花盉壶，因其是清乾隆帝赐予七世达赖喇嘛格桑嘉措的礼物，更显得尤为珍贵，属于该馆“十大镇馆之宝”之一。

这件盉壶高 21 厘米、口径宽 12 厘米，造型古朴端庄。它主要由器盖和器身两部分组成，通体施以青花纹饰，盖面、颈、流、柄及四足满饰缠枝灵芝纹，肩部与盖沿各饰一圈回纹，腹部为折枝莲托法轮、法螺、宝伞、白盖、莲花、宝瓶、金鱼、盘长结八吉祥纹饰，所以纹饰均匀排布一周，宝物所系丝带蜿蜒飘举，与下方张开的折枝莲叶相互呼应，相得益彰。壶底书有“大清乾隆年制”六字三行篆书款，据

清代莲托八吉祥纹青花盉壶

此可知这件器物出自清代乾隆时期的景德镇官窑。

在已知现存明代宣德青花瓷器遗存中，并未见有此类青花八吉祥盉壶样式，反倒是清乾隆时期这一样式较为集中，成为乾隆朝青花的典型样式，已知存世的即有藏于台北故宫博物院、南京博物馆、清华大学艺术博物馆、西藏博物馆的馆藏以及海内外私人藏品多件。可见，乾隆帝对此样式钟爱有加，皇家多次烧造。其原因，还要从乾隆时期宫廷仿古风尚与瓷器审美趣味以及藏传佛教艺术影响方面来探究。

首先，乾隆时期宫廷艺术继承宋代以来尤其是清代康熙、雍正两朝的传统，仿古气息非常浓郁，已然达到了集大成的高度。这一时期，御制瓷器中的仿古样式十分流行，或追摩古瓷原样直接仿制，例如通过各种手段获得大量历朝瓷器，并经由宫廷造办处命设立于景德镇的御窑厂仿制。雍正时期，御窑厂即能仿制包括宋代汝、哥、官、钧、定五大名窑和明代永乐、宣德青花在内的历代名瓷，这些原样仿制的作品，从造型到胎釉与纹饰均严格依照原品制作，甚至可以达到以假乱真的地步。在造型上仿造各类古物方面，不仅仿制历朝名瓷的造型，而且还仿制其他古器的造型，尤其以古铜器的造型最多。于画意上仿古也是乾隆朝御制瓷仿制中更为普遍的一种，即将古画之意境移植到御制瓷画中，烘托器物的古意。

此件盉壶即兼具前两种特征。盉为商周时期常见青铜器型，以具柄和流、三足或四足、带盖为主要形态特征，早在我国新石器时代的陶器器型中就已出现，最初为温酒的器具，至商周时亦作为礼器。据载，清道光年间由于治国节俭的原则，官窑奉旨停烧的 16 种圆琢瓷器中即包括此类器型，足见其珍贵与稀少。青花工艺上，它采用乾隆时期流行的“点涂法”追摩永宣苏麻离青的铁斑效果，线条流畅自然，色彩华丽。青花瓷器是用青料在白瓷胎上直接描绘后，罩以透明釉，入窑经 1300℃高温一次性烧成，属釉下彩瓷，是中国瓷器的主流品种和代表。一说青花瓷在唐宋已见端倪，一说至元代中晚期才出现成熟的青花瓷器，到了明代逐渐成为瓷器的主流，至清康乾盛世时烧造数量和工艺技术均达顶峰。

其次，从作为主体装饰纹样的八吉祥来看，这一母题最初源于古印度文化，在佛教中是指法轮、法螺、宝伞、白盖、莲花、宝瓶、金鱼、盘长结等 8 种寓意吉祥的宝物。在早期佛教美术中，八吉祥图案多出现于释迦牟尼悟道成佛的图像中，其中尤以法轮、莲花及白螺出现最多。后来，八吉祥被赋予更丰富的含义，其作为装饰图案的流行与定型化则是伴随藏传佛教的发展而逐渐形成的。藏传佛教中不仅将八吉祥作为佛前供器，而且还将其装饰于壁画、唐卡及各种工艺品中，寓意吉祥富贵。

清代承继元、明治藏传统，对藏传佛教优礼有加，尤其倚重明末以来在西藏影响力与日俱增的格鲁派，通过支持以达赖喇嘛和班禅额尔德尼为首的格鲁派宗教上层，加强中央政府对西藏地方的治理，进而实现对信奉藏传佛教的蒙古各部直接管理。在这一谋略和背景下，清代对于历代达赖喇嘛、班禅额尔德尼等藏传佛教高僧的赏赐亦十分频繁，其规格和数量亦远远超越明代对于三大法王的赏赉。与此同时，西藏地方宗教与世俗器物也通过西藏上层进京朝贡大量输入宫廷，这些都直接推动了汉藏工艺技术、文化风尚和生活方式的交流融合。

因此，以八吉祥为代表的藏传佛教装饰母题传入清朝廷后，不仅被用于皇室的佛堂供奉以及藏传佛教的法事活动中，同时又被宫廷以不同形式加以仿造，广泛运用于各类艺术，其中的吉祥结也逐渐剥离出来，融入到中原地区的传统吉祥文化之中，最终成为各民族共有共享的寓意吉祥的文化符号和象征。

（作者为中国藏学研究中心西藏文化博物馆副研究馆员）

从中原流传到高原的“雪域佛韵”
——清代金嵌珠宝檀香木唢呐管见

文 / 杨鸿蛟

2018 年 2 月，《天路文华——西藏历史文化展》在首都博物馆举办。这一展览不仅荣获了被誉为博物馆界“奥斯卡”的“全国博物馆十大陈列展览精品”，更因首次将诸多重要的西藏历史文物精品集中呈现给观众而创造了多项记录，成为涉藏文物展览史上的重要标志。由此，清代金嵌珠宝檀香木唢呐也作为该展览“雪域佛韵”单元的法器代表文物得以展出。

该唢呐来自布达拉宫雪城珍宝馆，高 58 厘米、口径 15 厘米。其管身呈锥形，采用名贵的深红色檀香木制作而成，管上开 8 个指孔，用以演奏时手指按压发出音响，指孔间套系金环，每个金环上还镶嵌以 3 颗绿松石装饰。管身上端装有外饰金质长寿宝瓶的细铜管，宝瓶上刻划以莲花并嵌饰绿松石，宝瓶上下以两块圆形铜片加以固定。管身下端接金质喇叭口，其外以卷草纹、如意云头纹的环形装饰带分割成两部分，镶嵌绿松石、珊瑚、珍珠等，倍显华贵。每支唢呐还镶环系挂金质链条，方便演奏者背挂与携带，其背后同时配以饰有流苏的长条形锦缎。每支喇叭口背面

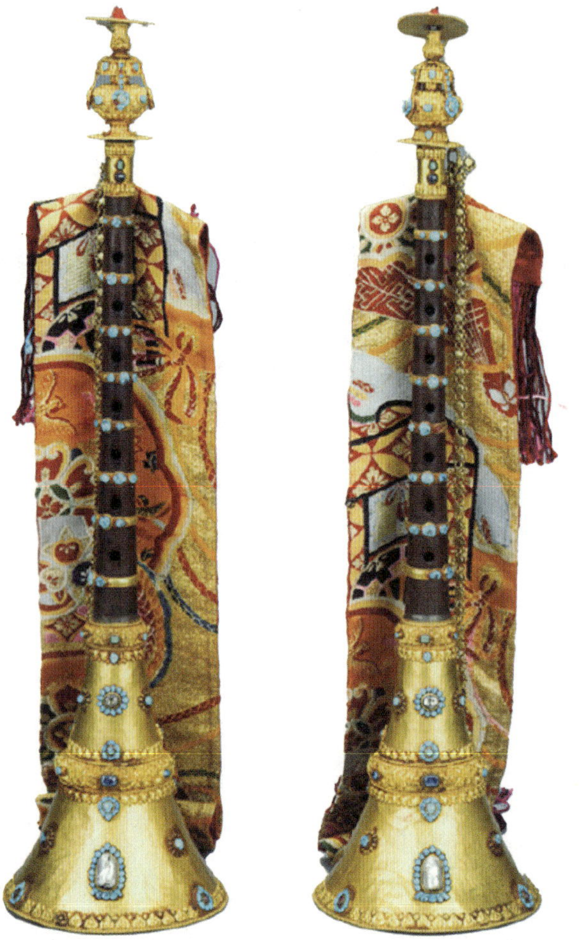

金嵌珠宝檀香木唢呐

均刻有藏文乌金体铭文，大致意思是：火猪年吉日，丹吉林佛殿制造，由却本（主管陈设坛场和祭品的僧人）楚称格丹、楚称坚赞、钦列云丹、佐巴曲丹钦列桑佩一同敬献。吉祥！

丹吉林佛殿，现位于拉萨市城关区八廓办事处丹吉林居委会院内，是拉萨“四大林”中最早建立的，由六世第穆·阿旺降白德勒嘉措以摄政个人府邸之名义于1762年主持兴建，其原址为西藏地方政府公房，名为“喇嘛康萨”。寺庙建成后六世第穆为其取名“甘丹桑阿噶才”，清乾隆帝赐名“广法寺”，藏文译名即“丹吉林”，此名随后便开始流传。结合题记中的藏历火猪年与丹吉林寺的兴衰，可推断这套唢呐可能制作于六世第穆摄政之时。正如华贵的装饰与材质一样，其出身也很显贵。

唢呐在藏语里被称为“甲林”，“甲”指汉族聚居的地区；“林”意为“笛子”，为藏语“林普”的缩略。作为西藏佛教寺院中最具代表性的乐器之一，甲林是其中最具个性、最器乐化的旋律性乐器，也是西藏佛教诵经、仪式仪轨音乐中不可缺少的重要组成部分，使用频率极高，可独奏也可与铜钦（大号）、柄鼓、钹等合奏。令人印象尤为深刻的是，在一年一度万人瞩目的雪顿节展佛仪式上，甲林作为祈请佛、菩萨与众神降临庇佑的“念申”仪式的主要乐器，在哲蚌寺达措钦佛殿的楼顶与铜钦一同吹奏。甲林乐声悠扬、婉转，铜钦音质宏亮、浑厚，二者交相辉映，响彻数里，极尽庄严肃穆。

此外，在寺院音乐中甲林的乐曲也是最多的，一般寺院有 15 首左右，大型寺院的曲目更多。这些乐曲有些是专曲专用，有些是一曲多用。使用数量上，通常为两支，大型仪式活动数量会成倍增加，没有出现单支演奏的。在吹奏技法上为保证音乐连续不断的效果，甲林采用的是循环换气法，即用嘴吹气、鼻子吸气以支撑乐曲一气到底。有些重要的修供仪轨活动中，一首甲林乐曲往往要吹奏 1 个小时以上，非常考验吹奏者的功力。

关于甲林的来源，因其形制、演奏形式及技巧与中原地区的唢呐相近，因此被普遍认为它是从中原流传到西藏的。例如，在桑耶寺的金刚舞法会中，演奏甲林的僧人就身穿汉式服装，暗含了甲林与唢呐之间的渊源关系。阿里古格王朝遗址壁画中则绘有僧俗吹奏甲林的场景，可判断其出现于西藏的时间约在 1500 多年前。

（作者为中国藏学研究中心西藏文化博物馆副研究馆员）

美好记忆和深切怀念的艺术再现

——清代《布画金城公主进藏图》唐卡管见

文 / 张荣德

和亲作为我国古代民族政策的组成部分，是历史上中央政府与地方关系、民族关系的一种重要表现形态，在中华民族共同体的形成发展过程中发挥了独特作用。其中，唐代文成公主、金城公主进藏和亲书写了流传千古的佳话，她们为增进汉藏友好以及促进两地经济文化交流发展作出了巨大贡献，至今为各族人民所传颂。

金城公主在文成公主之后再经唐蕃古道入藏联姻，并在西藏生活了近 30 年。为纪念和赞颂其功绩，西藏人民将她的故事描绘在宫殿壁画和精美唐卡画作之上。如布达拉宫的清代金城公主观镜壁画，就重现了公主因思念双亲、拿出能够照见亲人身影的宝镜来观看的情景。现藏于西藏博物馆的这幅《布画金城公主进藏图》唐卡亦为同类题材的作品，是清代西藏人民对金城公主进藏和亲美好记忆和深切怀念的艺术再现。这幅唐卡通长 179 厘米、宽 98 厘米，画心长 90 厘米、宽 63.5 厘米，布本设色工艺，画面中有百余个身份各异的人物，中部靠右坐于帐中、手持镜子的贵妇人正是金城公主。此外，此画还绘有和亲路上时常现身的佛陀以及车、马、楼阁、

清代《布画金城公主进藏图》唐卡

的政治中心不在拉萨，布达拉宫先后被各派势力占据。至清初，吐蕃时期建造的布达拉宫只剩法王修行洞和圣观音殿两处。

1645年，在蒙古和硕特汗王固始汗的帮助下，五世达赖重建布达拉宫，先后建造白宫及宫墙、城门、角楼等，还将甘丹颇章政权机构由哲蚌寺迁来。同期，固始汗曾派出蒙古兵丁帮助运送建筑材料并维护建设工程的安全。五世达赖赴京觐见清顺治帝，进一步强化了西藏地方与中央政府的联系。时隔40多年后，西藏地方政府为五世达赖修建灵塔，又扩建了规模宏大的红宫。这项工程有1700多名各族工匠参与，既体现了藏族建筑技艺的智慧，也呈现出各民族共同协作的诸多成果。清康熙帝对该工程十分关心，派来汉、满等民族的114名技艺精湛的工匠，和硕特汗王也给予了力所能及的帮助。1693年，扩建工程竣工，布达拉宫更具规模。此后，历世达赖相继增建了5个金顶和一些附属建筑。值得一提的是，清朝历代皇帝都为布达拉宫修复扩建工程提供过支持，比如拨付银两、赐予珠宝等。特别是乾隆帝在反击廓尔喀入侵西藏期间，多次派大将军福康安等前往拉萨，与八世达赖会商并资助修葺布达拉宫。

事实上，红宫内所建历代达赖喇嘛的灵塔，从五世到十三世都得到了历朝中央政府的资助，各族信众也予以供奉。

西藏和平解放后，特别是民主改革和西藏自治区成立以来，布达拉宫迎来了新生。中央人民政府高度重视这一古建筑的保护与维修，自治区政府成立专门的文物保护管理机构，对包括布达拉宫在内的文物进行管护。1961年，布达拉宫被确定为第一批全国重点文物保护单位。

布达拉宫收藏、保存了许多反映西藏地方政教活动和各民族民间活动的文物，包括实物、建筑、壁画、碑刻等。这些内涵丰富的珍宝，承载着各民族交往交流交融的厚重历史。

早期唐蕃交流的历史画卷。布达拉宫最古老的建筑遗存——法王修行洞里供奉的松赞干布、文成公主等塑像，是吐蕃时期代表性作品。文成公主出嫁吐蕃，乃唐蕃历史上的大事。来到吐蕃后，文成公主与松赞干布相濡以沫，协力促进汉藏亲情

布达拉宫

友好和西藏地区的发展，呈现出唐蕃“社稷如一”“和同一家”的大好局面。为记录这一历史盛事，布达拉宫正门门廊东壁绘有长安示意图和唐皇接见吐蕃婚使的故事，北墙则绘有文成公主一行从长安出发艰难跋涉抵达拉萨的场景。

公元710年，豆蔻年华的金城公主入嫁吐蕃，此后一直致力于唐蕃友好。在布达拉宫白宫的东大殿，有一组壁画讲述了当年金城公主与吐蕃赞普——赤德祖赞长子姜查拉温的故事。反映此事迹的壁画在布达拉宫享有很高地位，这与金城公主对西藏发展的贡献是分不开的。

中央政府对西藏地方有效管理的诸多物证。清代，布达拉宫成为西藏地方政府的政治活动中心，中央政府向西藏地方颁布的诏令、圣旨、金册、金印、御批及御赐的宝物等在这里都有丰富的珍藏。尤其能体现西藏地方与中央政府关系的，就有供奉在布达拉宫殊胜三界殿中的康熙帝“长生禄位”，牌位上依次用藏、汉、满、蒙古等文字书写的鎏金大字“当今皇帝万岁万万岁”寓意深刻。1652年，清朝廷邀请五世达赖阿旺洛桑嘉措进京，册封其为“西天大善自在佛所领天下释教普通瓦赤喇呾喇达赖喇嘛”，并颁赐金册、金印。自此以后，历世达赖均须经中央政府册封。五世达赖将皇帝敕封的名号等立为遗嘱，书于布达拉宫东侧德央厦平台的墙壁上，并按有双手掌印，以示永世不忘朝廷恩典。

1720年，清康熙帝将一块金字寿牌颁予七世达赖，后者将其供于布达拉宫顶层的殊胜三界殿中。后来，朝廷赐予的乾隆帝画像也被悬挂于金字寿牌上方。每年藏历正月初一，达赖都要率众僧俗官员向寿牌和画像叩拜。同时，驻藏大臣也要在皇帝像前完成相关政务活动，这种礼仪后来成为西藏地方政府的定制。

在布达拉宫寂圆满大殿中央，高悬着1760年清乾隆帝御赐“涌莲初地”匾额，东边的壁画则描绘了当年五世达赖赴京觐见顺治皇帝的情景。殿内还保存有康熙帝所赐大型锦绣幔帐一对，为稀世珍品。这对幔帐在五世达赖坐床和亲政大典时，悬于大殿显要处。据传，康熙帝专门建设厂房，众多绣工费时一年才织成这对幔帐，并派专使赐予五世达赖。在五世达赖宝座的上方，悬挂着同治帝御赐“振锡绥疆”匾额。“锡”指僧人使用的锡杖，意为“希望西藏地方政权能够振作精气、安定边疆”。

很显然，这是朝廷在经历第二次鸦片战争之后对边疆地方政权寄予的厚望，与清初顺治帝赐封蒙古和硕特汗王固始汗时所强调的“作朕屏辅，辑乃封圻”有同义所指。殿堂三楼的壁画还绘有十三世达赖1908年赴京觐见慈禧太后和光绪帝的场景，体现了清中央政府与西藏地方的紧密关系。

1792年，清朝廷正式颁布实施《钦定藏内善后章程》，成为清代治理西藏的重要依据，并确立金瓶掣签制度，将活佛转世正式纳入国家特定的管理法典之中，由中央政府掌握转世灵童继位的批准权。自此，金瓶掣签仪式主要在布达拉宫举行，并须经皇帝批准后由驻藏大臣会商大活佛及摄政方可具体执行。

在布达拉宫的正面山脚下，左右矗立着两座经历200多年风雨的高大石碑，碑文镌刻着清康熙帝派清军驱逐准噶尔扰藏、乾隆帝出兵反击廓尔喀入侵西藏的功绩。前者即前藏布达拉山前第一碑——御制平定西藏碑，后者即前藏布达拉山前第二碑——御制十全记碑。

作为凝结着各族人民心血和智慧的古建筑群，布达拉宫既体现了藏式传统建筑风格，也吸收了中原建筑的梁架、斗拱、金顶、藻井等技艺和特色。宫内的壁画在集中反映唐蕃使臣往来、迎娶唐朝公主、元明清历朝皇帝接见西藏地方人士以及王公贵族活动、活佛转世等重大事件的同时，也大量记录了各民族民间往来互动的场景，特别是喀尔喀和厄鲁特蒙古等部族、川青甘滇地区民众进藏熬茶和拜佛的活动。

在布达拉宫，反映各民族文化深入交流的文物也非常丰富，其中两件尤为典型：一为殊胜三界殿内珍藏的北京版《甘珠尔大藏经》，乃是西藏与祖国其他地区之间文化交流交融的代表性作品；二是西日光殿内那幅色彩绚丽、形态逼真的“八仙过海”挂毯，这表明源于中原道教神话的故事同样在西藏民间影响广泛。

（作者为西藏自治区社会科学院原党委书记、副院长）

具有浓郁中原风格的辉煌建筑

——拉萨大昭寺管见

文 / 张荣德

大昭寺始建于公元 7 世纪中叶，在此后长达 1400 多年的时光里经历了兴建、废弃、维修、扩建和定型的过程，最终形成占地面积约 1.3 万平方米、建筑面积 2.51 多万平方米的大型建筑群。1961 年，大昭寺被国务院公布为第一批全国重点文物保护单位。2000 年，联合国教科文组织将大昭寺作为布达拉宫的扩展项目列入世界遗产名录，并予以高度评价："大昭寺是西藏现存最辉煌的吐蕃时期的建筑，也是西藏最早的土木结构建筑，并且开创了藏式平川式寺庙布局规式……"

俯瞰大昭寺，整体建筑坐东朝西，东、南、西均有入口，正门西向。全部建筑基本上沿纵向中轴线分布，建筑群由二至四层的楼房组成，有门廊、庭院、觉康主殿等主要建筑以及分布在四周的僧舍、库房等，并按南北两院布局——北院大门为大昭寺正门，为五开间二层建筑，底层为门厅，两侧绘制四大天王和护法神像；二层为"三界殿"。上拉章（达赖公署）和下拉章（班禅行宫、摄政王公署）分列在寺门两侧。过正门以后，有一个约 110 平方米的方形千佛廊院，四周的回廊满绘大

型佛教故事壁画，这里是藏传佛教格鲁派举行传召大法会的主要场所。全寺的中心建筑觉康主殿位于北院偏后方，整个大昭寺的屋舍以其为中心环绕。南院主要是为举办传召法会而设，有传召机构、厨房、仓库等建筑，辩经台设在南入口的西侧。

觉康主殿为一密闭院落，是大昭寺的精华之所在。主殿建筑平面为正方形，殿高 4 层，下面两层是大昭寺建筑中历史最悠久的部分——内院式外廊，平屋顶，每层有房 18 间。主殿的核心部分为主供释迦牟尼佛殿，位于神殿最后的正中，达两层楼高。释迦牟尼佛殿的两侧，是强巴佛像、十一面观音菩萨、莲花生大师以及西藏各大教派的始祖造像。此外，主殿二层供奉松赞干布、文成公主和赤尊公主的塑像；三层为一天井，是一楼殿堂的屋顶和天窗；四层正中为 4 座金顶。

在大昭寺的整个建筑群中，只有主佛殿觉康仍旧保存了吐蕃时代的建筑结构和装饰风格。例如主佛殿的梁架、斗拱和藻井，金刚藻井的立柱、彩绘莲花柱头，尤其是半圆雕人面狮身像等，展现了吐蕃建筑极强的多元文化特色。这座神殿有着浓郁的中原地区建筑风格，特别是人字大叉梁结构这种唐代建筑手法，被巧妙地融汇在了藏式建筑之中。

大昭寺的典藏文物也特别珍贵，尤其值得称道。除了由文成公主带入西藏的释迦牟尼佛十二岁等身像，还荟萃了历朝历代文物之精华，数量繁多，其价值难以估量。这些珍贵文物主要包括数量众多的各种金铜造像、唐卡等。其中，1419 年明朝使臣

大昭寺广场　小树 / 摄

杨英赴藏时赠送给大昭寺的两幅“大明永乐年施”题款的刺绣唐卡——胜乐金刚唐卡和大威德金刚唐卡，是朝廷赏赐给西藏地方宗教首领的珍贵礼物，至今完好保存。大昭寺还藏有一套 108 卷的朱印丽江版《甘珠尔》大藏经，印刷装帧十分精美。从这些丰富的历史文物与文献资料，我们看到了西藏地区与中原地区的深厚渊源，看到了大昭寺与西藏地方社会政治文化等的紧密关系。

作为一处极其重要的建筑和公共空间，大昭寺的形成与西藏社会的发展与演进密切相关。大昭寺始建，是因为松赞干布迎娶尼泊尔赤尊公主后为其修建宫殿，此时规模并不大。公元 9 世纪，朗达玛继任赞普后开始“灭佛兴苯”，大昭寺残破凋零，200 多年后佛教才又开始在西藏复兴。直到公元 11 世纪，大昭寺觉康殿被维修扩建；公元 12 世纪，觉康佛殿周围增建转经廊，早期建筑与珍贵的吐蕃时代的壁画得以修缮。后来，五世达赖喇嘛用了近 30 年时间持续对大昭寺进行大规模的改造和扩建，特别是扩建了正门、上拉章、下拉章和噶厦地方政府办公机构等附属建筑。五世达赖喇嘛圆寂后，第巴桑结嘉措又陆续扩建，增设了许多佛堂。七世达赖喇嘛时期，噶厦地方政府机构迁至大昭寺内，使其建筑功能发生了新的变化。

大昭寺建成初期被命名为“惹刹”（藏语，意为“羊驮土填的地方”）。有传说称，当年修建大昭寺时是民众赶着成千上万的白山羊驮着泥土往来运输土石等建材的。之后，大昭寺被称为“祖拉康”（藏语意为“经堂”），又称“觉康”（藏语意为“供奉释迦牟尼佛的殿堂”），明清之际才被称为“大昭寺”（昭，蒙古语，意为“寺院”）。

作为重要的藏传佛教寺院，大昭寺也是西藏地方政府办公的重要场所，是历朝历代中央政府治理西藏地方的重要空间。许多重要的政治和宗教活动，如金瓶掣签等也曾在这里进行。在拉萨，大昭寺与布达拉宫、罗布林卡等一道，共同构成了历史悠久、底蕴厚重、精美和谐的胜景。

（作者为中国藏学研究中心西藏文化博物馆副研究馆员）

佛教在西藏的根本道场
融合了藏式、汉式和印度建筑风格
——桑耶寺管见

文 / 王辰

著名寺院桑耶寺建成已有1000余年，是西藏历史最悠久的重要佛教活动中心，也是保存至今的吐蕃时期最宏伟、最壮丽的建筑。作为西藏古老而独特的文化宝库，桑耶寺保留着吐蕃政权以来西藏各个时期的历史、宗教、建筑、壁画、雕塑等诸方面的文化遗产，集西藏地域文化与中原文化交融之大成，1996年被列为全国重点文物保护单位。

桑耶寺位于西藏山南市扎囊县境内雅鲁藏布江北岸的桑耶镇，始建于公元8世纪中叶。桑耶，藏语译音，意为“无边”“存想”。在此之前，西藏的佛寺主要用于供奉佛像、镇妖伏魔，并没有自己的僧团组织，而在桑耶寺建成以后，才开始有人到寺院出家为僧。所以，桑耶寺是西藏历史上第一座真正意义上的佛法僧俱全的正规佛教寺院。

佛教自公元7世纪传入西藏以来，与本土宗教苯教从未停止过交流。崇信佛教的吐蕃赞普赤松德赞，为巩固佛教在吐蕃的地位，先后迎请印度高僧寂护和莲花生进藏弘扬佛法，并决定兴建桑耶寺。建寺地点由莲花生大师选定，位于哈布日山下、雅鲁藏布江北岸，环境十分优美。寺院的总体布局由寂护大师主持设计，仿照了印度的著名寺院飞行寺。

桑耶寺全寺格局呈圆形，占地面积约 11 万平方米，建筑面积近 2.5 万平方米，整体布局以佛教宇宙观中的小世界为蓝本。《大智度论》中说："百亿须弥山，百亿日月，名为三千大千世界。" 此处的"三千"指层级上从"小千"到"中千"再到"大千"，并非是数量上的 3000 个。佛经说，同一日月所照之地为一个小世界。每个小世界均以须弥山为中心，山腰为四天王天，居住着四大天王；山顶为忉利天，居住着释提桓因；须弥山四方有四大部洲，即东胜神洲、南赡部洲、西牛贺洲和北俱芦洲，均被铁围山团团围住。一千个这样的小世界组成小千世界，一千个小千世界组成中千世界，一千个中千世界组成大千世界，一个大千世界就是一个佛世界，又叫"佛国土"，也就是一佛所摄受的范围大小。桑耶寺正是按照这种宇宙观中的小世界格局进行设计的。寺院中心的乌孜大殿象征须弥山；大殿两侧有两座小殿，

桑耶寺乌孜大殿

象征太阳和月亮；大殿东南西北的江白林、阿雅巴律林、强巴林和桑结林四殿象征四大部洲；四座殿的附近又各有两座小殿，象征八小洲；大殿四角建有黑、绿、白、红四座佛塔，象征四大天王。寺院的外部有垣墙围绕，象征铁围山。

乌孜大殿作为桑耶寺的中央主殿，坐西朝东，共 3 层，每层高近 6 米，总建筑面积约 6000 多平方米。大殿从下往上分别采用了藏式、汉式和印度的建筑、雕塑、绘画风格。第一层分两部分，前面是经堂，后面是佛殿。经堂内挂有幢幡，两侧分别有 7 尊造像，左侧是松赞干布、赤松德赞、唐东杰布及 4 尊祖师像，右侧为 7 尊祖师像。佛殿与经堂之间，有三道殿门，殿门上刻有龙纹和云纹。佛殿天花板上绘有各种曼陀罗团花图案，壁画为千佛图。殿内主供一尊高约 3.9 米的释迦牟尼像，佛像由整块巨石雕刻而成，结跏趺坐，头戴宝冠，手作触地印。第二层建筑结构与第一层的佛殿基本一致，殿前有明廊，廊壁上绘有壁画，南侧为莲花生大师传记故事，北侧为桑耶寺早期全景图。殿内天花板多以方形藻井图案作装饰，具有明显的中原风格。该殿主供 3 尊合金铜造像，中间原为无量寿佛、现为莲花生大师，两侧是寂护和赤松德赞，殿内壁画内容为佛传故事。第三层为五顶相峙的造型，按印度风格建造，于 1987 年重新修复。佛殿墙壁有木框，框内嵌入石板，其上雕刻有佛像。佛殿四面各设一门，殿内供五方佛，其中四尊各面向一个大门，中间大日如来以坛城的形式绘于藻井之上，四周供奉 84 位大成就者立像和护法神像。

乌孜大殿这种藏、汉和印度合璧的建筑形式在我国建筑史上较为罕见，反映了当时佛教从中原和印度传入西藏地区并与本土文化相互交融的历史事实。

桑耶寺的创建，为佛法在西藏的进一步弘扬奠定了基础。寺院建成后，由寂护大师担任堪布，并从印度请来 12 位比丘共同为第一批出家人剃度受戒。他们就是西藏最早的出家僧人，共有 7 人，史称“七觉士”。为保证出家僧人的生活有所依靠，赤松德赞还下令诸臣盟约兴佛，供养僧人，并将盟誓文书刻碑立于乌孜大殿东门墙下。该碑被称为“兴佛盟誓碑”，由碑座、碑身、碑帽三部分组成，其中碑身高 3.6 米，上书藏文 21 列，至今保存完好。

此后，桑耶寺作为佛教在西藏的根本道场，逐渐促成了西藏佛教史上前弘期的辉煌。赤松德赞不断从中原地区和印度迎请高僧来寺弘法，并在寺内设立译经场。由于当时印度的许多大乘经典被大火焚毁，而这些经典大多已有汉文译本，所以有大量的汉族僧人被请到桑耶寺翻译佛经，这也极大地促进了汉藏民族之间的文化交流融合。

自创建以来，桑耶寺先后由宁玛派、萨迦派和格鲁派僧人进行管理，经历过鼎盛时期，也曾屡遭破坏、饱经风霜，进行过多次维修与重建。1996 年，桑耶寺被列为第四批全国重点文物保护单位，2016 年对乌孜大殿进行了全面维修。如今，焕然一新的桑耶寺已成为国内外游客的热门“打卡地”。

（作者为中国藏学研究中心西藏文化博物馆副研究馆员）

青苗地里汉藏风格融合的文化宝库

——夏鲁寺管见

文 / 高墨函

在西藏日喀则市桑珠孜区甲措雄乡，有一座寺院的建筑具有浓郁的中原风格，尤其是其精美的早期壁画遗存吸引了无数学者和游人驻足。它就是夏鲁寺，全国重点文物保护单位。

公元 11 世纪初，吐蕃贵族后裔介尊・喜饶迥乃创建了夏鲁寺。当时，他为了学习佛法，便拜求法回来的洛顿・多吉旺秋为师，并帮其修建了西藏佛教后弘期日喀则地区第一座寺院坚贡寺。寺院落成后，介尊还想拥有一座被称作是“我自己修建”的寺院，于是呈给老师洛顿一支填满黄金的箭，希望在老师一箭射程处修建一座自己的寺院。洛顿允诺，箭发，随即落在距离坚贡寺不远的一处庄稼地里，后来的夏鲁寺便建造于此。在藏语中，“夏鲁”是“青苗”的意思。

最初建立时，夏鲁寺规模并不大，建筑也基本是藏式风格。它真正形成汉藏融合的建筑风格是在元代。

历史上，夏鲁寺所在地曾经是年楚河下游河谷地带的商业重地，相传还曾是吐

夏鲁寺一层大殿回廊壁画本生故事（局部）

蕃的商贸集中地。因此，元朝建立后，这里就成为朝廷在西藏地区设立的 13 个万户府之一。为巩固和发展自己的势力，夏鲁万户长将自己的女儿玛久坎卓本嫁给了元朝帝师八思巴的弟弟恰那多吉。不久，玛久坎卓本生下一个儿子，就是后来成为元朝第三代帝师的达玛巴拉。达玛巴拉和夏鲁万户长一家的关系很亲近，当他 14 岁前往元大都（今北京）觐见元世祖忽必烈时，便请求皇帝对自己的舅舅予以褒奖和封赏。对此，忽必烈当即应允道：既是上师的舅舅，也就与我的舅舅一般，应当特别照应。此后，这个家族便被人称为“古相家族”，藏语中“古相”是对舅舅的尊称。继忽必烈之后，元代历朝皇帝都对古相家族礼遇有加。元仁宗不仅下了古相扎巴坚赞世代掌管夏鲁万户府的诏书，而且还赐予他 3 尊金银制成的佛像和数百锭金银。扎巴坚赞正是用这些金银对夏鲁寺的佛殿进行了大规模扩建与维修，并从中原地区请来大批工匠。在汉藏等各民族工匠的协同努力下，一座崭新寺院就这样出现在了世人面前。重建后的夏鲁寺规模更加宏大，汉藏结合的风格也很浓郁。

夏鲁寺旧护法神殿北壁壁画“龙凤御座图”

夏鲁寺的主体建筑坐西朝东，共分两层：底层为措钦大殿，其建筑风格是传统的藏式风格；二层则采用了汉式四合院的布局，设有正殿、配殿和前殿，殿顶皆为琉璃歇山顶和飞檐翘角，檐下是样式古朴的斗拱，屋脊上还有琉璃烧制的各种图案，体现出元代工艺的特色。

壁画是夏鲁寺的另一个重要特色，被誉为西藏艺术史上的里程碑之作。之所以如此珍贵，主要缘于它蕴含的丰富历史信息和极高的艺术成就。一方面，它是现今西藏保存最为完整且年代相对确凿的元代佛殿壁画遗存。意大利著名藏学家图齐曾在《西藏画卷》中评价说：“即使是在元朝时候最显赫的也是最富宗教和艺术热情的萨迦寺，我们也没有发现任何可以断定为元代的绘画遗迹，但这种遗迹至少在一个寺庙中保留下来了，这便是夏鲁寺。”另一方面，它不仅保留了大量反映元代皇权以及中原文化的图像史料，同时也汇聚了体现公元 11~14 世纪我国西藏与印度、尼泊尔、中亚等地区交往交流的图像信息。

在夏鲁寺壁画的诸多中原文化艺术元素中，不仅有气势恢弘的龙凤纹、宽衣帛带的服饰、飞檐翘角的琉璃瓦建筑、灵动飘逸的云气纹以及身着中原服饰的帝王形象，还有中原风格的家具、器物、山石等，集中而生动地反映了大一统格局下西藏与祖国内地在政治、经济、宗教和文化等方面的密切往来，印证了元朝赐银夏鲁寺扩建的史实。

除了独特的建筑、精美的壁画，夏鲁寺还保存了许多珍贵的文物，《甘珠尔》和《丹珠尔》经卷就是其中之一。《甘珠尔》《丹珠尔》共同构成了藏文《大藏经》，是藏传佛教经律论总集。它们数量庞大、版本众多，编订时间甚至长达数百年，而在漫长的修订史上，夏鲁寺住持布顿·仁钦珠的地位举足轻重。

布顿·仁钦珠是西藏历史上著名的佛学大师。1320年，他受邀担任夏鲁寺的住持，驻锡寺中长达36年。这是布顿·仁钦珠一生中最辉煌的时期，他在寺中讲经说法，并撰写大量佛教著作，对藏传佛教产生了重大影响。尤其是他修订过的纳塘版《甘珠尔》和《丹珠尔》经卷，至今保存在夏鲁寺措钦大殿的经堂内。

（作者为中国藏学研究中心西藏文化博物馆馆员）

夏鲁寺一瞥

吉祥须弥：历代班禅大师的驻锡地

——扎什伦布寺管见

文 / 沈红宇

"世界屋脊"珠穆朗玛峰在日喀则，中国通向南亚次大陆最大的开放口岸樟木口岸在日喀则，西藏唯一保存完整的旧西藏三大领主贵族庄园帕拉庄园在日喀则……著名的藏传佛教寺庙扎什伦布寺，也在日喀则。

扎什伦布，藏语译音，意为"吉祥须弥"。扎什伦布寺坐落于日喀则市城区西边的尼玛山南坡，是藏传佛教格鲁派的六大名寺之一，也是历代班禅大师的驻锡地。

谈到扎什伦布寺的发展历史，离不开两个重要人物——根敦珠巴、罗桑却吉坚赞。

根敦珠巴，扎什伦布寺的建立者。1447 年，宗喀巴的弟子根敦珠巴为纪念去世的受戒恩师喜饶僧格，聘请西藏和尼泊尔工匠在日喀则制作了一尊高 2.7 米的释迦牟尼镀金铜佛像。为安放此像，他又耗时 12 年建起扎什伦布寺。建成后，根敦珠巴任第一任法台（后被追认为一世达赖喇嘛）。至 1474 年根敦珠巴圆寂时，扎什伦布寺已初具规模，拥有大小佛殿 7 座以及脱桑林、夏孜、吉康 3 个显宗扎仓（即佛学研究场所）。

扎什伦布寺一角

四世班禅额尔德尼·罗桑却吉坚赞是扎什伦布寺最重要的扩建者，在西藏极有影响力。1601 年，他受任为扎什伦布寺第 16 任法台后，对寺庙进行大规模扩建，包括大小经堂 56 座、宫殿 6 座、僧舍 6000 余间，使其成为以措钦大殿为活动中心、下设显宗和密宗 4 个扎仓的大寺。

后来，经过历代班禅的不断修缮、扩建及清朝的多次敕封，扎什伦布寺有了如今的规模。目前，扎什伦布寺建筑面积近 15 万平方米，寺庙中心为殿堂区，建有措钦大殿、弥勒大佛堂、班禅灵塔殿、晒佛台等，南北两侧为僧院和僧舍。

措钦大殿，又名“大经堂”，是全寺最古老的建筑之一，也是全寺活动和讲经的主要场所，可同时容纳 2000 多名僧人在此念经，殿内设有历代班禅大师的宝座。

在大经堂的释迦牟尼殿内，有为纪念根敦珠巴的经师喜绕僧格而塑的释迦牟尼佛像，佛像两旁分立释迦牟尼八大弟子像。这尊鎏金铜像内藏有八思巴的舍利、宗喀巴的头发以及喜绕僧格的遗物（头盖骨）等，均为该寺的珍藏之物。大殿右侧是慈尊佛堂，佛堂内供有慈尊佛像，其体内有释迦牟尼的舍利等，两旁有一世达赖亲手塑的观音和文殊菩萨像。大殿的左侧是度母佛堂，供奉白度母金铜像。

整个大经堂内还有许多年代久远的壁画，其中包括著名的宗喀巴师徒像、80 多位佛教高僧像和各种仙女飞天及菩萨像。这些壁画画工精细、色泽鲜艳，造型优美、别具一格。

弥勒大佛堂和历世班禅灵塔殿是全寺最宏伟的建筑。弥勒大佛堂位于寺庙的西侧，大殿高 32 米，面积 860 多平方米，堂内供奉着 1914 年由九世班禅主持铸造的弥勒佛镀金铜像。弥勒佛，藏语叫“强巴”，是藏传佛教中最受尊敬的佛之一。这尊佛像高 26 米多，是世界上现存最大的铜佛像。据史料记载，这尊铜佛像历时 4 年才完工，共耗用黄金 6700 两、黄铜 11.5 万多公斤，还装饰有大小钻石 32 颗，以及珍珠、琥珀、珊瑚、松耳石等 1400 多颗。为这尊佛像特制的袈裟，使用了绸缎 3100 米、丝线 13 公斤。迄今，人们为此铜像换过三身袈裟。在当时的条件下，能在如此短的时间里铸成这样高大而精美的佛像，充分体现了西藏人民的智慧。

在历世班禅灵塔殿内，灵塔大小不等，塔身都饰有珍珠和玉石，燃点着数量不等的大小酥油灯，终年不熄，塔内藏有历世班禅的舍利肉身。五世至九世班禅的合葬灵塔被称为“班禅东陵扎什南捷”，意为“班禅灵塔吉祥尊胜”。这是 1989 年国家拨巨资重建的灵塔，由十世班禅大师主持其开光典礼。寺中五世至九世班禅的遗体分别存放于 5 个檀香木匣内，安放在灵塔的宝瓶里。新建的十世班禅灵塔高 11.52 米，灵塔祀殿高 35.25 米，总建筑面积 1933 平米，是全寺最壮观的建筑，也是日喀则历史上第一座金箔灵塔。大殿回廊墙壁上绘有纪念十世班禅大师的一组新派壁画，为该寺又一珍品。

晒佛台位于扎什伦布寺东北处，是寺内最高的建筑。它建于 1468 年，台基以上高 30 多米、宽 40 多米，全部用石块垒筑。这是为纪念释迦牟尼诞生、成佛、涅槃的日子而修建的。每年藏历五月十四至十六日，晒佛台上分别展出无量光佛、释迦牟尼佛和弥勒佛的巨大卷轴画，供信徒们瞻仰。晒佛节期间，寺内还会举行诵经祈祷活动。这个晒佛台在西藏藏传佛教格鲁派各大寺院中绝无仅有，是其一大特色。

扎什伦布寺还有一座汉佛堂，藏语称“甲纳拉康”，可谓全寺最独特的建筑，是七世班禅大师时期专为清乾隆帝所建造，陈列着历代皇帝赠予各世班禅的诸多礼品。汉佛堂的正殿悬挂着乾隆帝的巨幅画像，系当时的宫廷原作。画像前侧，有“道光皇帝万岁万岁万万岁”的牌位。其偏殿是清朝大员或驻藏大臣向历任班禅宣读圣旨和会晤叙谈的客厅，厅内仍按当年的摆设布置。殿内还附设陈列厅，陈放有历任班禅觐见皇帝时被赐赠的礼品，以及皇帝封赐给班禅的金册金印、玉册玉印、织品、玉石如意、金银酒杯、佛像、佛珠等大量珍贵文物；另保存着青铜佛像 10 余尊，像高 10~20 厘米，其中 9 尊为唐代作品、1 尊为元代作品。这些文物都是研究西藏历史、汉藏关系史的重要资料和历史佐证。

扎什伦布寺有着爱国爱教的光荣传统，为维护国家统一、民族团结作出过突出贡献。为更好地保护传承历史文化，扎什伦布寺保护维修工程于 2009 年 4 月启动。修缮后的扎什伦布寺，在保护传承各民族优秀传统文化、促进宗教和顺、维护民族团结等方面继续发挥着重要作用。

（作者为中国藏学研究中心西藏文化博物馆副研究馆员）

清政府驻派机构曾在这里处理西藏地方事务

——驻藏大臣衙门旧址管见

文 / 李帅

在拉萨繁华的八廓街东北侧、冲赛康市场南面，有一座三层楼房的藏式院落，被称为“冲赛康”，这便是清政府驻藏大臣衙门的旧址，大门上方匾额上书写着藏、汉双语的“清政府驻藏大臣衙门”。

清朝建立以后，进一步加强了中央政府对西藏地方的管辖。雍正五年（1727 年），雍正帝命令马喇、僧格赴藏办理西藏事务，这被认为是清代驻藏大臣正式设置的标志。由此，驻藏大臣作为朝廷在西藏地方的固定常设官员，驻藏大臣衙门成为其居住和办理西藏事务的行政机关。据考证，驻藏大臣衙门前后至少有四处，第一处即冲赛康，亦称“通司岗衙门”，雍正五年（1727 年）至乾隆十五年（1750 年）期间作为驻藏大臣衙门，之后被废弃。这里还发生过一段悲壮的故事，即珠尔默特那木札勒事件。

珠尔默特那木札勒为郡王颇罗鼐的第二子，经朝廷批准，于乾隆十二年（1747 年）承袭父位，负责主持西藏地方的军政事务。但他不仅排斥异己、任用亲信，而且干涉宗教事务，甚至困厄驻藏大臣。在此情形下，乾隆十五年十月十三日黎明，驻藏大臣傅清、拉布敦将珠尔默特那木札勒召入驻藏大臣衙门，先发制人将其诛杀。然而，珠尔默特那木札勒的侍从随后聚兵围攻并纵火烧毁驻藏大臣衙门，杀害傅清、拉布敦及众多官民。此后，为纪念二位驻藏大臣，乾隆帝诏命在拉萨通司岗驻藏大臣衙门旧址设立“双忠祠”，作为祭祀遇难者的祠堂。40年后，傅清的侄子福康安

位于西藏拉萨八廓街的清政府驻藏大臣衙门旧址 小树 / 摄

奉命进藏征剿廓尔喀时，重修“双忠祠”并立碑纪念，碑文提到“双忠祠在前藏大昭寺东北，向为驻藏大臣行署。珠尔墨特那木扎勒之难，驻藏大臣傅公、拉公死焉，署亦毁于火。番民感二公之忠烈，因其旧址请立祠肖像以祀，盖以二公之大有造于卫藏也”。

因冲赛康驻藏大臣衙门被焚毁而无法继续使用，故乾隆帝下令将珠尔默特那木札勒的府邸收没入官，设为新的驻藏大臣衙门，称为“甘丹康萨驻藏大臣衙门”。之后驻藏大臣衙门几经变迁，先后有扎什城驻藏大臣衙门、鲁布街驻藏大臣衙门。扎什城位于拉萨北郊，始建于雍正十一年（1733 年），是清朝在拉萨驻军之处。扎什城驻藏大臣衙门位于兵营前面，修建年代不详，可能是乾隆晚期至咸丰七年（1857 年）以前驻藏大臣的衙门。这在一份咸丰皇帝的圣谕“向来驻藏衙署建在城外，在当日必有深意”得到印证，该衙署现已不存，仅有一对衙门前的石狮子后被移到罗布林卡。鲁布街驻藏大臣衙门（又称“梅吉门”）位于拉萨城内，系咸丰七年（1857 年）以后驻藏大臣的衙署，有学者认为中国国家博物馆收藏的《拉萨画卷》上表现的驻藏衙门官署即为此。据该图卷显示，鲁布街驻藏大臣衙门位于大昭寺的西南，包括两座院落，其后各有一栋楼房。这两座院落皆为中原式样的建筑，每院内有四栋房屋。图卷中的门前画有两位官员，其中一人身着典型的清朝官员的服饰，穿长袍马褂，头戴红顶官帽，另一人穿藏装。从一张摄于上世纪初的驻藏大臣衙门黑白照片中，可以看到牌坊歇山式门楼、旗杆以及穿有清朝服饰的人员，这应该就是鲁布街驻藏大臣衙门。

驻藏大臣衙门是基于中央政府驻藏大臣制度而形成的治藏机构，在清朝管理西藏地方的过程中扮演了重要角色。乾隆五十八年（1793 年）颁布的《钦定藏内善后章程二十九条》中，驻藏大臣衙门亦被赋予了相应职能，主要涉及行政、财政、外事、军务、宗教等事务。

作为清朝处理西藏地方事务的权威机构，驻藏大臣衙门为促进我国统一多民族国家的巩固发展作出了重要贡献，影响深远。

（作者为四川大学考古文博学院副教授）

汉藏建筑风格交流融合的园林

——罗布林卡管见

文 / 王俨思

罗布林卡，藏语译音，意为“宝贝园林”，坐落于拉萨西郊，距离布达拉宫约2公里，占地36公顷，有大小房间400余套（间）。这里曾是达赖喇嘛的夏宫，每年夏季到来之时，树木葱郁、繁花锦簇，一座座精美的宫殿散落在园林中，颇有曲径通幽之美。

作为一座集政治活动、宗教法事、休憩游乐功能于一体的园林建筑，自七世达赖喇嘛建造之后，罗布林卡便是历辈达赖喇嘛亲政前学习经法的地方。亲政后，每年藏历三月十八日经当朝皇帝批准，达赖喇嘛可从布达拉宫移居至此居住，藏历九月底或十月初再返回布达拉宫。在此期间，各类政教事务机构也都搬迁到这里，便于达赖喇嘛处理公务。

宗教活动也在罗布林卡占有重要地位。除达赖喇嘛礼佛诵经、接受朝拜、举行灌顶之外，哲蚌寺、色拉寺、布达拉宫以及上、下密院的喇嘛都在此诵经，每年还会在园中举办辩经、降神等法会活动。因此，罗布林卡中有许多经堂、佛殿建筑。

而作为园林建筑，罗布林卡自然首先具有游乐功能。除了平日的赏花游园、观戏、跑马外，每年藏历五月十五日园内举办休息游乐和祭祀活动，后来这种活动逐渐演变为群众性的林卡节。

据史载，罗布林卡一带曾是拉萨河故道，遍布灌木林，风景秀丽。七世达赖喇嘛亲政前，常到此地以泉水沐浴治疗腿疾。1751年，经驻藏大臣奉请朝廷旨意，在这里修建了罗布林卡的第一座宫殿——乌尧颇章（凉亭宫），供七世达赖喇嘛洗浴后打坐休息。自此，罗布林卡开始了其长达200年的建造史。

七世达赖喇嘛格桑嘉措亲政后在乌尧颇章东侧修建了格桑颇章（贤劫宫），后又在宫殿旁修建了一些附属建筑。因七世达赖喇嘛十分喜爱这片园林，便将其命名为“罗布林卡”，还奏请清乾隆帝，请求每年夏季从布达拉宫迁往此地居住、处理

罗布林卡达旦明久颇章

公务，此后这一传统延续了下来。

1781年，八世达赖喇嘛执政后在格桑颇章后苑建造辩经台、措吉颇章（湖心宫）、鲁康奴（西龙王宫）、主曾颇章（持舟殿）和宫墙，并在园中种植各样花草树木。由此，罗布林卡初具园林规模。

1895年，十三世达赖喇嘛完善了格桑颇章和措吉颇章两处宫殿，修整了措吉颇章的水池，添加了石岸和栏杆等。1908年，他入京觐见光绪皇帝和慈禧太后，并游览了皇家宫殿园林，回拉萨后便逐步在罗布林卡西侧的空地上修建了坚色颇章（宠幸宫）、格桑德奇颇章（贤劫福旋宫）、其美曲溪颇章（不灭妙旋宫）以及部分附属建筑和全园的围墙。

1954年至1956年，十四世达赖喇嘛在措吉颇章北侧修建了达旦明久颇章（永恒不变宫）。至此，罗布林卡最后一处重要建筑完成。其总体布局可分为东、西两部分，园林东部由宫区、宫前区和噶厦地方政府机构等建筑组成，以格桑颇章、措吉颇章、达旦明久颇章为中心；园林西部由宫区、林区和草地组成，以坚色颇章、格桑德奇颇章、其美曲溪颇章为中心。

罗布林卡跨越200年的建造历史，充分体现了藏式建筑不同时期的风格，也体现了汉藏建筑风格的交流融合。在众多宫殿建筑中，既有以乌尧颇章为代表的藏式平顶建筑，又有以鲁康奴为代表的汉式歇山顶楼阁建筑，达旦明久颇章更是将二者完美融合为一体。

除建筑外，在园中培育众多珍贵植物是罗布林卡的一大特色。园中汇集了从中原地区和喜马拉雅山南麓等地移植而来的百余种奇花异草，为使这些花草存活，罗布林卡选用了易活速生的树种进行大面积造林，改善园内的小气候。此外，十三世达赖喇嘛还曾每年组织花木评选活动，并对优胜者予以奖励，提升了园工培植、引进品种的积极性。时至今日，罗布林卡仍设有温室，保持了培育、养护绿植的传统。

作为历辈达赖喇嘛居住、办公的场所，罗布林卡珍藏有2万余件文物。根据文物的来源大致可分为两类，一类是西藏地方本土制作的宗教器物，包括金铜造像、唐卡、擦擦（即模制的泥佛或泥塔）、经书等。其中以布达拉宫山脚下的官方造办机构“雪堆白”制造的金铜造像最为重要。罗布林卡佛堂中的大小佛像皆由“雪堆白”工匠打造，造像制作精细、比例匀称，色彩鲜明艳丽、镀金厚重，佛冠、耳坠、臂钏、手镯、飘带等处皆用绿松石镶嵌，体现了西藏造像制造工艺的高超水准。另一类文物是历朝历代中央政府和皇帝赠与西藏地方上层的珍宝，包括各式瓷器、佛像、家具和摆设等。

此外，罗布林卡建筑中还绘有许多珍贵的壁画，体现了公元 18 世纪至 20 世纪西藏壁画的精华。这些壁画题材分为两种，一种是展示佛教故事、高僧传记、各式佛像的宗教题材，另一种是描绘节日庆典、赛马射箭、商业活动、吉祥图案等世俗题材。众多壁画中，达旦明久颇章内一组由 301 段文字说明和 246 幅画面组成的西藏历史题材壁画尤为珍贵。这幅壁画绘制于 1955 至 1956 年，描绘了西藏的第一块农田和第一座寺庙、历代吐蕃赞普传记、赤尊公主和文成公主进藏、历辈达赖喇嘛传记、藏传佛教发展史、元明清以来中央政府对西藏地方的管理制度、清顺治帝为五世达赖喇嘛颁发金册金印、西藏和平解放后 1954 年十四世达赖和十世班禅进京参加第一届全国人民代表大会、1955 年毛泽东主席在北京中南海接见十四世达赖和十世班禅共庆藏历新年等历史情景，是迄今为止以西藏历史为表现主题的最完整壁画。

1988 年，罗布林卡被列为第三批全国重点文物保护单位，2001 年又与布达拉宫、大昭寺共同组成“拉萨布达拉宫历史建筑群”被联合国教科文组织列入世界文化遗产名录，盛名享誉中外。作为藏式园林的代表，罗布林卡无愧为自然风光与宫殿建筑的完美结合，其园林、建筑、植物、文物藏品和壁画等共同构成了一座多学科、多门类的高原历史文化博物馆。

（作者为中国藏学研究中心西藏文化博物馆助理馆员）

汉藏友好、和同一家的象征

——唐蕃会盟碑管见

文 / 祝铭

如今矗立在拉萨大昭寺门前的唐蕃会盟碑，是长庆三年（公元 823 年）唐朝和吐蕃为纪念长庆元年（公元 821 年）双方会盟成功而立的纪念碑。用汉藏两种文字镌刻的碑文，不仅是历史上汉藏友好的象征，对于唐蕃关系史乃至中华民族多元一体格局形成发展历史的研究也具有重要的意义。法国著名藏学家戴密微在其著作《吐蕃僧诤记》中，对此碑自清代以来被中外学界关注与研究的学术史进行了梳理，盛誉其为“目前人们所知道的有关亚洲最重要的碑铭资料”。

史载，唐蕃之间总计有不少于 10 次会盟。长庆会盟是唐蕃多次会盟中的最后一次、也是最为成功的一次，开启了双方长期和平友好的新局面。

中原碑刻雕刻精细，碑座往往有龟形纹路，碑身两侧有装饰性花纹。西藏地区碑刻是将天然之石加工成长方体，由碑首、碑身和碑座三部分组成。这些石碑往往形制古朴，顶部有石帽覆盖。唐蕃会盟碑就是屋顶式石帽的形制，高约 4.83 米、宽

唐蕃会盟碑

0.96 米、厚 0.51 米，呈方柱形。其阳面文字为汉藏对照，左半藏文，横书，字迹苍古，吐蕃时期藏文特点至为鲜明；右半汉文直书，六行，正楷。藏汉两种文字文义相同，是同一盟约的两种文本。碑东面为阴面，只有藏文盟词，无汉文。

此碑北面为吐蕃一方参与此次会盟的官员名单，共 17 人；上为藏文，下为官员职衔姓氏的汉字音译。该碑文对于了解、研究当时吐蕃官制、姓氏、藏汉语对等音极为重要。

此碑南面为唐王朝参与会盟官员名单，亦为藏汉两种文字对照，上为藏文、下为汉文，共 18 人。盟约碑文史书性甚强，是具有极高研究价值的历史档案。其行文朴实无华、通俗流畅，并且通篇气势雄浑、结构严谨，充分表达了“和叶社稷如一统”的真诚意愿，即使在今天读起来仍然琅琅上口。

此碑盟文中重申了历史上吐蕃与唐王朝的甥舅亲谊，“赞普弃宗弄赞与唐主太宗文武圣皇帝和叶社稷如一，于贞观之岁迎娶文成公主至赞普牙帐。此后，赞普弃隶缩赞与唐主三郎开元圣文神武皇帝重协社视如一，更续姻好，景龙之岁复迎娶金城公主降嫁赞普之衙，成此舅甥之喜庆矣。”决定“商议社稷如一，结立大和盟约，永无沦替”“彼此不为寇敌，不举兵革，不相侵谋”“合舅甥亲近之礼，使其两界烟尘不冻闻寇盗之名，复无惊恐之患，封人撤备，乡土俱安。”

唐蕃会盟碑盟辞中还有这样一段文字：……于此危急时刻圣神赞普可黎可足所知者聪明睿哲，如天神化现，所为者悉合诸天，乃与唐主文武教孝德皇帝舅甥和叶社稷如一统，情谊绵长结此千秋万世福乐大和盟约。可黎可足力主唐蕃和盟所谓“所知者聪明睿哲”“所为者悉合诸天”，就是能顺应吐蕃和唐王朝友好关系发展的历史趋势。正因为如此，最终得以排除干扰实现唐蕃大和盟。盟约中反复强调“舅甥相好”“和叶社稷如一统”，乃是唐蕃关系发展历史趋势的客观体现。

长庆会盟影响极为深远。从盟文中可看出，双方所确立的“偃兵息人，患难相恤”既是对清水之盟“固结邻好，安危同体”的继承和发扬，也成为后世处理双方关系的指导思想。其实，唐蕃友好有着非常坚实的基础。会盟碑藏文部分就历述了双方关系的发展历程，尤其突出文成公主和金城公主入藏和亲对加深双方亲谊的重要作用，表示要继续“追崇舅甥”“崇姻继好”。盟约强调唐蕃友好应当永远保持下去，以“和同为一家”的甥舅亲谊确保今后“互不侵扰”“烟尘不扬”“乡土俱安”。

会盟立碑以后，唐蕃双方友好往来更为密切，经济文化交流更加深入，书写了各民族共同开发西藏的历史新篇章。唐蕃会盟碑碑文是西藏重要的历史文献之一，是1200多年来汉藏人民团结友好的历史见证，也成为了研究吐蕃历史、唐蕃关系的重要文物。

（作者为四川大学考古文博学院博士）

唐代版的雪域高原“天路”

——唐蕃古道管见

文 / 李帅

西藏与中原地区之间虽然历史上很早就有往来交流，但两地大规模、持续性和组织化的交流互动，直到 7 世纪吐蕃政权建立后才得以深入展开。这条由唐蕃双方共同经营、沟通唐王朝都城长安（今西安）与吐蕃王城逻些（今拉萨）的官方道路系统，就是唐蕃古道。它的开拓形成对历史影响之大，可谓唐代版的雪域高原“天路”。

从文献记载和文物考古材料来看，唐蕃古道应该是由主线、辅线和众多支线组成的路网。它不仅是唐蕃之间的交通路线，也是沿途各区域的交流通道，虽然在不同区域、地段可能因时因势发生更易。《新唐书・地理志》记载有唐蕃古道主道线路的走向和一些重要节点和驿站，这表明该线路至少是唐蕃早期官方交流的主要通道。

作为唐蕃古道主线的必经之路，青海玉树地区保存有许多历史遗迹，其中以玉树市结古镇巴塘乡公主庙石刻群最具代表。该石刻点位于结古镇南约 20 公里处一条山沟沟口一侧的崖壁下部，现为“文成公主庙”。该组石刻包括浮雕的大日如来佛和八大菩萨，以及梵文、汉文和古藏文三种文字的《般若波罗蜜多心经》与古藏文《普贤陀罗尼》和《普贤行愿王经》等。据藏文题记显示，该组石刻的年份可能为公元806年。

随着考古调查工作的开展，更多与唐蕃交通路线相关的遗存被发现，拓展了人们对唐蕃古道线路的认知。在四川甘孜和西藏昌都也有多处唐代佛教石刻，如甘孜的须巴神山石刻群、白马神山石刻群等，昌都的查果西沟摩崖造像、朗巴朗增拉康造像、达琼石刻、仁达摩崖造像等。值得注意的是，前者部分石刻中还有汉字存在，如甘孜石渠的照阿拉姆石刻中就有藏汉双文题记，其中汉文题记为“杨□杨二造也”等。从青藏高原东沿的玉树、甘孜和昌都等地发现的唐代佛教石刻来看，其中不少是由包括藏、汉族工匠在内的多民族人员合力完成的作品。它们成为唐蕃古道上的重要地标，呈现了当时各民族交往交流交融的盛况。

在这条悠长曲折的古道上，除了那些具体可见的各类古代遗存之外，还流传着许多故事，承载着人们对汉藏友好的历史记忆。其中与文成公主有关的故事最多，还有许多与她相关的地名，如“公主桥”“公主庙”等。事实上，这些故事和地标可能与文成公主并无直接联系，很多只是后期的附会，但这并不影响人们津津乐道、辈辈相传，这其实是汉藏友好深入人心的反映。文成公主和亲入藏给吐蕃社会带来了许多先进文化，备受西藏人民的尊崇，乃至被认为是绿度母的化身。

在文成公主入藏约70年后，金城公主也从长安来到了拉萨。她就是经由唐蕃古道入藏的，即从西安至青海，过藏北那曲到拉萨。史载，唐蕃双方对金城公主入藏非常重视。唐朝廷给予了“锦缯别数万，杂伎诸工悉从，给龟兹乐”等厚礼，唐中宗亲送至长安城外。吐蕃不仅派出千余人的迎亲队伍，而且还专门对唐蕃古道上的相关路段进行了修整。据唐代入蕃使者刘元鼎的《使吐蕃经见纪略》记载：“度悉结罗岭，凿石通车，逆（迎）金城公主道也。”由此可见，吐蕃对唐蕃古道的经营和维护非常重视，以便利于同中原地区往来交流。

与文成公主一样，金城公主也给吐蕃社会带来了许多新事物和新文化，促进了中原文化在西藏地区的传播。

总之，作为古代青藏高原与中原地区频繁往来的主要通道，唐蕃古道对促进各民族交往交流交融发挥了重要作用。

（作者为四川大学考古文博学院副教授）

多元文化在青藏高原汇聚交融的窗口

——拉萨查拉路甫石窟管见

文 / 张长虹

在西藏拉萨布达拉宫广场的西南角、药王山南麓距地面约 20 余米处，依山开凿有一座石窟。看似不起眼，但它在西藏石窟史上却有着十分重要的地位，堪称西藏迄今所知年代最早的一座石窟，也是为数不多的一座塔庙窟。

这座石窟窟口向东，平面略作长方形，深约 6 米，宽约 5 米，高约 2.6 米。窟内中部偏后的位置凿有连接窟顶的长方形平面中心柱，围绕这个中心柱形成宽约 1 米的礼拜道。早期寺院的中心是佛塔，人们环绕佛塔进行礼拜，后来佛塔在石窟里逐渐演变成为一根柱子，人们绕着这个中心柱进行礼拜，因此此类石窟被称为“中心柱窟”，也称“塔庙窟”。

中心柱的四面还各开有一龛，龛里雕刻有一佛二菩萨或一佛二弟子等雕像。石窟的四壁也有雕像，但似乎没有经过规划，题材散乱，并且不少是后期补雕的，主要内容大体可以分为三类：佛、菩萨、弥勒菩萨、护法、三世佛等；吐蕃时期的著名人物，如雄才大略的赞普松赞干布夫妇、藏文创制者吞弥·桑布扎、名臣禄东赞等；

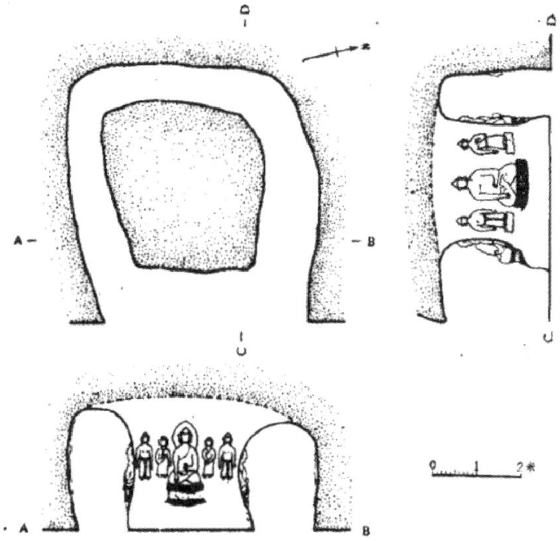

查拉路甫石窟平面图

宁玛派人物，如教主莲花生等。石窟的雕像总计有 71 尊，题材多样，并且为不同时期雕造，最早可以追溯到吐蕃时期，最晚至 14、15 世纪。

石窟上方还有一个小窟，里面没有雕像，是供僧人修习的僧房窟。据藏文文献记载，这里是松赞干布曾经寝居的岩洞。

这座石窟里没有发现任何纪年题记信息，但不少藏文史籍留下了关于其开凿的记录。据《贤者喜宴》载，该石窟由松赞干布的妃子茹雍妃洁莫尊所开凿。《西藏王统记》则记载，松赞干布于查拉路甫修建神庙，此庙主神为吐巴查拉贡布，即释迦牟尼之护法身形，其右侧自现释迦佛的弟子舍利弗，左侧目犍连，再右为弥勒；其左为观音，主从共五尊像。虽然已经在岩石上自然显现，但为了给未来众生累积福德，复由尼泊尔匠师将其刻镂得更加明显。尽管上述两部文献的记载不完全一致，到底是赞普松赞干布本人还是他的妃子所开凿，目前已无法弄清楚，但是该石窟的始凿年代可断为吐蕃时期。此外，文献关于雕像内容和石窟形制的记载也与现存石窟几乎一致，表明这两部文献虽比石窟开凿晚了几百年，但其记载并非空穴来风。这座石窟能够进入西藏史家的法眼，并且两部史书都将它与吐蕃王室联系在了一起，说明它在西藏历史上曾经有着举足轻重的地位。

查拉路甫石窟早期菩萨样式

西藏佛教的源头有多个，并非只是源自古印度或尼泊尔，我国中原、河西以及西域等地区也是其重要来源地。查拉路甫石窟的形制在印度没有发现，但在当时我国中原及河西地区则十分常见。首先是河南巩县（今巩义市）北魏晚期开凿的第1、3号窟，这是现知中心柱每面各开一龛的塔庙窟中的最早实例；其次是宁夏固原须弥山北周开凿的第45、46、51、67、70等窟；再次是甘肃敦煌莫高窟第290、428、442等窟。此类石窟最迟的实例是敦煌莫高窟初唐时期第39窟。查拉路甫石窟的年代晚于这些石窟，而其中心柱窟形制则与这些石窟十分相似，因此很有可能就是受到来自中原或河西地区的影响后开凿而成的。

文献记载有尼泊尔工匠参与查拉路甫石窟雕像的凿刻，石窟里的菩萨像也几乎都是袒裸上身，下着短裙或长裙，身体呈“S”形的三道弯式站立姿态，具有东印度、尼泊尔风格的特点。由此看来，查拉路甫石窟在形制上受到中原、河西地区的影响，在艺术风格上可以看出印度、尼泊尔的痕迹，在内容题材上则呈现出吐蕃本土的历史文化元素，这反映了当时吐蕃人对外来文化的借鉴、吸纳，以及多元文化在青藏高原汇聚交融、相映成辉的景象。

（作者为四川大学中国藏学研究所研究员）

为汉藏之友好而勒石永铭

——仁达摩崖造像管见

文 / 张长虹

文成公主入藏，在唐蕃古道沿线留下了诸多故事及文物古迹。

西藏昌都市察雅县旺布乡境内的仁达摩崖造像所在地为山间河谷，三山环绕、两河交汇。造像凿刻于西山东面崖壁上，为中轴线对称布局，内外两重龛。外龛呈纵长方形，上部龛楣造型复杂，由两层上下相叠的华盖、弧拱型棚盖以及华盖下连接的屋形、装饰纹带和垂饰等组成，显得华美庄严，罩于中央主尊的头顶；内龛龛楣两侧上部分别刻有日、月装饰。造像题材内容为一佛八菩萨，中央主尊为大日如来佛，通高达 4.16 米，头戴三花冠，双手结禅定印，上身袒露仅斜披帛带，双腿结跏趺坐于莲座上，莲座下方有一对狮子背向而立。大日如来佛两侧各有一列四尊菩萨，为八大菩萨，除文殊菩萨外，均头戴三花冠，上身斜披帛带坐于莲座上，手中拿着各自的标志性执物，但不少已经佚失。在两侧菩萨的上方还各有一身飞天，左侧飞天头部右侧刻有一竖列汉文题记“□□僧法藏为父母”，右侧飞天头部旁边也有一竖排汉文题记，但已不可识读。在造像区域下方和右侧上方有成组的大段题记，

西藏昌都察雅仁达摩崖造像

共计4组，其中古藏文3组、汉文1组。汉文题记残存15列，可辨有“同料僧”“都料僧马”“皇帝”等字样。第一组古藏文题记讲述的是珍爱佛法之利益；第二组古藏文题记是简略版的《普贤行愿王经》；第三组古藏文题记表明了造像的时间、目的、参与人员等重要信息。20世纪80年代这组题记一经公布，就引起了国内外藏学界的极大关注。

这组题记所包含的信息量相当丰富。首先，它明确了石刻的时间是在赞普赤德松赞时期（798~815年在位）的猴年夏天，即公元804年。其次，它说明雕造此石刻同“与唐议和”之事有关，并且佛法和议政大臣之衔由比丘担任。这表明在赞普赤德松赞时期，僧人已经参政议政并且担任宰相等高级别的重要职位，主导“与唐议和”这样的大事。也正是在此推动和主导之下，实现了唐蕃甥舅和盟。第三，进行雕像刻经的是堪布巴廓·益西央率领的团队，其中有僧人，也有俗人；不仅有吐蕃人，也有中原汉人参与，是藏汉僧俗分工协作、共同完成的。同时，这个团队不仅在此处刻像，还在悦、隆、蚌、勒、勃吾等地广为勒石造像。近20多年来，在青藏高原东部川甘青藏交界地带发现了不少吐蕃时期的石刻，很可能都与益西央的雕像活动有关。目前，已经在甘肃扁渡口、青海玉树文成公主庙等地发现了他的名字，证明这两处摩崖造像也是由他主持雕凿的。

仁达摩崖造像大日如来和八大菩萨组合的造像题材，在西藏昌都芒康、青海玉树贝纳沟、甘肃敦煌榆林窟等地也有发现。同样的题材、类似的配置，表明这是吐蕃时期非常流行的一种信仰和形制。但仁达摩崖造像的难得之处在于有明确的历史信息和纪年信息，并且藏、汉题记兼具，为赞普之功德、众生之福泽、汉藏之友好而勒石永铭！

20世纪80年代，为保护仁达摩崖造像和石刻题记，依崖修建了一座两层藏式平顶建筑，由僧舍、厨房和佛堂三部分组成。其中佛堂为主体建筑，坐西向东，依坡势和崖面而建，平面呈不规则长方形。造像和题记所在崖壁就成了佛堂的主壁即东壁，这处摩崖造像地因此也被称为“仁达拉康”。

（作者为四川大学中国藏学研究所研究员）

西藏与南亚地区交流的重要通道

——丝绸之路南亚廊道西藏段管见

文 / 李帅

长期以来，西藏特殊的自然地理环境并未阻挡它与周边地区的交流互动，并且这里还成为了中国与南亚等地区沟通交流的前沿。公元 7 世纪初，兴起于雅砻河谷的吐蕃政权，逐渐构建起以逻些（拉萨）为中心、向四方延伸的交通路线。

在吐蕃的交通网络中，有两条最为著名的路线，分别是连通东方中原地区的唐蕃古道和连通南亚地区的蕃尼古道或吐蕃尼婆罗道，后者也就是现在所称的丝绸之路南亚廊道。2017~2018 年，四川大学与西藏自治区文物局等单位联合开展了丝绸之路南亚廊道西藏段的考古专项调查，重点对拉萨至吉隆的交通路线以及沿途的相关历史文化遗存进行调查，使人们对其在不同时期的功能以及历史价值有了更为深刻的认识。

丝绸之路南亚廊道西藏段起于拉萨，止于尼泊尔加德满都，是我国连结尼泊尔、印度等南亚乃至中亚的重要干线之一，也被认为是丝绸之路的重要组成部分。唐代文献《释迦方志》中记载了这条古道的部分信息，即从逻些（拉萨）出发，“又西南至小羊同国。又西南度呾仓法关，吐蕃南界也。又东少南度末上加三鼻关，东南入谷，经十三飞梯、十九栈道。又东南或西南，缘葛攀藤，野行四十余日，至北印度尼婆罗国”。上述文献提及的几个站点应该位于古道的后段线路上，和吉隆沟的情景比较相似。实际上与唐蕃古道一样，丝绸之路南亚廊道也应该是路网系统，其中西藏段自拉萨向西、向南出发，大致有北、中、南三条平行的主线，最后到今吉隆县热索桥出关。因这条道路对西藏的政治、经济、文化发展，以及西藏与中原地区乃至中尼、中印之间的交往交流都起到了重要作用，因此也有“求法之道”“传法之道”“贸易之道”“交通之道”“通婚之道”“朝贡之道”等称谓。

丝绸之路南亚廊道应该是当时吐蕃与南亚地区交往的主道，如松赞干布的王妃之一尼泊尔赤尊公主便是沿着此道进入吐蕃的。当时，该道也成为唐王朝使者出使南亚的通道之一。1990 年 6 月，西藏自治区文管会文物普查队第一小组的霍巍等考古工作者根据当地群众提供的线索，在吉隆县城以北约 4.5 公里的阿瓦呷英山嘴发现了一处碑铭，额题为汉文“大唐天竺使出铭”。该碑的发现具有重大历史意义，不仅明确了古道的存在，而且还指明了此道经由吉隆沟的事实。同时，该石刻还表明唐蕃关系良好，唐朝廷使者可以通过唐蕃古道、蕃尼古道出使印度，一条横跨青藏高原、沟通中国和印度的路线已完全畅通。当然，唐朝还有不少僧人也是通过这条古道往返于中国和南亚之间的。

作为中国西藏与南亚地区往来交流的主通道，丝绸之路南亚廊道沿线存在许多与中外文化交流相关的古代遗存。

与此同时，丝绸之路南亚廊道西藏段上还保存有许多反映我国各民族交往交流交融的历史遗存。2017 年，考古调查队在吉隆县帕巴寺出土了一座花岗岩石龟趺，与西藏腹地发现的其他吐蕃龟趺有诸多相似性。显然，龟趺立碑的传统自唐代从中原地区传入吐蕃后迅速被接受和使用。与帕巴寺邻近的强准寺内保存有不少莲花形柱础，类似的柱础在桑耶寺和噶迥寺也有发现，时代应该为吐蕃时期，其样式的来源应该也与唐蕃交流有关。

唐代以后，丝绸之路南亚廊道西藏段继续发挥着促进文化交流、经贸往来等作用，从元代开始又在中央政府经营西藏地方的过程中扮演了重要角色。例如，元代将管理阿里三围的纳里速古鲁孙宣慰使司都元帅府设置在今吉隆县，明代在西藏封授的五大教王之一的思达藏辅教王同样位于吉隆。元、明两代中央政府均在吉隆设有治理机构，与该地处于丝绸之路南亚廊道重要节点的背景有关。清代，丝绸之路南亚廊道在维护国家领土完整和西藏地方安宁稳定方面也发挥了非常重要的作用，因为这一路段正是清军打击廓尔喀入侵西藏时的主要作战路线。如今，这条古老廊道仍然是中国与南亚国家交往交流的陆上干道之一。

（作者为四川大学考古文博学院副教授）

连接西藏与祖国各地的大通道

——茶马古道管见

文 / 李帅

茶叶是一种传统饮品，也是中国对世界的重要贡献。早在先秦时期，种茶和食茶之俗就已在我国西南地区出现，而后不断扩展传播，并在古代各民族交往交流交融的历史进程中发挥了独特而重要的作用。以茶马为对象的交换和贸易活动至少在隋唐时期就已经出现，其涉及的民众非常广泛，其中就包括吐蕃、回鹘、突厥等古代族群。从茶马贸易的稳定性、持续性和历史影响程度来看，尤以汉藏之间的茶马贸易最具代表性，而由此形成的相关道路系统，学界称其为“茶马古道”。

学界关于茶马古道的定义不一，其中孙华先生认为茶马古道的核心是古代中央政府用农区之茶换取牧区之马的茶马互市的交通路线，其内涵在不同阶段有所不同。“在隋唐时期是马土互市之道，从宋代中期至清代早期是茶马互市之道，清代早期以后蜕变为茶土贸易之道”。因此，茶马古道包含了汉藏等许多民族之间以茶叶为贸易物资而形成的道路、机构及沿途相关设施等。

由于茶马贸易是唐宋以来西部边疆民族地区与中原地区交往互动的重要形式之

昔日的茶马古道、当今的川藏公路“怒江 72 道拐” 路段

一，加之官、商、民都参与其中，因此地域广阔，包括云南、四川、贵州、陕西、甘肃、青海、内蒙古和西藏等地区。同时，与之相关的交通道路也十分复杂，且不同时期又有所不同。

据西藏阿里故如甲木墓地出土的茶叶遗存显示，茶叶至少在公元 3 世纪左右已经传入西藏西部地区，且传入路线可能与新疆有关。据李肇的《唐国史补》记载，唐代时中原地区的茶叶已经进入到吐蕃统治阶层的生活，并且茶叶品类还比较多样。但限于资料，有关唐蕃茶马贸易及其所依赖的茶马古道的情况还不太明确。从当时唐蕃交往情况来看，可能其主要线路在甘肃、青海与西藏之间，大致与唐蕃古道重合。宋代由于对战马的需求很大程度上依赖西北地区，茶马互市及茶马古道得到极大发展。朝廷除在陕甘青一带设置互市换马场外，还推动川西地区茶马古道网络的建设，形成了四川雅州、黎州、碉门等茶马互市的集散地以及与打箭炉（今四川康定）等地区之间进行茶马互市的道路系统。

元代由于疆域辽阔，自身战马资源丰富，故官方层面的茶马贸易有所停滞，但民间层面的茶叶贸易仍在继续。明承元统，战马资源亦受到限制，最初非常重视茶马互市，先后在秦州、西宁、河州、洮州、岷州、雅州、碉门等处设立茶马司，同时制定严格律令来维护官方对茶马贸易的控制。明代的茶马古道以各处茶马司为交接点，向外的道路主要是由沿途各土司势力控制，向内则是通往中原各产茶地的路线，官方对这些路线有所管理。随着时间的推移，明朝对茶马贸易的管控逐渐松弛，商民参与其中并逐渐成为主力，茶马古道进一步成为沟通我国各地区的大通道。

清朝时期，茶马古道继续发挥作用，茶叶进入西藏地区以川藏线为主，青藏线和滇藏线主要服务于本地区域。后期官方又在川藏线建立起塘汛驿站等设施，进一步保障了茶马古道的畅通。

自古以来，茶马古道不仅是茶、马等物资流通之路，朝廷派往西藏地方及南亚地区公干的人员以及西藏政教人士去往北京朝贡、觐见，也多是沿着此路往来的。总之，茶马古道堪称“经济之道”“民生之道”，更是各民族交往交流交融之道、固防安边之道，得到了历朝历代中央政府及沿途各地区各族民众的积极支持和大力维护，具有长久的生命力，为推进中华民族共同体建设作出了重要贡献。

（作者为四川大学考古文博学院副教授）

这里的文化面貌与黄河流域旧石器传统接近

——卡若遗址管见

文 / 张荣德

在 2021 年第三届中国考古大会上，西藏昌都卡若遗址入选中国“百年百大考古发现”，为 33 项入选的新石器时期遗址之一。卡若遗址之所以如此重要，是因为它在中华远古文明的研究中具有重要价值和特殊地位，是西藏历史上首次科学发掘的古代遗址，也是迄今为止青藏高原保存最完整、最系统，时代标志最明确，遗物和遗迹最丰富的新石器时代遗址，是研究我国西南地区古人类迁徙及其与黄河流域文明联系、探寻西藏区域文化起源和发展之谜的可靠信息来源。

西藏和平解放以后，中国科学院、中国地质科学院、南京大学、中央民族学院（现中央民族大学）等机构和部门开始派遣专家团队进藏考古发掘，先后在西藏北部和东部地区发现了旧石器时代中晚期及新石器时代的遗址和遗存，并采集到一些小巧精致的细石器标本及原料。20 世纪 70 年代，西藏自治区和四川大学的考古工作者对昌都卡若新石器时代村落遗址进行系统发掘，开启了西藏考古和文物保护工作的新篇章。

卡若遗址全貌

1977年，工人在昌都县城东南约12公里的卡若村施工时，意外挖出石斧、陶罐、玉石等器物，引起当地文化局和在昌都工作的自治区文管会文物征集小组的注意。相关情况上报后，国家文物局和西藏自治区有关方面高度重视，于1978年组织试发掘，在仅230平方米的范围内就出土了5座房屋遗址，引起巨大轰动。1979年，西藏自治区文管会邀请国家文物局考古研究所、四川大学历史系、云南省博物馆联合组成卡若遗址考古队开始正式发掘。此次发掘约1070平方米，最终出土28座房屋遗址、数万件文物、大量植物标本和动物骨骼。进入新世纪，考古队又对卡若遗址进行了两次大规模发掘，目前共发现房屋遗址31座、道路3条、石墙3段、圆石台2座、石围圈2座、灰坑20处、水沟1条，遗址面积约3.8万平方米。其中核心区域1200平方米左右，出土的石器、玉器、骨器、陶器、粟米、动物骨骼等文物达3万余件。根据碳14测定，卡若遗址的年代被定为距今5300~4000年之间，卡若聚落村落被认为往前延续了至少1000年。

卡若遗址公园

西藏高原高寒缺氧，自然环境恶劣。在卡若遗址发现之前，学术界通常认为西藏有人类居住的历史至多不会超过2500年，而卡若遗址的出现恰恰改变了这一论断。四川大学中国藏学研究所所长霍巍教授认为，卡若考古从根本上颠覆了旧史学中有关西藏早期历史的认识，全面重塑了西藏史前史。此后，几乎国内外所有关于西藏历史的开篇，都得从距今5300多年前的卡若文化谈起。同时，卡若遗址也首次将西藏史前人类的发展进程与其相邻地区紧密联系，科学地阐明了西藏高原并非“化外之地”，而是与同时期的黄河上游等地区相互依存、交流密切，在同一路径和轨道上运行。

的确，卡若遗址考古发现的一系列实物，实证了卡若文化与黄河流域仰韶文化之间存在着密切的联系。仰韶文化距今约7000~5000年，是中华文化根脉所系，孕育了诸多华夏文明的核心基因。卡若遗址出土了家猪骨骼和大量碳化小米，专家据此推测，卡若居民当时以小米为主食，并已经饲养家猪。而在黄河流域，小米人工栽培史至少有8000年，猪的人工驯养也有近8000年历史。卡若遗址出土的房屋遗址，尤其是早期半地穴、地面红烧土的房屋遗址，与仰韶文化极为相似。而出土的陶器与黄河上游马家窑文化相较，无论器型还是纹饰都如出一辙，特别是很少出现即兴、任意图案花纹的彩陶，其纹样大都经过预先设计，传承性很强。

卡若遗址出土的文物还表明，在漫长的1000多年中，卡若居民与西藏高原以及其他地区的人们不断交往交流交融，相互吸收和影响着彼此的文化。比如，遗址出土了我国史前考古中经常发现的作为装饰品、产于南海的贝壳。这说明，卡若居民与我国其他地方同时期的人们有着相似的意识，也说明当时部落间的交流非常活跃。此外，即便如今建材种类如此丰富，但西藏地区和川西高原地区仍广泛使用砌石技术建造石墙与平顶方形住宅，这些也都能在卡若文化建筑遗存中找到踪迹。

总之，对卡若考古材料的现有研究，肯定了西藏旧石器时代开始便有了早期人类活动，并且认为其在文化面貌上与黄河流域旧石器传统相接近。而以藏东河谷区卡若遗址为代表的卡若文化，作为西藏新石器时代文化呈现出的“三元格局”之一，与以雅鲁藏布江流域拉萨曲贡村遗址为代表的曲贡文化和以藏北高原细小打制石器为特征的细石器文化并立，这三种分布于西藏高原不同地域、各具特征的原始文化共同构成了西藏新石器时代文化的基本面貌和格局。

1996年，卡若遗址被列为全国重点文物保护单位。2003年起，经过总体保护规划和两期建设，这里建成为西藏首个古人类遗址公园，实现了以遗址展示、模拟考古、场景复原为基础，集文物展示、利用、研究、教育、休闲为一体的新型古遗址保护区。近年来，卡若遗址公园围绕文物保护、遗产管理、动态监测等方面积极开展工作，通过静态保护的原状陈列、设计精巧的场景陈列等，助力人们更全面更深入地了解了青藏高原的史前人类文明，从而正确认识我国统一多民族国家的发展历程，进一步牢固树立正确的中华民族历史观。

（作者为中国藏学研究中心西藏文化博物馆副研究馆员）

与黄河流域有着密切关联的地方

——小恩达遗址管见

文 / 祝铭

小恩达遗址位于西藏昌都市北边的昂曲东岸台地上，面积约 8000 平方米。1980 年 5 月，当地群众在此搞农田建设时发现了此处遗址，后遭到严重破坏。1986 年 8 月至 9 月，西藏自治区文管会文物普查队在小恩达遗址进行调查和试掘工作，发掘了 2 个探方和 1 条探沟，发现 3 座较为完整的房屋遗迹、1 处灰坑、5 处窖穴和 1 座墓葬，出土大量打制石器、细石器、磨制石器、骨器和陶器，对该遗址的文化面貌有了初步了解与认识。

小恩达遗址是西藏东部地区继卡若遗址之后，经田野调查和发掘的第二处新石器时代遗址。遗址中出土的打制石器、细石器、磨制石器三者并存，且以打制石器为主，呈现出新石器时代特征，又显示出自身特性和典型性。小恩达遗址所反映的文化面貌，与西藏昌都卡若、林芝、墨脱、拉萨北郊曲贡村几处遗址的原始文化，以及黄河中上游地区的原始文化都存在着一定的联系。

小恩达遗址与卡若遗址分别位于昌都市的南北两端，相距 17 公里，均分布在

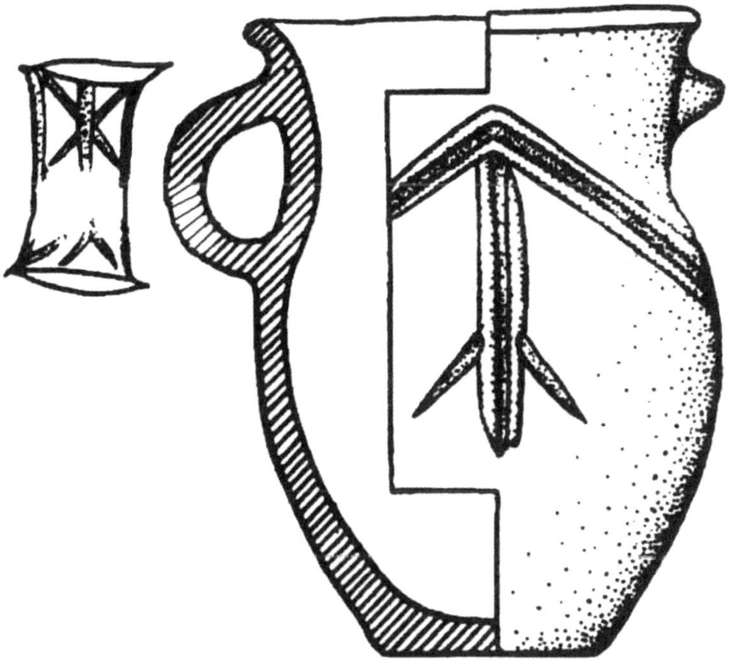

小恩达遗址石棺葬出土小平底双耳罐图样

河谷两岸的台地上。从发现遗迹和出土物来看，二者的文化特征基本一致。小恩达遗址出现的建筑遗存为木骨泥墙，早期为凹底形，晚期出现地面建筑，与卡若遗址的房基结构具有一定相似性。

小恩达遗址出土的陶片面貌也与卡若遗址中的陶器相似。陶质均系夹砂陶，未见泥质陶，纹饰以刻画纹、剔刺纹、附加堆纹为主。器型以罐、碗、盆为基本组合，多为平底器，无圜底器，不见三足器。虽器型较简单，但陶质细密、火候较高，反映出制陶工艺的高度发展。纹饰未发现卡若遗址中早期较繁缛的刻画纹和彩绘，却出现麦穗形剔刺纹、乌纹、圈足纹等，别具特色。小恩达遗址石棺葬出土的小平底双耳罐，其特点为双耳从口沿以下延及肩部，耳部刻划斜十字交叉纹。类似的器型在青海地区齐家文化墓葬中曾出土过。

小恩达遗址中出土的石器与卡若遗址相比，都是以打制石器为主，石核、石片基本相近。两处遗址虽然都临近河岸，但未发现网坠、鱼钩、鱼标等捕鱼工具，说明当地古代居民都不食用鱼类。小恩达遗址的铲状器、钻、刮削器、石刀与卡若遗址的石器相同，长条形石斧、石锄头、半月形石刀是两处遗址的典型器物，也可见丁马家窑系统诸文化的遗迹中。细石器与西藏地区其他几处遗址发现的差异较大，数量由早期到晚期逐渐减少，反映出退化的趋势。

小恩达遗址与曲贡村、墨脱、林芝三处遗址有着一定的联系，其共同点是打制石器以石片石器为主，陶器有手制的黑皮陶，陶器纹饰有刻画三角纹、锥刺纹、波折纹、附加堆纹、绳纹等。但这些遗址之间也存在着较大差异，小恩达遗址不见渔猎工具、陶质均系夹砂陶；而曲贡村、墨脱、林芝三处遗址中发现两侧打缺口的网坠石器，属于渔猎生产工具；陶质以夹砂、泥质陶二者并存，说明当时制陶工艺已经比较发达。

小恩达遗址虽属于卡若文化范畴，但从遗址文化内涵来看，更具有明显程度的进步性。遗址中出土的铲状器、锄状器、石刀、石斧，反映出农业经济的高度发展，石矛、重石以及大量兽骨表明狩猎劳动所占的重要比例，证明了小恩达的原始居民已进入以农业为主的定居生活，在生产工具、生产技术方面已体现出明显的地方特色和时代特色，反映了同一文化在不同发展阶段表现出的文化特征，其年代晚于卡若遗址。根据国家文物局文物保护科学技术研究所（现中国文化遗产研究院）对小恩达遗址 F2 采集炭灰标本测定结果，年代应为距今 3775 年 ±80 年。它的发现，扩大了西藏地区新石器时代遗址的分布范围，为研究西藏早期与黄河流域等地区的文化交流，健全完善卡若文化的类型和序列，都提供了十分珍贵的资料。

（作者为四川大学考古文博学院博士）

这里有西藏史前时代的重大考古发现

——曲贡遗址管见

文 / 祝铭

1984 年 11 月的一天，西藏自治区文管会的考古学者更堆在位于拉萨西郊的曲贡村进行文物普查工作时，发现了一些陶器和石器的残片。多年的职业训练，让他立即意识到这里很可能是一处早期人类生活的遗址所在地。

1990 年，考古队进入现场，对这处深埋在高原腹地的史前遗址展开首次考古发掘，由此揭开了曲贡遗址的神秘面纱，一举成为西藏史前时代的重大考古发现。

曲贡遗址的年代距今约 3500~3700 年，地处雅鲁藏布江中游宽阔的拉萨河谷北缘、色拉乌孜山山脚的洪积砂土层上。拉萨河谷平原上有宽广的河漫滩，在山麓地带形成宽广的洪积扇和山麓平原，这样的地形易受到洪水冲击，但也便于人类利用河谷洪积层所积淀的各种养分进行农业耕作。从曲贡遗址的性质来看，或许其并非是人类的居住聚落，因为在遗址中未发现房屋居址的遗迹，但却发现了大量灰坑和墓葬。

曲贡遗址留下了许多特点鲜明、丰富多彩的文化遗存。首先，出土了大量石器、

曲贡遗址出土的铁柄铜镜

陶器，尤其是陶器制作精美，采用的磨光暗花装饰工艺引人注目。所谓的磨花，就是在陶器表面先刻划出纹饰图案的轮廓线，再用磨光的方法打磨纹饰。通过这种工艺，使光亮的纹饰图案与器物表面的糙面形成对比，更加突出了纹饰图案的精致和华丽，此种费时费工的工艺显然完全是为了满足当时人们的审美和精神需求。此外，遗址中发现的两件分别为猴面、鸟首的动物堆塑，造型写实生动，充分体现了当地先民具有较高的泥塑造型能力。

此外，曲贡遗址还出土了有关西藏高原史前游牧业起源比较确切的证据。其中相当数量的动物遗骸，大都是从发掘探方的地层和灰坑中出土的破碎骨片，也有少量墓葬的殉葬动物。动物骨骼可分为两类：一类是人们食物弃置的残余，另一类是完整的骨架。经鉴定，其中包括牦牛、绵羊、鹿、麝、野猪、藏野驴、狗、秃鹰等多个品种。牦牛、绵羊都属于家畜，应是西藏高原早期游牧业生产发展的物种。出土的牦牛骨骼将家牦牛的驯养历史推进到距今 3700 年以前，表明当时拉萨河谷的原始居民已驯养了牦牛，这也是迄今为止西藏高原有关家养牦牛时代最早的考古实物材料。

截至目前，西藏发现的年代最早的青铜器——青铜箭镞也出土于曲贡遗址。从形态上看，这枚青铜箭镞应当是仿自扁平的骨镞造型，与曲贡遗址中出土的玉镞形态相似。青铜为本地铸造，按照一定比例将铜、锡、铅一起熔铸而成，与中原地区早期青铜的铸造配料方法相同。虽然仅发现一枚青铜箭镞，但由于这属于消耗性的青铜武器，如果当地没有稳定的原料来源，由外地输入是难以为继的。如果这一推测成立，可以证明距今大约4000~3500年前后，相当于中原地区夏商之际，生活在西藏高原腹心地带的曲贡遗址先民已经开始铸造青铜器。

曲贡遗址的考古遗存可分为两个时期。早期文化遗存主要有22座灰坑和3座墓葬。墓葬的坑内，与人头骨混在一起的还有兽骨、马下颌骨。从这一现象看，灰坑性质可能与祭祀有关，墓葬中的人头骨、马和兽大概是随葬的牺牲品。

在曲贡遗址晚期的墓地中，考古实物还反映出高原史前先民远程文化交流的若干线索。墓地中出土了一个带柄铜镜，从造型风格看与欧亚草原及西方流行的带柄镜属于同一系统。目前考古学界认为其来源于南亚次大陆、中亚或新疆等地，也有观点认为其与我国西南地区青铜文化有关。概而论之，无论是通过战争还是贸易，这类铜镜都只能通过远距离的往来交换而获得。

随着拉萨曲贡遗址的一系列考古发现，关于西藏高原史前人类迈入文明时代的研究已初见曙光，其影响重大、意义深远。

（作者为四川大学考古文博学院博士）

曲贡遗址出土的猴面泥塑

探寻西藏青稞的源头

——昌果沟遗址管见

文 / 祝铭

昌果沟遗址位于西藏山南市贡嘎县东北雅鲁藏布江北岸、冈底斯山脉东端郭喀拉日居群山南麓的谷地上，属于新石器时代遗址。其南北长约600米、东西宽约300米，大部分被沙丘覆盖，一部分经长期雨水冲刷和风力剥蚀，文化层和一些零星的遗迹出露于地表，大量文化遗物散落于地面。

1994 年 7 月，西藏自治区文管会和中国社会科学院考古研究所联合组成考古队在此进行正式考古发掘，出土了一批重要的遗迹和遗物，其中包括灰坑、打制石器、磨制石器、陶器和骨器等。尤其重要的是，此次发掘后，西南农业大学教授傅大雄在遗址发掘出土的第二号灰坑壁上发现了农作物种子的炭化粒，从而使昌果沟遗址成为继昌都卡若遗址之后，西藏第二个发现史前农作物的新石器时代遗址，学术意义十分重大。

昌果沟遗址出土的文化遗物共计 1000 余件，种类有打制石器、磨制石器、细石器和陶片等。细石器集中发现于发掘区北面，包括典型的细石核和细石叶以及细小石片、碎片和碎屑等，其原料主要为燧石，个别为水晶。陶器的质地有夹砂粗陶、夹砂细陶和泥质陶三种，夹砂粗陶最多；制法主要为手制，有些表面经过打磨，烧制火候一般较高，陶质较为坚硬。可辨认的器型有敛口折沿罐、侈口高领罐、直口高领罐、侈口矮领罐和圈足碗，表面纹饰有刻划纹、压印纹、锥刺纹和附加堆纹，未发现彩绘陶器。根据出土动物骨骼和碳 14 测年，遗址年代在距今 3000 年左右。

昌果沟遗址与拉萨曲贡遗址的地理距离最近。从文化特征上看，它们之间具有许多相似性。两处遗址的石器类型较为接近，所不同的是曲贡遗址中有较多的切割器，在昌果沟遗址中发现甚少；而昌果沟遗址中的典型细石核和细石叶在曲贡遗址中发现较少。在生活用具陶器方面，两处遗址也存在不少相似之处，如陶质皆有夹砂陶和泥质陶，器型皆以罐为多，并流行带耳，陶纹皆以刻划纹为主，有近似的人字纹和三角纹，兼有压印纹和锥刺纹等；然而陶色却不尽相同，器型方面也有区别。曲贡遗址在时代上要早于昌果沟遗址，这也可能是二者文化面貌不同的主要原因。

昌果沟遗址与卡若遗址、小恩达遗址在文化面貌上存在某些相似之处。如生产工具以打制石器为主，细石器占有一定数量，磨制石器比例较小；陶器为手制，纹饰有刻划纹、压印纹、锥刺纹和附加堆纹；昌果沟遗址陶器上的麦穗纹在小恩达遗

昌果沟遗址出土的古青稞炭化粒

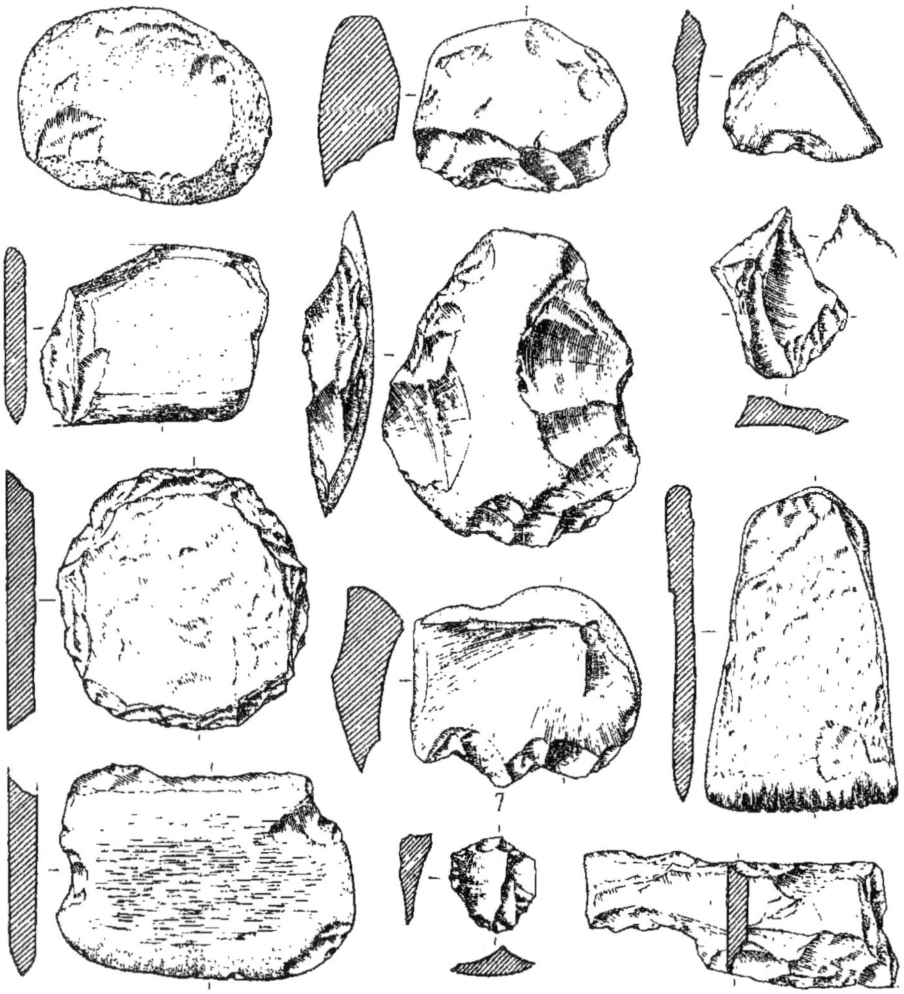

昌果沟遗址出土石器的绘图

址中也有发现。另外，昌果沟遗址与上述两处遗址在文化面貌上也存在一定的差异。可能是由于地理位置相近的缘故，后两处遗址的文化面貌更趋于一致。

昌果沟遗址发现的农作物炭化粒共计 3000 余颗，经鉴定与研究，已经确认种属主要为青稞和粟，另外还有几粒为麦类作物，经测定距今 3400 年左右。这是继昌都卡若新石器时代遗址发现粟的种子之后，在西藏第二次发现农作物种子，对于揭示西藏史前农业的面貌具有很大意义。

与卡若遗址相比较，昌果沟遗址发现的农作物种子有相似处，但也有不同。相似处在于，两地都发现了粟。学术界一般认为卡若遗址中出土的粟是从黄河流域传播到西藏的，卡若遗址年代要早于昌果沟遗址，可推测昌果沟遗址中出土的粟应当是从藏东谷地向西间接传播而来。也就是说，卡若遗址的居民很可能在接受了粟这一食物品种后，又以卡若遗址作为中转站，辗转地将粟扩散到了位于西藏腹地的雅鲁藏布江中游流域。

两者不同之处在于，在昌果沟遗址中发现了大量青稞的种子，当地属于粟、青稞和麦类作物的混合种植地带，后两种作物没有在卡若遗址发现，这表明昌果沟遗址的史前居民经过长期对外交往交流已经接触到了原产于西亚一带的青稞等麦类作物。傅大雄教授在对昌果沟遗址出土的青稞炭化粒进行研究后判断，由于青稞具有高产、早熟、抗旱、耐瘠、无须脱壳和易于炒食等特点，对高原农业生态表现出了独特的适应性，所以很可能首先在雅鲁藏布江流域成熟后，再向藏东北传播，最终取代粟成为西藏近代农耕的主要作物品种。如今藏族群众食用的糌粑、饮用的青稞酒，其最早源头都可以上溯到昌果沟遗址。

（作者为四川大学考古文博学院博士）

“世界屋脊”最早先民的足迹

——尼阿底遗址管见

文 / 祝铭

谁是雪域高原最早的人类？他们何时到达这里，又来自何方？这是学术界一直关注的重大科学问题。作为“地球第三极”，广袤的青藏高原平均海拔在4000米以上，高寒缺氧、资源稀缺，自然环境恶劣，在原始的远古时代，人类可能在这里生存吗？

要想回答这些问题，唯有进行科学考察和研究。从20世纪50年代开始，考古工作者在西藏地区开展了持续考察，先后发现昌都卡若、定日苏热等遗址，证明史前便有人群在青藏高原生存和繁衍。70多年来，多个科考队在西藏近100个地点发现人工石制品，但这些石器等文化遗物皆发现于地表，找不到原生地层，无法确定其时代，故先民生存的确切时间无从知晓。

经过多年的合作调查、发掘和研究，中国科学院古脊椎动物研究所和西藏自治区文物保护研究所在藏北羌塘高原发现了一处具有原生地层的旧石器时代遗址——尼阿底遗址。该遗址证实古人在距今4万至3万年前已经踏足青藏高原这一高海拔地区，在“世界屋脊”上留下了清晰、坚实的足迹。地处海拔4600米高原的尼阿底

尼阿底遗址出土的石叶

遗址，是一处规模宏大、地层保存完好、石制品分布密集、石器技术特色鲜明的旧石器时代旷野遗址。

青藏高原风化剥蚀严重，人类活动的证据难以在地层堆积中完整保存下来。以前在高原边缘的青海地区发现了一批旧石器时代晚期至新石器时代的遗址，但在西藏只有地表采集的石制品，未发现有地层依据、年代明确的旧石器时代文化遗存。作为西藏首次发现的具有确切地层和年代依据的旧石器时代遗址，尼阿底遗址有连续的地层和可信的年代数据，所赋存的信息弥足珍贵。

尼阿底遗址保留有目前青藏高原最早的人类生存证据，对研究古人群迁徙、融合及文化交流具有重要意义。2016 年夏天，考古工作者在该地层中发掘出土了 4000 余件旧石器时代石制品，包括石核、石片、石叶和刮削器、尖状器、雕刻器、凹缺器等，这些石器都是古代人群狩猎和采集的主要工具。

尼阿底遗址的石叶文化独具特色，棱柱状石核和长薄、规范的石叶数量多，且特征明确。石叶技术是旧石器时代晚期的一种独特的石器制作技术，具有预制石核、定向剥片、系统加工等固定的操作流程，制作的产品规范、精致、锋利，代表了人类石器技术的一个高峰，被认为是早期现代人的技术标识。石叶技术主要流行于非洲、欧洲、西亚以及西伯利亚等地区，在我国北方的一些遗址也有少量发现。尼阿底遗址的发掘所获，为揭示不同地区人群的迁徙、交流提供了重要的考古证据。学界对这些出土的石制品进行了各种实验室观察：用激光三维扫描技术观测石制品的形态并提取三维数据，采用岩相分析技术判断石器原料的产地和石料岩性特征及适用性，用显微成像技术观察石器的使用痕迹进而判断其功能和使用方式，提取石制品上的残留物分析石器的加工对象……通过这些研究，石制品的技术与功能信息将被一一解读，沉默的石器开始向人类讲述着远古的故事。

为何这里会出现分布如此集中的石制品？这些石制品提供了古人生产生活的哪些信息？为解答这些问题，考古人员做了大量调查和分析。

在距离发掘区向东约800米的尼阿底山梁上，发现了制作石器的优质材料硅质板岩条带，这种岩石的颜色、质地都与尼阿底遗址出土的石制品十分接近。经检测分析，确认这种岩石就是尼阿底遗址制作石器的原料。正是因为该遗址附近具有优质的原料来源，才使得这里能够留下如此众多且精致的石器。因此，这里也成为了远古先民生产石质工具的制造场，更是如今考古科学研究的宝地！

（作者为四川大学考古文博学院博士）

1800 年前的一缕清香
——阿里地区出土茶叶遗存管见

文 / 王俨思

2022 年 11 月，中国传统制茶技艺及其相关习俗入选人类非物质文化遗产代表作名录。茶，作为一种历史悠久的饮品，时至今日仍在我国各族群众的生活中扮演着重要角色。西南地区是野生大茶树的主要生长地，巴蜀先民很早就发现了茶的饮用功能。2021 年发现于山东邹城邾国故城战国墓的茶叶遗存，是现存最早的古代茶叶实物。此外，陕西咸阳汉景帝阳陵也曾发现茶叶遗存，湖南长沙马王堆汉墓发现了装茶叶的竹笥……可见西汉时期饮茶已成社会风尚，后开始向边疆地区传播，茶最终成为世界性饮品。

西藏是我国茶叶消费的重要地区之一，有着悠久的饮茶历史，并形成了独具地域特色的茶文化。在藏文文献《汉藏史籍》中记载有这样一个故事——吐蕃赞普都松芒布支病重时，飞来一只小鸟落在王宫屋顶栏杆上，小鸟口中衔着一枝带叶子的树枝，赞普派人查看并摘下树叶尖梢放入口中品尝，觉得味道十分清新，加水煮沸饮用，病情竟转好。于是，赞普派大臣去寻找树枝来源，最后在高原东麓地区的丛

西藏阿里地区出土的茶叶残渣遗存

林中找到了同样的树木，遂带回到吐蕃。

这个故事虽然带有神话色彩，但茶叶由中原地区传入西藏确是史实。

2012 年，中国科学院考古研究所清理阿里噶尔县故如甲木墓地 M1 号墓葬时，在其中的铜器里发现有茶叶状残留物。此残留物为褐色团块，部分被铜锈染绿。另外，在阿里札达县曲踏墓地的一件圆盘形草编器和一件四足木案内也都发现有茶叶状残渣。经过对两处墓葬的分析研究，判断出此类茶叶遗存的年代大约为公元 2~4 世纪，即汉晋时期。这一发现打破了此前人们认为茶叶在吐蕃时期才首次传入西藏的观点，将西藏地区的饮茶历史向前推进了数百年。

那么，当时阿里地区人们的饮茶方式又是怎样的呢？这或许能从与茶叶同时出土的器物中窥见一二。故如甲木墓地的茶叶遗存发现于放有铜勺的盆形铜釜中和一件盘口铜瓮的底部，这两件铜器均为炊煮用具，外壁上有黑色烟熏痕迹，说明曾经被使用过，是一件实用器，而非专门为陪葬所制作。因铜器内遗留的茶叶数量较多，有学者推测这些茶叶可能不完全为泡茶饮用，很有可能是烹煮后直接食用的。这一饮茶、食茶方法与西汉至六朝中原地区的粥茶法十分相似，即像煮菜汤一样将茶叶与其他调味品共同烹煮，一起食用，似乎保留了汉晋时期茶叶传入西藏时的制作习惯。

阿里地区曲踏墓地出土带有茶叶残渣的高足木案

除烹茶工具外，在阿里地区的考古中还出土了一些疑似为茶具的器物。故如甲木墓地就出土过6件长方形四足木盘和10件小陶杯。据推测，这几件木盘或为饮茶用具，整体形制类似如今的茶盘，共同出土的陶杯应是与木案搭配使用的饮具。曲踏墓地也出土了盛有茶叶残渣的高足木案，但与故如甲木墓地的木案不同，其上部为碗形，两侧有耳，似乎也没有排水孔洞，可能是一种饮茶、吃茶时放置茶叶、茶具的器物，具体功用还有待进一步考证。

茶树喜温热湿润的气候和偏酸性的土壤，阿里地区的气候地理条件难以种植茶叶，因此故如甲木墓地发现的茶叶遗存一定是由其他地区输入的。根据学者对故如甲木墓地中陪葬品的分析，认为此地在公元2~4世纪与中原、新疆南部地区以及中亚和喜马拉雅山南麓地区均有交往，而中亚和喜马拉雅山南麓在彼时少有饮茶习惯，因此阿里地区的茶叶很有可能来自中原地区。

汉晋时期，中原与阿里之间相隔甚远，又有荒原和群山阻隔，想要探索青藏高原茶叶的来源，就离不开对新疆丝绸之路沿线发现的砖茶残块的研究。1873年英属印度测量局测量员约翰逊曾在新疆和田地区周围活动，他在报告中提到当地一个遗址中发现了大量年代久远的茶砖。近年来，在新疆尼雅遗址采集到一些汉晋时期的

阿里地区故如甲木墓地出土的带有茶叶遗存的铜釜、盘口铜瓮

遗存，其中恰有砖茶残块。毋庸置疑的是，茶叶贸易曾在丝绸之路占有一定比重，由此也可以勾勒出一条茶叶由中原经丝绸之路向西传播，到达和田、叶城等新疆南部后，经青藏高原西部一路向南，前往阿里地区的线路图，这为茶叶出现在故如甲木墓地和曲踏墓地中提供了可能。

虽然这一时期阿里地区出现的茶叶遗存表明此地已经有人开始饮茶，但出土茶叶的墓葬仍为少数，并且主要集中在贵族墓葬中。因此，饮茶可能是当时阿里贵族中的一种新兴风尚，并未广泛传播。而到了公元 8 世纪，吐蕃赞普赤松德赞在位时，茶叶才开始被高原民众广为接受，并逐渐形成了流传至今的、颇具藏族特色的饮茶风俗。

（作者为中国藏学研究中心西藏文化博物馆助理馆员）

它何以入选年度全国十大考古新发现

——桑达隆果墓地管见

文 / 杨锋

桑达隆果墓地位于西藏阿里地区札达县桑达沟出口，地处喜马拉雅山脉西段北麓，地势北高南低，属山地半荒漠与荒漠地带。该墓地于 2017 年 12 月被首次发现，因墓葬形制及出土遗物体现出独特的考古学文化特征，被国家文物局纳入“考古中国”项目予以重点文物保护专项资金支持。2017~2021 年，经过西藏自治区文物保护研究所、札达县文物局持续考古发掘，现已取得阶段性重要成果。

桑达隆果墓地东西长 2000 余米、南北宽 500 余米，分为东西两区，墓葬包括石丘墓、土洞墓两类。石丘墓采用大石块砌筑成竖穴方形墓室，底部铺设细沙石，按整体形制可将土洞墓分为四型：A 型为单室、B 型为双室、C 型为无墓道单室、D 型为双墓道单室。葬具分石板、草编器、木板和箱式木棺四类。埋葬方式分单人一次葬、双人一次葬、多人一次丛葬、二次捡骨葬四种，并且分别在一次葬的部分尸骨上发现缠裹有纺织物。

桑达隆果墓地出土的器物非常丰富，包括陶器、铜器、木器、扣器、石器、铁器、草编器、纺织物、金面饰、金挂饰、料珠、动物骨骼、人骨、木棺等。随葬的陶器可分为冥器、实用器两类，冥器以体形较小的陶器为主，实用器以用于存储的深腹罐和烹饪的大口罐为代表。在随葬的陶器器壁或器底凿有规则的圆形小孔，有明显毁器习俗。同时，有些墓中发现的木盘、木案、草编器里均装盛有青稞、动物骨等，反映了随葬食物的习俗。

桑达隆果墓地出土的木俑是首次在青藏高原发现，其形制特征与新疆吐鲁番一带墓葬出土的木俑形制相同。带柄铜镜的形制特征亦与新疆伊犁一带墓地出土的铜镜类似。桑达隆果三座墓中出土了 6 件金、银面饰，其形制与临近的曲踏墓地、故如甲木墓地以及印度马拉里墓地、尼泊尔桑宗墓地出土的金、银面饰形制相同或相近。这类金、银面具发现数量稀少，集中分布在喜马拉雅山脉西段南、北两麓，其年代从公元前 300 年延续至公元 500 年。

经检测得知，桑达隆果墓地的使用年代为公元前 366 ~ 公元 668 年，时间长达 1000 年。墓地呈现出不同时段的考古学文化特征，大致可分为三期。第一期为公元前 200 年之前，出现明显的贫富分化，是复杂化社会的初兴时期；第二期为公元前 200 ~ 公元 600 年，这一时期在富有阶层里出现了一小部分身份

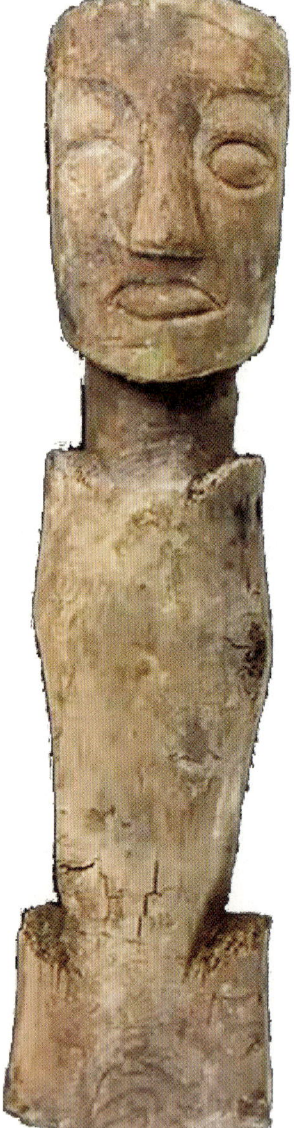

桑达隆果墓地出土的木俑

地位特殊的人群，掌握着除财富以外更多的权力，可能是政治实体形成初期；第三期为公元600年以后，考古学文化特征基本继承上一期，但在遗迹遗物数量、种类上都有明显减少，初步推测是洪水泛滥造成了人群的大规模迁移。

桑达隆果墓地与曲踏墓地一江之隔，都有数量较多、体量很大的多室洞室墓，这表明墓主人具有较高的社会地位，在此活动的人群已进入复杂化的社会形态。这一点，从桑达隆果墓地的第一期、第二期的变化以及随葬品数量上都有所体现。综合考虑墓地范围广阔以及墓地所在札达县城的气候环境等因素，可以判断这里应是活动于西藏高原西部、喜马拉雅山南北麓人群的中心活动区域之一。这支人群与历史文献中记载的“象雄”、大小“羊同”应为同一人群。其第三期以后的相对衰落，可能与吐蕃征服象雄有关。

桑达隆果墓地的相关材料表明，远在西藏地区的早期金属时代，其远程贸易和文化交流的规模与方式，再次打破了我们的想象：彼时，从西藏西部到新疆乃至中原地区，已形成较为成型的往来通道，西藏西部已经纳入亚洲东部以南北丝绸之路为代表的交通路网之中。通过该交通路网，这些人群互相往来，也形成了这一区域独特的丧葬形制与考古学文化。如在高等级墓葬中使用黄金面具和丝绸的葬俗、葬具中的箱式木棺，随葬的植物种子、具有明显中原特色的墓葬木俑等现象，均表明生活在象泉河上游区域的古代人群，借助南北丝绸之路吸纳了新疆、中原地区以及中亚、南亚的各种文化与物品，书写了西藏西部地区各民族交往交流交融的历史。正因为如此，桑达隆果墓地得以入选2020年度全国十大考古新发现。

（作者为四川大学中国藏学研究所副教授）

中原文化影响了历代吐蕃赞普陵墓建筑

——藏王墓管见

文 / 杨锋

藏王墓，也称“藏王陵”，是历代吐蕃赞普的陵墓，位于今西藏山南市琼结县境内，1961 年被列为西藏自治区首批全国重点文物保护单位。

约在公元前 2 世纪，吐蕃政权的前身悉补野王国在雅砻河谷内诞生，聂赤为第一任赞普。当到了吐蕃第 32 代朗日松赞和第 33 代松赞干布时，历经 700 年的悉补野王国先后征服象雄、苏毗、附国、阿夏等高原诸邦，统一了高原。自吐蕃第 29 代赞普赤聂松赞起，诸王室成员陵墓基本营建在琼结。而之前的吐蕃“上丁二王”“六列王”“八德王”“五赞王”等共 28 位赞普的陵墓，由于缺乏考古和文献资料，其陵位和丧葬方式等在学术界尚未形成统一的认识。

藏王墓分为东、西陵区，也称为“穆日山”陵区与“顿卡达”陵区。

穆日山陵区的陵墓分布集中、排列有序，规模相当宏大。目前，该陵区内能确定的封土墓共有 15 座。据文献记载，有 11 位王室成员安葬在这一陵区，他们分别是：松赞干布、芒松芒赞、都松芒布支、赤德祖赞、赤松德赞、牟尼赞普、赤德松赞、绛察拉本、朗达玛、沃松、赤玛略等9位赞普和一位王子、一位王妃，共11位。

顿卡达陵区是吐蕃王室最早选定的王室墓地。据文献记载，自吐蕃第28代拉托托日年赞或第29代赤聂松赞起，就开始在这里修建陵墓。许多史料认为，第一位葬在琼结藏王墓顿卡达陵区的赞普是赤聂松赞。根据最新考古调查，该陵区内目前能确认的墓丘有11座。

目前陵区所见大型和中型的封土陵均为梯形和方形，小型封土陵则大多为圆形，体现了等级差别。陵墓的营造可分为平地起陵和依山为陵两种形式。平地起陵，以一号封土墓为代表，其建造方式为石砌墓基为地基，之上筑有夯土墙。从局部夯土墙坍塌的痕迹来观察，以中间墓室为中心，整个封土墙由内往外，重重分段分节围筑，中间可能夹有砌石墙。

依山为陵以青瓦达孜陵为代表，文献记载该陵修建于公元680年左右。除封土东南面底部铺有一层石块外，整个封土由夯土墙体筑成。平面形状呈方形，四面较垂直。由于这座封土墓直接建在岩石山体之上，不宜挖地基，而是在粗略平整的岩面直接筑夯土墙。从外部观察可知，该墓不见由里而外、依次外扩的封土墙。其整体筑法是围绕着墓室，各面采取分节分段同时向上夯筑。为防止墙体滑坡，每个版层间纵横排列的长圆木作为木筋，以增加封土的坚固性。直到如今，除了雨水侵蚀导致的小范围水土流失外，不见大范围的墙体滑坡。连续纵横排列木棍的技法，成了此墓的一大特色。

藏王墓各陵在吐蕃政权时期末年先后遭到盗掘，目前没有正式考古发掘，各陵内部墓室等构造尚无法得知。

藏王墓陵区内有吐蕃石碑两通，分别是赤德松赞墓碑和琼结桥碑。前者因保存完整、年代明确，且仍矗立于陵前（西区7号陵）而被学界所熟知。该石碑内容及其所处墓主陵墓的位置，对吐蕃历史和吐蕃赞普陵寝制度研究等有着重要的学术价值。

2013年8月，四川大学考古系和西藏自治区文物研究所组成联合考古队，对藏王墓一号陵周边进行了面积约200平方米的考古发掘。此次发掘首次确认在封土周

藏王墓一瞥

远眺藏王墓

边存在着陵垣。

吐蕃政权在松赞干布时期及以后与高原周边地区有着密切的文化交往互动，尤其是与当时文明程度最高的唐王朝来往密切。这些交流互动，在藏汉文献中的记录非常多，需进一步从实物实证的角度深入研究。从藏王墓这一吐蕃最高等级的王陵墓葬上所体现出的陵区布局、营造方式、陵墓配置、陵垣、碑刻等一系列实物证据上看，在其营建过程中，来自中原地区的文化因素影响逐渐强化。这是汉藏人民交往交流交融的结果，也是各民族共同书写西藏悠久历史、共同创造高原灿烂文化的实物例证。

（作者为四川大学中国藏学研究所副教授）

中宣部主题出版重点出版物

图书在版编目（ＣＩＰ）数据

史话共同体：文物考古实证西藏各民族交往交流交融史／李小林主编．
——拉萨：西藏人民出版社，2025.4
ISBN 978-7-223-07665-4

Ⅰ．①史… Ⅱ．①李… Ⅲ．①文物－考古－西藏
Ⅳ．①K872.75

中国国家版本馆 CIP 数据核字（2024）第 065567 号

史话共同体

文物考古实证西藏各民族交往交流交融史

编纂 | 民族团结杂志社
主编 | 李小林
策划 | 计美旺扎
责任编辑 | 次旺　　责任印制 | 缪攀
出版发行 | 西藏人民出版社（拉萨市林廓北路 20 号）　　印刷 | 雅艺云印（成都）科技有限公司
开本 | 850mm × 1168mm　1/16　　印张 | 11　　印数 | 01-1,500
2025 年 4 月第 1 版　　2025 年 4 月第 1 次印刷
ISBN 978-7-223-07665-4
定价：88.00 元